基本練習問題１　適語選択

1 各文の［　　］にあてはまるもっとも適当な語を，下記の語群のなかから選び，その番号を記入しなさい。

a．企業会計は，すべての取引につき，［ア］の原則にしたがって，正確な会計帳簿を作成しなければならない。この原則にそった記帳には［イ］がもっとも適している。

b．通常の営業取引で生じた［ウ］や売掛金などの債権を流動資産とするのは，［エ］によるものである。

c．繰越利益剰余金を原資として配当する場合，資本準備金と利益準備金の合計額が資本金の［オ］に達するまで，その配当により減少する額の10分の1を［カ］として計上しなければならない。

d．商品の払出単価の計算を，正当な理由なく先入先出法から移動平均法に変更することが認められないのは，［キ］の原則によるものである。この原則により，財務諸表の［ク］が可能となり，利益操作の防止にもなる。

e．工事契約において，履行義務の充足に係る進捗度を合理的に見積もることはできないが，発生する工事費用が回収可能であると予測できるときは，進捗度の合理的な見積りが可能になる時まで，回収可能と認められる工事費用の金額で工事収益を認識する。この方法を［ケ］という。

1．継続性	2．4分の1	3．資本準備金	4．受取手形
5．単式簿記	6．利益準備金	7．1年基準	8．重要性
9．原価回収基準	10．貸付金	11．複式簿記	12．期間比較
13．明瞭性	14．2分の1	15．工事進行基準	16．正規の簿記
17．営業循環基準	18．単一性		

ア	イ	ウ	エ	オ	カ	キ	ク	ケ

2 各文の［　　］にあてはまるもっとも適当な語を，下記の語群のなかから選び，その番号を記入しなさい。

a．経営破綻の状態には至っていないが，債務の弁済に重大な問題が生じているか，または生じる可能性の高い債務者に対する債権を［ア］という。これに対する貸倒見積高の算定方法には［イ］とキャッシュ・フロー見積法がある。

b．1会計期間における費用と収益を対応させて損益計算をおこなうべきとする原則を［ウ］の原則という。この原則における費用と収益の対応関係のうち，商品の販売により計上された売上高に，販売された商品の［エ］を対応させるなど，収益と費用を明確な基準で対応させることを［オ］という。

c．株主総会提出のため，信用目的のため，租税目的のため等種々の目的のために異なる形式の財務諸表を作成する必要がある場合，それらの内容は，信頼しうる［カ］にもとづいて作成されたものであって，政策の考慮のために事実の真実な表示をゆがめてはならない。これを［キ］の原則という。

d．有形固定資産を修繕および改良するために生じた支出のうち，有形固定資産の価値を高めたり，耐用年数を延長させたりする支出を［ク］という。この支出を資産に計上せずに，当期の費用として処理した場合には，純利益は［ケ］に計上される。

1．明瞭性	2．費用収益対応	3．資本的支出	4．重要性
5．破産更生債権等	6．期間的対応	7．過小	8．売上原価
9．費用配分	10．正規の簿記	11．継続性	12．財務内容評価法
13．会計記録	14．収益的支出	15．貸倒実績率法	16．一般債権
17．貸倒懸念債権	18．単一性	19．個別的対応	20．過大

ア	イ	ウ	エ	オ	カ	キ	ク	ケ

基本練習問題2　計　算(1)

3 高松商事株式会社は，南西商事株式会社（発行済株式総数900株）の株式700株（帳簿価額¥6,860,000）を保有し，実質的に支配している。同社の株式は市場価格がないため，決算にあたり同社の財政状態を確認したところ次のとおりであった。よって，1株あたりの実質価額を求めなさい。また，評価替えの必要があるかどうかを判断し，解答欄の（　　　）のなかに○印を付けなさい。

貸　借　対　照　表

南西商事株式会社　　　令和○年3月31日　　　(単位：円)

資　産	金　額	負債及び純資産	金　額
現金預金	3,620,000	買掛金	3,400,000
売掛金	5,150,000	長期借入金	4,000,000
商品	3,080,000	資本金	6,600,000
備品	4,730,000	繰越利益剰余金	2,580,000
	16,580,000		16,580,000

1株あたりの実質価額　¥	評価替えをする	（　　　）
	評価替えをしない	（　　　）

4 神戸商事株式会社は，長田商会を令和○年4月1日に取得したが，取得直前の貸借対照表および取得に関する資料は下記のとおりであった。よって，次の金額を求めなさい。

a．電子記録債務の金額（アの金額）　　b．のれんの金額

貸　借　対　照　表

長田商会　　　令和○年4月1日　　　(単位：円)

現金預金	1,230,000	電子記録債務	（　ア　）
電子記録債権	840,000	買掛金	960,000
売掛金	1,750,000	短期借入金	900,000
商品	980,000	資本金	（　　　）
備品	2,700,000		
	（　　　）		（　　　）

資　料

① 長田商会の貸借対照表に示されている資産と負債の時価は帳簿価額に等しい。

② 長田商会の年平均利益額は¥315,000であり，同種企業の平均利益率を6%として収益還元価値を求め，その金額を取得の対価とした。

③ 取得直前の長田商会の流動比率は200.0%であった。

a	¥	b	¥

5 金沢鉱業株式会社（決算年1回　3月31日）の次の資料から，貸借対照表に記載する鉱業権の金額を求めなさい。ただし，鉱業権は当期に取得したもののみである。

資　料

令和○1年7月1日　鉱業権を¥130,000,000で取得した。なお，この鉱区の推定埋蔵量は600,000トンである。

令和○2年3月31日　決算にあたり，当期に9,000トンの採掘量があったので，生産高比例法を用いて鉱業権を償却した。ただし，鉱業権の残存価額は零（0）である。

¥

基本練習問題２　計　算(2)

6 次の2つの工事について，当期に計上する工事収益の金額をそれぞれ求めなさい。

① 建物の建設を引き受け，工事収益総額¥180,000,000で工事契約を締結したが，工事原価総額については見積もることができなかった。よって，期末に原価回収基準により工事収益を計上することとした。なお，当期中の工事原価は¥46,800,000である。

② 建物の建設を引き受け，工事収益総額¥140,000,000で工事契約を締結し，工事原価総額を¥99,400,000と見積もった。よって，期末に工事進行基準により工事収益を計上することとした。なお，当期中の工事原価は¥22,862,000である。

①	¥	②	¥

7 盛岡物産株式会社の決算日における当座預金出納帳の残高は¥5,280,000であり，銀行が発行した当座勘定残高証明書の金額は¥5,768,000であった。そこで，不一致の原因を調査したところ，次の資料を得た。よって，銀行勘定調整表を完成し，当座預金出納帳の次月繰越高を求めなさい。なお，解答欄の〔　　〕には，アからエの記号を記入すること。また，（　　）は記入しないものもある。

資　料

ア．かねて仙台商店あてに振り出した小切手¥576,000が銀行でまだ支払われていなかった。

イ．買掛金支払いのための小切手¥438,000を作成して記帳していたが，仕入先に未渡しであった。

ウ．決算日に預け入れた現金¥450,000が営業時間外のため銀行では翌日付の入金として扱われていた。

エ．電気代¥76,000が当座預金口座から引き落とされていたが，当社ではまだ記帳していなかった。

銀　行　勘　定　調　整　表

令和○年3月31日

		当座預金出納帳	銀行残高証明書
	3月31日現在残高	¥　5,280,000	¥　5,768,000
(加算)	〔　　〕	(　　)	(　　)
	〔　　〕	(　　)	(　　)
	計	(　　)	(　　)
(減算)	〔　　〕	(　　)	(　　)
	〔　　〕	(　　)	(　　)
	調整後残高	(　　)	(　　)

当座預金出納帳 次 月 繰 越 高	¥

8 宇都宮商事株式会社の次の資料から，売価還元法によって，次の金額を求めなさい。

a．期末商品棚卸高（原価）　　b．売上総利益

資　料	（原　価）	（売　価）
期首商品棚卸高	¥　364,000	¥　520,000
当期商品仕入高	2,316,000	3,480,000
期末商品棚卸高	a	490,000
当 期 売 上 高		3,510,000

a	¥	b	¥

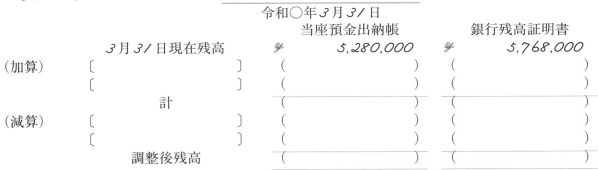

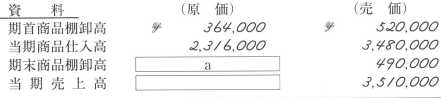

基本練習問題3　連結会計(1)

9 次の資料により，令和○2年3月31日（連結決算日）における連結損益計算書を完成しなさい。

資　料

i　令和○2年3月31日における個別財務諸表

損　益　計　算　書

P社　令和○1年4月1日から令和○2年3月31日まで　（単位：千円）

売上原価	302,470	売　上　高	405,870
給　　料	96,200	受取配当金	1,800
当期純利益	9,000		
	407,670		407,670

損　益　計　算　書

S社　令和○1年4月1日から令和○2年3月31日まで　（単位：千円）

売上原価	125,800	売　上　高	188,590
給　　料	58,650		
支払利息	140		
当期純利益	4,000		
	188,590		188,590

株主資本等変動計算書

令和○1年4月1日から令和○2年3月31日まで　（単位：千円）

	資本金		利益剰余金	
	P　社	S　社	P　社	S　社
当期首残高	120,000	44,000	20,000	9,000
当期変動額　剰余金の配当			△6,000	△2,000
当期純利益			9,000	4,000
当期末残高	120,000	44,000	23,000	11,000

貸　借　対　照　表

P社　令和○2年3月31日　（単位：千円）

諸　資　産	193,500	諸　負　債	88,500
子会社株式	38,000	資　本　金	120,000
		利益剰余金	23,000
	231,500		231,500

貸　借　対　照　表

S社　令和○2年3月31日　（単位：千円）

諸　資　産	83,900	諸　負　債	28,900
		資　本　金	44,000
		利益剰余金	11,000
	83,900		83,900

ii　P社は，令和○1年3月31日にS社の発行する株式の70%を38,000千円で取得し支配した。なお，取得日のS社の資本は，資本金44,000千円　利益剰余金9,000千円であった。なお，諸資産および諸負債の時価は帳簿価額に等しかった。

iii　のれんは償却期間を20年間とし，定額法により償却する。

iv　P社とS社相互間の債権・債務の取引や資産の売買はなかった。

連　結　損　益　計　算　書

P社　令和○1年4月1日から令和○2年3月31日まで　（単位：千円）

売　上　原　価	428,270	売　上　高	594,460
給　　料	154,850	受　取　配　当　金	(　　　)
支　払　利　息	140		
の　れ　ん　償　却	(　　　)		
当　期　純　利　益	(　　　)		
	(　　　)		(　　　)
非支配株主に帰属する当期純利益	(　　　)	当　期　純　利　益	(　　　)
親会社株主に帰属する当期純利益	(　　　)		
	(　　　)		(　　　)

基本練習問題３　連結会計(2)

10 次の資料により，令和○2年3月31日（連結決算日）における連結貸借対照表を完成しなさい。

資　料

i　令和○2年3月31日における個別財務諸表

損　益　計　算　書

P社　令和○1年4月1日から令和○2年3月31日まで　(単位：千円)

売上原価	569,640	売上高	669,920
給料	93,880	受取配当金	600
当期純利益	7,000		
	670,520		670,520

損　益　計　算　書

S社　令和○1年4月1日から令和○2年3月31日まで　(単位：千円)

売上原価	126,970	売上高	189,800
給料	59,630		
支払利息	200		
当期純利益	3,000		
	189,800		189,800

株主資本等変動計算書

令和○1年4月1日から令和○2年3月31日まで　(単位：千円)

	資本金		利益剰余金	
	P社	S社	P社	S社
当期首残高	210,000	90,000	35,000	8,000
当期変動額　剰余金の配当			△5,000	△1,000
当期純利益			7,000	3,000
当期末残高	210,000	90,000	37,000	10,000

貸　借　対　照　表

P社　令和○2年3月31日　(単位：千円)

諸資産	238,400	諸負債	142,400
土地	89,000	資本金	210,000
子会社株式	62,000	利益剰余金	37,000
	389,400		389,400

貸　借　対　照　表

S社　令和○2年3月31日　(単位：千円)

諸資産	133,900	諸負債	74,900
土地	41,000	資本金	90,000
		利益剰余金	10,000
	174,900		174,900

ii　P社は，令和○1年3月31日にS社の発行する株式の60%を62,000千円で取得し支配した。なお，S社の取得日における土地の帳簿価額は41,000千円，時価は43,000千円であり，当期中に土地の売買取引はなかった。また，他の資産および負債の時価は帳簿価額に等しかった。

iii　のれんは償却期間を10年間とし，定額法により償却する。

iv　P社とS社相互間の債権・債務の取引や資産の売買はなかった。

連結貸借対照表

P社　令和○2年3月31日　(単位：千円)

諸資産	372,300	諸負債	217,300
土地	(　　)	資本金	(　　)
のれん	(　　)	利益剰余金	(　　)
		非支配株主持分	(　　)
	(　　)		(　　)

基本練習問題4　財務諸表分析(1)

11 那覇産業株式会社の下記の資料によって，次の各問いに答えなさい。

① 次の文の［　　　］のなかに入る適当な金額または比率を記入しなさい。

第16期は第15期と比較して売上高が増加し，当期純利益も第15期の￥［ア］から第16期は￥1,917,600に増加した。しかし，売上高純利益率は第15期の4.8%から第16期は［イ］%に低下している。また，売上高経常利益率は第15期の8.2%から第16期は［ウ］%に増加した。

また，期末の自己資本を用いて自己資本回転率を調べてみると，第15期の1.10回が第16期には［エ］回となっていた。さらに，固定資産回転率を調べてみると，第15期の1.65回が第16期には［オ］回となっていた。

② 次の文のなかから正しいものを1つ選び，その番号を記入しなさい。

1．第16期の売上高成長率（増収率）は30%である。
2．第15期と第16期を比較すると，新規の固定資産への投資を抑制していることがわかる。
3．第15期と比較すると，第16期では特別損失が収益性に影響を与えていることがわかる。

資　　料

i　比較貸借対照表に関する金額

		第15期	第16期
資産	流動資産	￥36,400,000	￥36,900,000
	固定資産	￥24,000,000	￥30,000,000
負債	流動負債	￥16,600,000	￥16,400,000
	固定負債	￥7,800,000	￥8,000,000

ii　比較損益計算書

比較損益計算書　（単位：円）

項　目	第15期	第16期
売上高	39,600,000	40,800,000
売上原価	(　　)	17,136,000
売上総利益	(　　)	(　　)
販売費及び一般管理費	19,816,000	(　　)
営業利益	3,152,000	3,304,800
営業外収益	200,000	203,200
営業外費用	104,800	80,800
経常利益	(　　)	(　　)
特別利益	40,000	40,800
特別損失	119,200	(　　)
税引前当期純利益	(　　)	(　　)
法人税・住民税及び事業税	1,267,200	1,278,400
当期純利益	(　　)	1,917,600

iii　法人税等

第15期・第16期ともに法人税・住民税及び事業税額は，税引前当期純利益の40%である。

iv　売上高総利益率

売上高総利益率は，第15期も第16期も同一である。

v　純資産の内訳

純資産は，第15期も第16期も株主資本のみで構成されている。

①

ア	￥	イ	%	ウ	%
エ	回	オ	回		

②

基本練習問題４　財務諸表分析(2)

12 津産業株式会社の決算整理後の総勘定元帳勘定残高（一部）と貸借対照表および資料によって，

(1) 貸借対照表と損益計算書における次の金額を求めなさい。

a．有形固定資産合計　　b．無形固定資産合計　　c．投資その他の資産合計

d．短期借入金　　e．資本準備金　　f．税引後当期純利益

(2) 次の比率を求めなさい。商品回転率の計算は，商品有高の平均と売上原価を用いること。

a．商品回転率　　b．自己資本比率　　c．流動比率

(3) 受取勘定（売上債権）回転率を求め，当期は，前期に比べて売上債権の回収期間が短くなったか，長くなったかを判断し，解答欄の（　　　）のなかに○印を付けなさい。なお，売上債権は期末の金額を用いること。

決算整理後の元帳勘定残高（一部）

売買目的有価証券　3,452千円　　手形借入金　300千円

貸借対照表

津産業株式会社　令和○年3月31日　（単位：千円）

資産	金額	負債・純資産	金額
現金預金	3,516	支払手形	3,590
受取手形	4,921	買掛金	4,620
売掛金	5,790	（　　）	（　　）
有価証券	（　　）	未払費用	53
商品	6,000	未払法人税等	687
（　　）	（　　）	（　　）	（　　）
備品	2,675	退職給付引当金	4,526
土地	14,925	資本金	20,000
建設仮勘定	7,500	資本準備金	（　　）
特許権	3,450	利益準備金	1,000
のれん	630	新築積立金	8,500
関係会社株式	600	繰越利益剰余金	4,724
長期貸付金	2,700		
（　　）	（　　）		
	（　　）		（　　）

資料

i　前払利息勘定の残高241千円のうち64千円は，決算日の翌日から1年を超えて費用になる。

ii　借入金勘定の残高5,400千円のうち4,000千円は，決算日の翌日から1年を超えて支払期限が到来する。

iii　決算整理前の繰越利益剰余金勘定の貸方残高は1,240千円であった。

iv　期首商品棚卸高は5,800千円であり，当期商品仕入高は71,000千円であった。

v　当期の売上高は96,399千円であり，前期の受取勘定（売上債権）回転率は9.6回であった。

(1)

a	千円	b	千円
c	千円	d	千円
e	千円	f	千円

(2)

a	回	b	%
c	%		

(3)

回	短くなった	（　　）
	長くなった	（　　）

基本練習問題5　決　算

13 甲府商事株式会社の総勘定元帳勘定残高および決算整理事項は，次のとおりであった。よって，報告式の損益計算書および報告式の貸借対照表を完成しなさい。

ただし，i　会社計算規則によること。
　　　　ii　会計期間は令和○1年4月1日から令和○2年3月31日までとする。
　　　　iii　税効果会計は考慮しないものとする。

元帳勘定残高

現　　金	¥3,331,340	当座預金	¥5,483,720	受取手形	¥3,971,000
売掛金	4,398,000	貸倒引当金	36,520	売買目的有価証券	3,840,000
繰越商品	4,420,800	仮払法人税等	433,760	備　　品	700,000
備品減価償却累計額	175,000	支払手形	2,658,000	買掛金	3,458,000
長期借入金	2,500,000	退職給付引当金	1,836,280	資本金	10,000,000
資本準備金	1,100,000	利益準備金	500,000	繰越利益剰余金	233,600
売　　上	27,894,510	受取配当金	50,000	仕　　入	19,578,220
給　　料	1,914,340	発送費	628,760	支払家賃	1,080,000
保険料	552,000	雑　　費	34,970	支払利息	45,000
固定資産売却損	30,000				

決算整理事項

a．期末商品棚卸高　帳簿棚卸数量　1,600個　原　　価　@¥2,800
　　　　　　　　　実地棚卸数量　1,600〃　正味売却価額　〃〃2,740
　　　　　　　　　ただし，商品評価損は売上原価の内訳項目とする。

b．貸倒見積高　売上債権の期末残高に対し，それぞれ1%と見積もり，貸倒引当金を設定する。

c．有価証券評価高　売買目的で保有する次の株式について，時価によって評価する。
　　前橋物産株式会社　600株　時価　1株　¥6,600

d．備品減価償却高　取得原価は¥700,000　残存価額は零（0）　耐用年数は8年とし，定額法による。

e．保険料前払高　保険料のうち¥312,000は，令和○1年8月1日から1年分の保険料として支払ったものであり，前払高を次期に繰り延べる。

f．退職給付引当金繰入額　¥486,380

g．法人税・住民税及び事業税額　¥1,094,210

損　益　計　算　書

甲府商事株式会社　　令和○1年4月1日から令和○2年3月31日まで　　（単位：円）

Ⅰ　売　上　高		(　　　)
Ⅱ　売　上　原　価		
1．期首商品棚卸高	(　　　)	
2．当期商品仕入高	(　　　)	
合　計	(　　　)	
3．期末商品棚卸高	(　　　)	
	(　　　)	
4．(　　　)	(　　　)	(　　　)
売　上　総　利　益		(　　　)
Ⅲ　販売費及び一般管理費		
1．給　　料	(　　　)	
2．発　送　費	(　　　)	
3．(　　　)	(　　　)	
4．(　　　)	(　　　)	
5．(　　　)	(　　　)	
6．支　払　家　賃	(　　　)	
7．保　険　料	(　　　)	
8．(　　　)	(　　　)	(　　　)
営　業　利　益		(　　　)

Ⅳ 営業外収益		
1.(　　　)	(　　　)	
2.(　　　)	(　　　)	(　　　)
Ⅴ 営業外費用		
1.(　　　)	(　　　)	(　　　)
経常利益		(　　　)
Ⅵ 特別損失		
1.(　　　)	(　　　)	(　　　)
税引前当期純利益		(　　　)
法人税・住民税及び事業税		(　　　)
当期純利益		(　　　)

貸借対照表

甲府商事株式会社　　令和○2年3月31日　　(単位：円)

資産の部

Ⅰ 流動資産			
1.現金預金		(　　　)	
2.受取手形	(　　　)		
貸倒引当金	△(　　　)	(　　　)	
3.売掛金	(　　　)		
貸倒引当金	△(　　　)	(　　　)	
4.(　　　)		(　　　)	
5.(　　　)		(　　　)	
6.(　　　)		(　　　)	
流動資産合計			(　　　)
Ⅱ 固定資産			
(1) 有形固定資産			
1.備品	(　　　)		
減価償却累計額	△(　　　)	(　　　)	
有形固定資産合計		(　　　)	
固定資産合計			(　　　)
資産合計			(　　　)

負債の部

Ⅰ 流動負債		
1.支払手形	(　　　)	
2.買掛金	(　　　)	
3.(　　　)	(　　　)	
流動負債合計		(　　　)
Ⅱ 固定負債		
1.(　　　)	(　　　)	
2.(　　　)	(　　　)	
固定負債合計		(　　　)
負債合計		(　　　)

純資産の部

Ⅰ 株主資本		
(1) 資本金		10,000,000
(2) 資本剰余金		
1.資本準備金	1,100,000	
資本剰余金合計		1,100,000
(3) 利益剰余金		
1.利益準備金	500,000	
2.その他利益剰余金		
① 繰越利益剰余金	(　　　)	
利益剰余金合計		(　　　)
株主資本合計		(　　　)
純資産合計		(　　　)
負債及び純資産合計		(　　　)

基本練習問題６　仕　訳(1)

14 下記の取引の仕訳を示しなさい。

a．松江産業株式会社は，既存の製品の生産方法を著しく改良するための計画的な調査をおこない，そのために¥3,800,000を小切手を振り出して支払った。

b．名古屋物産株式会社は，期首に営業用パーソナルコンピュータのリース契約を次の条件で締結した。なお，このリース取引は所有権移転外ファイナンス・リース取引に該当し，利子込み法（利息相当額を控除しない方法）により処理している。

条　　件

リース期間：5年　　　リース料：年額¥90,000（毎年3月末現金支払い）

見積現金購入価額：¥400,000

c．決算において，次の資料により建物の減価償却費を計上した。なお，間接法により記帳し，法定実効税率を30%とした税効果会計を適用している。

資　　料

取得・使用開始日	令和○1年4月1日	決算日	令和○2年3月31日
取得原価	¥7,500,000	耐用年数	15年（税法上の耐用年数20年）
残存価額	零（0）	償却方法	定額法

d．関連会社株式として保有する北西商事株式会社の株式400株（1株あたりの帳簿価額¥23,000）について，時価が著しく下落し，回復する見込みがないと判断されるため，時価に評価替えした。なお，期末の時価は1株あたり¥10,300であった。

e．広告塔¥14,000,000が完成して引き渡しを受けたので，この代金のうち，すでに支払った¥6,000,000を差し引いて，残額は約束手形を振り出して支払った。なお，取締役会の決議により新築積立金¥14,000,000を取り崩した。

f．かねて，営業用に使用していた倉庫が取得後36年目の初頭に火災により焼失し，保険会社に保険金の支払いを請求していたが，本日，査定の結果，保険金¥1,600,000を支払うとの連絡があった。なお，この倉庫の取得原価は¥6,000,000　残存価額は零（0）　耐用年数は50年で，定額法により35年間償却し，間接法で記帳してきた。また，焼失時の倉庫の帳簿価額は未決算勘定で処理している。

g．横浜建設株式会社は，3年後に完成予定の建物の建築を請け負い，工事代金の一部として¥9,000,000を小切手で受け取った。

	借　　方	貸　　方
a		
b		
c		
d		
e		
f		
g		

基本練習問題6　仕　訳(2)

15 下記の取引の仕訳を示しなさい。ただし，商品に関する勘定は3分法によること。

a．中央物産株式会社は，自己株式（1株の帳簿価額¥8,500）のうち600株を1株につき¥8,300で処分し，受け取った代金は当座預金とした。

b．外国にある取引先K社から商品＄44,000を掛けで仕入れると同時に，買掛金に対して為替予約を＄1あたり¥133でおこなった。なお，仕入時の為替相場は＄1あたり¥128であった。ただし，為替予約の会計処理は振当処理を採用している。

c．水戸商事株式会社は，次の条件で発行した新株予約権のうち30個の権利行使があったので，新株300株を発行し，権利行使価格の払込金を当座預金とした。

発行条件

発 行 総 数　50個（新株予約権1個につき10株を付与）
払 込 金 額　新株予約権1個につき¥70,000
権利行使価格　1株につき¥110,000
権利行使期間　令和○1年5月1日から令和○2年4月30日まで

d．大津商事株式会社は，資源開発のために特別に¥7,500,000を小切手を振り出して支払った。

e．札幌建設株式会社は，かねて建物の建設を引き受けて，工事収益総額¥55,000,000で工事契約を締結していたが，本日決算にあたり，工事進行基準によって当期の工事収益¥20,350,000を計上した。なお，この建物は次期に完成予定であり，工事原価については適切に処理済みである。

f．松山デザイン株式会社は，かねて顧客から依頼のあったキャラクターのデザインを制作していたが，本日完成したため顧客に引き渡し，対価として¥120,000が当座預金口座に振り込まれた。よって，役務収益を計上するとともに対応する役務費用¥74,300を計上する。なお，当該役務費用¥74,300は仕掛品勘定に集計されている。

g．かねて制作を依頼していた自社利用目的のソフトウェアが完成し，引き渡しを受けたので，契約代金¥5,600,000のうち，すでに支払ってある金額を差し引いて，残額¥4,100,000は小切手を振り出して支払った。

h．かねて取引先である南東商店の¥5,000,000の借入契約の保証人となり，対照勘定を用いて備忘記録をおこなっていたが，本日，借入金の期日につき南東商店が¥5,000,000を返済し，保証人としての債務が解消した。

	借　　方	貸　　方
a		
b		
c		
d		
e		
f		
g		
h		

基本練習問題７　英文会計

16 次の会計に関する用語の英語表記を，下記の語群のなかから選び，その番号を記入しなさい。

ア．財務会計　イ．利害関係者　ウ．（会計情報の）開示　エ．売上原価
オ．流動資産　カ．固定資産　キ．流動負債　ク．固定負債
ケ．営業循環基準　コ．１年基準

1．fixed liabilities　2．operating-cycle rule　3．financial accounting
4．stockholder　5．current liabilities　6．disclosure
7．one-year rule　8．stakeholder　9．current assets
10．management accounting　11．cost of goods sold　12．fixed assets

ア	イ	ウ	エ	オ	カ	キ	ク	ケ	コ

17 次の会計に関する用語の英語表記を，下記の語群のなかから選び，その番号を記入しなさい。

ア．のれん　イ．引当金　ウ．自己株式　エ．仕入割引
オ．売上総利益　カ．営業利益　キ．発生主義　ク．流動比率
ケ．自己資本比率　コ．連結財務諸表

1．goodwill　2．separate financial statements　3．equity ratio
4．operating profit　5．current ratio　6．gross profit
7．sales discount　8．consolidated financial statements　9．provision
10．accrual basis　11．purchase discount　12．treasure shares

ア	イ	ウ	エ	オ	カ	キ	ク	ケ	コ

18 次の会計に関する用語の略称を，下記の語群のなかから選び，その番号を記入しなさい。

ア．企業会計基準委員会　イ．国際財務報告基準　ウ．株主資本等変動計算書
エ．自己資本利益率　オ．総資本利益率　カ．決算時の為替相場

1．IASC　2．F/S　3．ASBJ　4．ROI
5．B/S　6．IFRS　7．ROE　8．CR
9．CSR　10．P/L　11．T/B　12．IASB
13．HR　14．ROA　15．FR　16．S/S

ア	イ	ウ	エ	オ	カ

公益財団法人全国商業高等学校協会　主催
文部科学省　後援

第1回　簿記実務検定1級模擬試験問題　会計

令和○年○月○日（○）実施

解答上の注意

1　解答にあたえられた時間は90分です。試験開始後の途中退室はできません。
2　問題は全部で4問あります。
3　問題用紙の表紙に年・組・番号・名前を記入しなさい。
4　解答はすべて別紙解答用紙に記入しなさい。

年	組	番　号	名　　前

1 次の各問いに答えなさい。

(1) 各文の　　　　にあてはまるもっとも適当な語を，下記の語群のなかから選び，その番号を記入しなさい。

a．株主総会提出のため，信用目的のため，租税目的のため等種々の目的のために異なる形式の財務諸表を作成する必要がある場合，それらの内容は，信頼しうる［　ア　］にもとづいて作成されたものであって，政策の考慮のために事実の真実な表示をゆがめてはならない。これを［　イ　］の原則という。

b．発生主義によれば，［　ウ　］は当期の損益計算から除かれることになる。

c．企業会計上の利益は，収益から費用を差し引いて計算されるのに対し，税法上の利益といえる［　エ　］は，益金から損金を差し引いて計算される。

1．営業利益　　2．明瞭性　　3．前払費用　　4．課税所得
5．単一性　　6．重要性　　7．会計帳簿　　8．継続性
9．未払費用　　10．会計記録

(2) 次の会計に関する用語の英語表記を，下記の語群のなかから選び，その番号を記入しなさい。

ア．1年基準　　イ．財務会計

1．financial accounting　　2．return on assets　　3．one-year rule
4．operating-cycle rule　　5．management accounting　　6．return on equity

(3) 次の財務諸表をあらわすもっとも適切なものを，下記の語群のなかから選び，その番号を記入しなさい。

ア．株主資本等変動計算書

1．F/S　　2．S/S　　3．B/S　　4．C/F　　5．P/L

2 次の各問いに答えなさい。

(1) 島根物産株式会社の決算日における当座預金出納帳の残高は¥3,180,000であり，銀行が発行した当座勘定残高証明書の金額は¥3,540,000であった。そこで，不一致の原因を調査したところ，次の資料を得た。よって，銀行勘定調整表を完成し，当座預金出納帳の次月繰越高を求めなさい。なお，解答欄の〔　　　〕には，アからエの記号を記入すること。また，(　　　)は記入しないものもある。

資　　料

ア．買掛金支払いのための小切手¥276,000を作成して記帳していたが，仕入先に未渡しであった。

イ．かねて広島商店あてに振り出した小切手¥459,000が銀行でまだ支払われていなかった。

ウ．水道光熱費¥89,000が当座預金口座から引き落とされていたが，誤って¥86,000と記帳していた。

エ．決算日に預け入れた現金¥372,000が営業時間外のため銀行では翌日付の入金として扱われていた。

(2) 次の資料により，令和○2年3月31日（連結決算日）における連結損益計算書・連結株主資本等変動計算書・連結貸借対照表の（　ア　）から（　エ　）にあてはまる金額を答えなさい。

連　結　損　益　計　算　書

P社　　　令和○1年4月1日から令和○2年3月31日まで　　　(単位：千円)

売上原価	324,700	売上高	428,900
給料	92,600	受取配当金	(　　　)
支払利息	300		
のれん償却	(　　　)		
当期純利益	(　　　)		
	(　　　)		(　　　)
非支配株主に帰属する当期純利益	(　　　)	当期純利益	(　ア　)
親会社株主に帰属する当期純利益	(　　　)		
	(　　　)		(　　　)

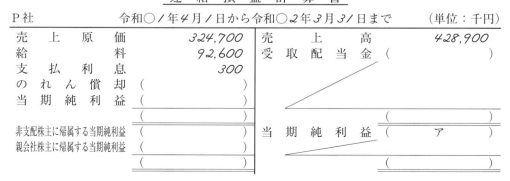

連結株主資本等変動計算書

P社　　令和○1年4月1日から令和○2年3月31日まで　　(単位：千円)

	資本金	利益剰余金	非支配株主持分
当期首残高	94,000	23,000	(　　)
当期変動額　剰余金の配当		△5,000	
親会社株主に帰属する当期純利益		(　イ　)	
株主資本以外の項目の当期変動額（純額）			(　　)
当期末残高	94,000	(　　)	(　　)

連結貸借対照表

P社　　令和○2年3月31日　　(単位：千円)

諸資産	181,600	諸負債	52,100
のれん	(　ウ　)	資本金	(　　)
		利益剰余金	(　　)
		非支配株主持分	(　エ　)
	(　　)		(　　)

資料

i　令和○2年3月31日における個別財務諸表

損益計算書

P社　令和○1年4月1日から令和○2年3月31日まで　(単位：千円)

売上原価	238,200	売上高	313,500
給料	68,000	受取配当金	1,700
当期純利益	9,000		
	315,200		315,200

損益計算書

S社　令和○1年4月1日から令和○2年3月31日まで　(単位：千円)

売上原価	86,500	売上高	115,400
給料	24,600		
支払利息	300		
当期純利益	4,000		
	115,400		115,400

株主資本等変動計算書

令和○1年4月1日から令和○2年3月31日まで　(単位：千円)

	資本金		利益剰余金	
	P社	S社	P社	S社
当期首残高	94,000	32,000	23,000	8,000
当期変動額　剰余金の配当			△5,000	△1,500
当期純利益			9,000	4,000
当期末残高	94,000	32,000	27,000	10,500

貸借対照表

P社　令和○2年3月31日　(単位：千円)

諸資産	125,000	諸負債	38,000
子会社株式	34,000	資本金	94,000
		利益剰余金	27,000
	159,000		159,000

貸借対照表

S社　令和○2年3月31日　(単位：千円)

諸資産	56,600	諸負債	14,100
		資本金	32,000
		利益剰余金	10,500
	56,600		56,600

ii　P社は，令和○1年3月31日にS社の発行する株式の80%を34,000千円で取得し支配した。なお，取得日のS社の資本は，資本金32,000千円　利益剰余金8,000千円であった。なお，諸資産および諸負債の時価は帳簿価額に等しかった。

iii　のれんは償却期間を20年間とし，定額法により償却する。

iv　P社とS社相互間の債権・債務の取引や資産の売買はなかった。

(3) 鳥取株式会社と岡山株式会社の下記の資料によって，
① 鳥取株式会社の次の比率を求めなさい。
a．当座比率　　b．固定比率
c．商品回転率（商品有高の平均値と売上原価を用いること）
② 岡山株式会社の次の比率を求めなさい。
a．流動比率　　b．総資本営業利益率（期首と期末の平均値を用いること）
c．受取勘定（売上債権）回転率（期首と期末の平均値を用いること）
③ 次の文の［　　］のなかに入る適当な比率を記入しなさい。また，｛　　｝のなかから，いずれか適当な語を選び，その番号を記入しなさい。

投下された資本が効率的に運用されているかを比較するため，期首と期末の平均値を用いて各比率を計算する。まず，自己資本利益率を計算すると，鳥取株式会社が［ ア ］%に対して，岡山株式会社は14.5%であり，鳥取株式会社の方が高かった。

しかし，総資本利益率を計算すると，鳥取株式会社が7.0%に対して岡山株式会社は［ イ ］%であり，鳥取株式会社の方が低かった。これは，鳥取株式会社の総資本に占めるウ｛1．自己資本　2．他人資本｝の割合が高いことが原因である。

鳥取株式会社の資料

i　期首売上債権　¥1,939,700　　iii　期首自己資本　¥4,800,000
ii　期首商品棚卸高　¥1,319,200　　iv　期首総資本　¥12,300,000

貸借対照表

鳥取株式会社　令和○2年3月31日　（単位：円）

資産	金額	負債・純資産	金額
現金預金	1,749,500	電子記録債務	1,504,000
電子記録債権	978,600	買掛金	2,115,000
売掛金	1,131,700	未払法人税等	381,000
有価証券	648,200	長期借入金	3,100,000
商品	1,204,800	退職給付引当金	1,400,000
建物	2,530,000	資本金	3,300,000
備品	853,200	資本準備金	610,000
土地	2,290,000	利益準備金	250,000
投資有価証券	890,000	繰越利益剰余金	1,070,000
関係会社株式	1,100,000	自己株式	△90,000
長期前払費用	324,000	その他有価証券評価差額金	60,000
	13,700,000		13,700,000

損益計算書

鳥取株式会社　令和○1年4月1日から令和○2年3月31日まで　（単位：円）

項目	金額
売上高	21,060,000
売上原価	14,639,200
売上総利益	6,420,800
販売費及び一般管理費	4,835,600
［　　］利益	1,585,200
営業外収益	274,000
営業外費用	392,000
［　　］利益	1,467,200
特別利益	101,300
特別損失	268,500
税引前当期純利益	1,300,000
法人税・住民税及び事業税	390,000
当期純利益	910,000

岡山株式会社の資料

i　期首売上債権　¥496,000　　iii　期首自己資本　¥1,472,000
ii　期首商品棚卸高　¥391,000　　iv　期首総資本　¥2,800,000

貸借対照表

岡山株式会社　令和○2年3月31日　（単位：円）

資産	金額	負債・純資産	金額
現金預金	367,300	電子記録債務	291,400
電子記録債権	218,000	買掛金	348,600
売掛金	294,000	未払法人税等	60,000
有価証券	140,000	長期借入金	500,000
商品	409,000	退職給付引当金	72,000
前払費用	27,000	資本金	1,100,000
建物	380,000	資本準備金	150,000
備品	240,000	利益準備金	76,000
土地	500,000	繰越利益剰余金	392,000
投資有価証券	204,700	その他有価証券評価差額金	10,000
関係会社株式	220,000		
	3,000,000		3,000,000

損益計算書

岡山株式会社　令和○1年4月1日から令和○2年3月31日まで　（単位：円）

項目	金額
売上高	5,947,200
売上原価	4,080,000
売上総利益	1,867,200
販売費及び一般管理費	1,440,900
［　　］利益	426,300
営業外収益	76,600
営業外費用	108,900
［　　］利益	394,000
特別利益	40,000
特別損失	102,600
税引前当期純利益	331,400
法人税・住民税及び事業税	99,400
当期純利益	232,000

3 山口商事株式会社の総勘定元帳勘定残高と付記事項および決算整理事項は，次のとおりであった。よって，報告式の損益計算書および報告式の貸借対照表を完成しなさい。

ただし，i　会社計算規則によること。

ii　会計期間は令和○1年4月1日から令和○2年3月31日までとする。

iii　その他有価証券の評価差額はすべて純資産の部に計上する。

iv　税効果会計は考慮しないものとする。

元帳勘定残高

現金	¥2,986,270	当座預金	¥4,488,330	受取手形	¥1,770,000
売掛金	3,982,000	貸倒引当金	23,800	売買目的有価証券	3,330,000
繰越商品	2,947,300	仮払法人税等	310,500	建物	10,500,000
建物減価償却累計額	2,835,000	土地	10,000,000	リース資産	720,000
リース資産減価償却累計額	144,000	その他有価証券	2,192,000	支払手形	1,148,000
買掛金	2,767,100	長期借入金	4,000,000	リース債務	432,000
退職給付引当金	6,375,270	資本金	18,000,000	資本準備金	2,130,000
利益準備金	1,020,000	別途積立金	800,000	繰越利益剰余金	914,300
売上	38,203,780	受取家賃	780,000	受取配当金	90,000
固定資産売却益	186,000	仕入	24,558,770	給料	8,378,520
発送費	761,940	広告料	805,000	通信費	489,600
消耗品費	92,750	保険料	948,000	租税公課	397,110
雑費	129,160	支払利息	44,000	手形売却損	18,000

付記事項

① リース債務¥432,000は，令和○5年3月31日までリース契約をしている営業用トラックに対するものであり，決算日の翌日から1年以内に支払期限が到来する部分は流動負債として表示する。なお，利息相当額は定額法により各期に配分している。

決算整理事項

a. 期末商品棚卸高　帳簿棚卸数量　2,200個　原　価　@¥1,300

実地棚卸数量　2,160〃　正味売却価額　〃〃1,280

ただし，棚卸減耗損（棚卸減耗費）および商品評価損は売上原価の内訳項目とする。

b. 外貨建取引の円換算　当社が保有している外貨建取引による売掛金および買掛金は，取引日の為替レートで円換算しており，為替予約はおこなっていない。

	取引額	取引日の為替レート	決算日の為替レート
売掛金	9,000ドル	1ドル112円	1ドル114円
買掛金	4,000ドル	1ドル110円	1ドル114円

c. 貸倒見積高　売上債権の期末残高に対し，それぞれ1%と見積もり，貸倒引当金を設定する。

d. 有価証券評価高　保有する株式は次のとおりである。

	銘　柄	株数	1株の帳簿価額	1株の時価
売買目的有価証券	香川商事株式会社	500株	¥4,500	¥4,900
	南西商事株式会社	300株	¥3,600	¥3,300
その他有価証券	北東物産株式会社	800株	¥2,740	¥2,800

e. 減価償却高　建　物：取得原価¥10,500,000　残存価額は取得原価の10%

耐用年数は50年とし，定額法により計算している。

リース資産：見積現金購入価額¥720,000　残存価額は零（0）

耐用年数は5年（リース期間）とし，定額法により計算している。

f. 保険料前払高　保険料のうち¥648,000は，令和○2年1月1日から2年分の保険料として支払ったものであり，前払高を次期に繰り延べる。

g. 利息未払高　¥4,000

h. 退職給付引当金繰入額　¥571,200

i. 法人税・住民税及び事業税額　¥657,400

4 下記の取引の仕訳を示しなさい。ただし，勘定科目は，次のなかからもっとも適当なものを使用すること。

現金	当座預金	受取手形	不渡手形
売掛金	売買目的有価証券	備品	備品減価償却累計額
繰延税金資産	支払手形	買掛金	未払配当金
保証債務	繰延税金負債	資本金	資本準備金
その他資本剰余金	利益準備金	繰越利益剰余金	新株予約権
売上	役務収益	有価証券利息	有価証券売却益
仕入割引	保証債務取崩益	仕入	役務原価
減価償却費	有価証券売却損	保証債務費用	法人税等調整額

a．高知産業株式会社は，次の条件で発行した新株予約権のうち40個の権利行使があったので，新株200株を発行し，権利行使価格の払込金を当座預金とした。ただし，会社法に規定する最高限度額を資本金に計上しないことにした。

発行条件

発行総数　50個（新株予約権1個につき5株を付与）

払込金額　新株予約権1個につき¥90,000

権利行使価格　1株につき¥140,000

権利行使期間　令和○1年12月1日から令和○2年11月30日まで

b．愛媛商店に対する買掛金¥650,000の支払いにあたり，支払期日前のため，契約によって2%の割引を受け，割引額を差し引いた金額は小切手を振り出して支払った。

c．決算において，次の資料により備品の減価償却費を計上した。なお，間接法により記帳し，法定実効税率を30%とした税効果会計を適用している。

資料

取得・使用開始日　令和○1年4月1日　　決算日　令和○2年3月31日

取得原価　¥1,280,000　　耐用年数　8年（税法上の耐用年数10年）

残存価額　零（0）　　償却方法　定額法

d．売買目的で保有している東西物産株式会社の社債　額面¥10,000,000のうち¥7,000,000を額面¥100につき¥97.90で売却し，代金は端数利息¥146,000とともに小切手で受け取り，ただちに当座預金とした。ただし，この額面¥10,000,000の社債は，当期に額面¥100につき¥98.20で買い入れたものであり，同時に買入手数料¥30,000および端数利息¥60,000を支払っている。

e．佐賀商事株式会社は，かねて，商品代金の支払いとして長崎商事株式会社に裏書譲渡していた南北商店振り出しの約束手形が不渡りとなり，償還請求を受けた。よって，手形金額¥800,000および期日以後の利息¥2,000をともに小切手を振り出して支払い，同時に南北商店に支払請求をおこなった。なお，この手形を裏書きしたさいに，手形額面金額の1%の保証債務を計上している。

f．旅行業を営む福岡観光株式会社は，本日国内旅行のツアーを実施し，サービスの提供にともなう費用¥436,800を現金で支払った。

g．徳島物産株式会社は，株主総会において，その他資本剰余金¥3,600,000と繰越利益剰余金¥4,600,000を原資として剰余金の配当をおこなうことを決議した。なお，配当にあたって資本準備金¥360,000と利益準備金¥460,000を計上する。

第１回　簿記実務検定模擬試験問題　１級　会　計〔解　答　用　紙〕

1

(1)

ア	イ	ウ	エ

(2)

ア	イ

(3)

ア

2

(1)

銀　行　勘　定　調　整　表

令和○年3月31日

		当座預金出納帳	銀行残高証明書
	3月31日現在残高	¥　3,180,000	¥　3,540,000
(加算)	〔　　〕	(　　)	(　　)
	〔　　〕	(　　)	(　　)
	計	(　　)	(　　)
(減算)	〔　　〕	(　　)	(　　)
	〔　　〕	(　　)	(　　)
	調整後残高	(　　)	(　　)

当座預金出納帳 次　月　繰　越　高	¥

(2)

ア	千円	イ	千円
ウ	千円	エ	千円

(3)

①

a	%	b	%
c	回		

②

a	%	b	%
c	回		

③

ア	%	イ	%	ウ	

1 得点	2 得点	3 得点	4 得点	総得点

年	組	番　号	名　　前

3

損益計算書

山口商事株式会社　　令和○1年4月1日から令和○2年3月31日まで　　（単位：円）

Ⅰ 売上高		(　　)
Ⅱ 売上原価		
1. 期首商品棚卸高	2,947,300	
2. 当期商品仕入高	24,558,770	
合計	27,506,070	
3. 期末商品棚卸高	(　　)	
	(　　)	
4. (　　)	(　　)	
5. 商品評価損	(　　)	(　　)
売上総利益		(　　)
Ⅲ 販売費及び一般管理費		
1. 給料	8,378,520	
2. 発送費	761,940	
3. 広告料	(　　)	
4. (　　)	(　　)	
5. (　　)	(　　)	
6. (　　)	(　　)	
7. 通信費	(　　)	
8. 消耗品費	(　　)	
9. 保険料	(　　)	
10. 租税公課	(　　)	
11. (　　)	(　　)	(　　)
営業利益		(　　)
Ⅳ 営業外収益		
1. 受取家賃	780,000	
2. 受取配当金	90,000	
3. (　　)	(　　)	
4. (　　)	(　　)	(　　)
Ⅴ 営業外費用		
1. (　　)	(　　)	
2. 手形売却損	18,000	(　　)
経常利益		(　　)
Ⅵ 特別利益		
1. 固定資産売却益	186,000	186,000
税引前当期純利益		(　　)
法人税・住民税及び事業税		657,400
当期純利益		(　　)

貸借対照表

山口商事株式会社　　令和○2年3月31日　　（単位：円）

資産の部

Ⅰ 流動資産			
1. 現金預金		7,474,600	
2. 受取手形	(　　)		
貸倒引当金	△(　　)	(　　)	
3. 売掛金	(　　)		
貸倒引当金	△(　　)	(　　)	
4. (　　)		(　　)	
5. (　　)		(　　)	
6. (　　)		(　　)	
流動資産合計			(　　)

Ⅱ 固　定　資　産			
(1) 有形固定資産			
1. 建　　　　　物	10,500,000		
減価償却累計額	△（　　）	（　　）	
2. 土　　　　　地		（　　）	
3. リ ー ス 資 産	（　　）		
減価償却累計額	△（　　）	（　　）	
有形固定資産合計		（　　）	
(2) 投資その他の資産			
1.（　　　）		（　　）	
2.（　　　）		（　　）	
投資その他の資産合計		（　　）	
固 定 資 産 合 計			（　　）
資　産　合　計			（　　）

負　債　の　部

Ⅰ 流　動　負　債			
1. 支　払　手　形		（　　）	
2. 買　　掛　　金		（　　）	
3. リ ー ス 債 務		（　　）	
4. 未　払　費　用		（　　）	
5. 未払法人税等		（　　）	
流動負債合計			（　　）
Ⅱ 固　定　負　債			
1. 長 期 借 入 金		4,000,000	
2. リ ー ス 債 務		（　　）	
3. 退職給付引当金		（　　）	
固定負債合計			（　　）
負　債　合　計			（　　）

純　資　産　の　部

Ⅰ 株　主　資　本			
(1) 資　　本　　金			18,000,000
(2) 資 本 剰 余 金			
1. 資 本 準 備 金		2,130,000	
資本剰余金合計			2,130,000
(3) 利 益 剰 余 金			
1. 利 益 準 備 金		1,020,000	
2. その他利益剰余金			
① 別 途 積 立 金		800,000	
② 繰越利益剰余金		（　　）	
利益剰余金合計			（　　）
株主資本合計			（　　）
Ⅱ 評価・換算差額等			
1. その他有価証券評価差額金		（　　）	
評価・換算差額等合計			（　　）
純 資 産 合 計			（　　）
負債及び純資産合計			40,106,700

3 得点	

4

	借　方	貸　方
a		
b		
c		
d		
e		
f		
g		

4 得点	

公益財団法人全国商業高等学校協会　主催
文部科学省　後援

第2回　簿記実務検定1級模擬試験問題　会計

令和○年○月○日（○）実施

解答上の注意

1　解答にあたえられた時間は90分です。試験開始後の途中退室はできません。
2　問題は全部で4問あります。
3　問題用紙の表紙に年・組・番号・名前を記入しなさい。
4　解答はすべて別紙解答用紙に記入しなさい。

年	組	番　号	名　　　前

1 次の各問いに答えなさい。

(1) 各文の［　　　］にあてはまるもっとも適当な語を，下記の語群のなかから選び，その番号を記入しなさい。

a．自己株式の取得は事実上の出資の払い戻しとなるため，自己株式は貸借対照表において，純資産の部の［　ア　］から控除する形式で表示する。自己株式を取得するために要した手数料は取得価額に含めず，損益計算書の［　イ　］の区分に表示する。

b．リース取引のうち，リース期間の途中で解約することができず，また，リース物件の使用のために生じるコストを借手が負担するものを［　ウ　］・リース取引という。

c．企業会計は，すべての取引につき，［　エ　］の原則にしたがって，正確な会計帳簿を作成しなければならない。

1．ファイナンス　　2．正規の簿記　　3．重要性　　4．株主資本
5．評価・換算差額等　　6．オペレーティング　　7．単一性　　8．特別損失
9．営業外費用　　10．販売費及び一般管理費

(2) 次の会計に関する用語の英語表記を，下記の語群のなかから選び，その番号を記入しなさい。

ア．総資本利益率　　イ．固定負債

1．fixed assets　　2．current assets　　3．fixed liabilities
4．return on assets　　5．return on equity　　6．current liabilities

(3) 次の会計基準をあらわすもっとも適切なものを，下記の語群のなかから選び，その番号を記入しなさい。

ア．国際財務報告基準

1．EDINET　　2．IASB　　3．CSR　　4．ASBJ　　5．IFRS

2 次の各問いに答えなさい。

(1) 沖縄フーズ株式会社の次の資料から，売価還元法によって，次の金額を求めなさい。

a．期末商品棚卸高（原価）　　b．売上総利益

資　　料

	（原　価）	（売　価）
期首商品棚卸高	¥　295,000	¥　440,000
当期商品仕入高	1,222,000	1,610,000
期末商品棚卸高	［　a　］	350,000
当期売上高	［　　］	1,700,000

(2) 次の資料により，令和○6年3月31日（連結決算日）における連結損益計算書・連結株主資本等変動計算書・連結貸借対照表の（　ア　）から（　エ　）にあてはまる金額を答えなさい。

連　結　損　益　計　算　書

P社　　令和○5年4月1日から令和○6年3月31日まで　　（単位：千円）

売上原価	744,120	売上高	942,100
給料	180,000	受取配当金	（　ア　）
支払利息	480		
のれん償却	（　　）		
当期純利益	（　　）		
	（　　）		（　　）
非支配株主に帰属する当期純利益	（　イ　）	当期純利益	（　　）
親会社株主に帰属する当期純利益	（　　）		
	（　　）		（　　）

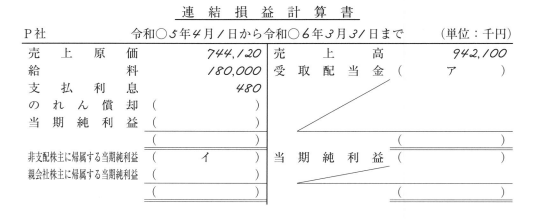

連結株主資本等変動計算書

P社　　令和○5年4月1日から令和○6年3月31日まで　　(単位：千円)

	資本金	利益剰余金	非支配株主持分
当期首残高	230,000	34,000	(　　)
当期変動額　剰余金の配当		△8,000	
親会社株主に帰属する当期純利益		(　　)	
株主資本以外の項目の当期変動額（純額）			(　　)
当期末残高	230,000	(　ウ　)	(　　)

連結貸借対照表

P社　　令和○6年3月31日　　(単位：千円)

諸資産	455,000	諸負債	285,000
土地	(　　)	資本金	(　　)
のれん	(　エ　)	利益剰余金	(　　)
		非支配株主持分	(　　)
	(　　)		(　　)

資　料

i　令和○6年3月31日における個別財務諸表

損益計算書

P社　令和○5年4月1日から令和○6年3月31日まで　(単位：千円)

売上原価	658,200	売上高	826,000
給料	157,300	受取配当金	2,500
当期純利益	13,000		
	828,500		828,500

損益計算書

S社　令和○5年4月1日から令和○6年3月31日まで　(単位：千円)

売上原価	85,920	売上高	116,100
給料	22,700		
支払利息	480		
当期純利益	7,000		
	116,100		116,100

株主資本等変動計算書

令和○5年4月1日から令和○6年3月31日まで　(単位：千円)

	資本金		利益剰余金	
	P社	S社	P社	S社
当期首残高	230,000	60,000	34,000	15,000
当期変動額　剰余金の配当			△8,000	△3,000
当期純利益			13,000	7,000
当期末残高	230,000	60,000	39,000	19,000

貸借対照表

P社　令和○6年3月31日　(単位：千円)

諸資産	315,000	諸負債	187,000
土地	83,000	資本金	230,000
子会社株式	58,000	利益剰余金	39,000
	456,000		456,000

貸借対照表

S社　令和○6年3月31日　(単位：千円)

諸資産	140,000	諸負債	98,000
土地	37,000	資本金	60,000
		利益剰余金	19,000
	177,000		177,000

ii　P社は，令和○5年3月31日にS社の発行する株式の70%を58,000千円で取得し支配した。なお，S社の取得日における土地の帳簿価額は37,000千円，時価は42,000千円であり，当期中に土地の売買取引はなかった。また，他の資産および負債の時価は帳簿価額に等しかった。

iii　のれんは償却期間を10年間とし，定額法により償却する。

iv　P社とS社相互間の債権・債務の取引や資産の売買はなかった。

(3) 鹿児島産業株式会社の第20期末の貸借対照表(純資産の部)と純資産の変動に関する情報(一部)，第19期と第20期の金額および株主資本等変動計算書によって，

① 第20期の次の金額を求めなさい。

a．資　本　金　　b．利益剰余金合計

② 次の文の［　　］のなかに適当な比率を記入しなさい。また｛　　｝のなかから，いずれか適当な語を選び，その番号を記入しなさい。

期末の金額と当期純利益を用いて鹿児島産業株式会社の第20期の自己資本利益率を求めてみると，第19期の自己資本利益率が3.0%であるのに対して，第20期は［ア］%であった。したがって，鹿児島産業株式会社の　イ｛1．収益性　2．安全性｝は下降している。一方，自己資本比率を計算してみると，第19期が40.0%であるのに対して，第20期は［ウ］%であった。このことから　エ｛1．収益性　2．安全性｝は，良くなっていることがわかる。

また，期末の金額と売上高を用いて自己資本回転率を求めてみると，第19期の2.4回に対して第20期は［オ］回であった。これは第20期の方が，自己資本を　カ｛1．非効率的に　2．効率的に｝活用していることを示す。

i　第20期末の貸借対照表（純資産の部）

(第20期)　貸　借　対　照　表

鹿児島産業株式会社　令和○6年3月31日　(単位：千円)

純　資　産　の　部		
Ⅰ 株　主　資　本		
(1) 資　本　金		(　　)
(2) 資 本 剰 余 金		
1．資 本 準 備 金	(　　)	
資本剰余金合計		(　　)
(3) 利 益 剰 余 金		
1．利 益 準 備 金	(　　)	
2．その他利益剰余金		
①新 築 積 立 金	(　　)	
②繰越利益剰余金	(　　)	
利益剰余金合計		(　　)
(4) 自　己　株　式		△(　　)
株主資本合計		(　　)
純 資 産 合 計		(　　)

ii　純資産の変動に関する情報（一部）

1　剰余金の配当　600千円
(繰越利益剰余金から)

2　利益準備金積立額　会社法に規定する額

3　新築積立金積立額　360千円

iii　第19期と第20期の金額

	第19期	第20期
売　上　高	60,000千円	63,000千円
当 期 純 利 益	750千円	630千円
資 産 総 額	62,500千円	60,000千円

iv　株主資本等変動計算書

(第20期)　株主資本等変動計算書

鹿児島産業株式会社　令和○5年4月1日から令和○6年3月31日まで　(単位：千円)

	資本金	資本剰余金		利益剰余金				自己株式	純資産合計
		資本準備金	資本剰余金合計	利益準備金	その他利益剰余金		利益剰余金合計		
					新築積立金	繰越利益剰余金			
当期首残高	(　　)	2,000	2,000	930	760	1,310	3,000	——	25,000
当期変動額									
新株の発行	5,000								5,000
剰余金の配当				(　　)		(　　)	(　　)		(　　)
新築積立金の積立					(　　)	(　　)	——		——
当期純利益						(　　)	(　　)		(　　)
自己株式の取得								△30	△30
当期変動額合計	(　　)	——	——	(　　)	(　　)	(　　)	(　　)	△30	(　　)
当期末残高	(　　)	2,000	2,000	(　　)	(　　)	(　　)	(　　)	△30	(　　)

3 宮崎物産株式会社の総勘定元帳勘定残高および決算整理事項は，次のとおりであった。よって，報告式の損益計算書および報告式の貸借対照表を完成しなさい。

ただし，i　会社計算規則によること。

ii　会計期間は令和○5年4月1日から令和○6年3月31日までとする。

iii　その他有価証券の評価差額はすべて純資産の部に計上する。

iv　税効果会計を適用し，法定実効税率は30%とする。

元帳勘定残高

現　　金	¥2,898,290	当座預金	¥5,275,160	電子記録債権	¥2,714,000
売掛金	4,886,000	貸倒引当金	17,000	売買目的有価証券	6,030,000
繰越商品	2,502,400	仮払法人税等	439,400	備　　品	2,500,000
備品減価償却累計額	312,500	土　　地	9,170,000	建設仮勘定	4,380,000
その他有価証券	3,880,000	長期貸付金	4,000,000	繰延税金資産	18,750
電子記録債務	1,893,400	買掛金	3,059,200	退職給付引当金	5,497,300
資本金	27,000,000	資本準備金	3,500,000	利益準備金	2,200,000
別途積立金	800,000	繰越利益剰余金	652,800	売　　上	47,204,840
受取配当金	87,000	受取利息	7,200	固定資産売却益	132,000
仕　　入	29,837,210	給　　料	9,133,240	発送費	675,180
広告料	942,200	支払家賃	540,000	消耗品費	73,480
保険料	1,924,000	租税公課	296,380	雑　　費	126,050
電子記録債権売却損	63,500	固定資産除却損	58,000		

決算整理事項

a．期末商品棚卸高　帳簿棚卸数量　3,600個　原　　価　@¥800

実地棚卸数量　3,540〃　正味売却価額　〃〃760

ただし，棚卸減耗損（棚卸減耗費）および商品評価損は売上原価の内訳項目とする。

b．貸倒見積高　売上債権の期末残高に対し，それぞれ2%と見積もり，貸倒引当金を設定する。ただし，税法上，損金算入限度額は¥120,000であったため，超過額は損金不算入となった。

c．有価証券評価高　保有する株式は次のとおりである。

	銘　柄	株数	1株の帳簿価額	1株の時価
売買目的有価証券	大分通信株式会社	700株	¥6,100	¥6,300
	北西電機株式会社	400株	¥4,400	¥4,000
その他有価証券	南東商事株式会社	1,000株	¥3,880	¥3,970

d．備品減価償却高　取得原価¥2,500,000　残存価額は零（0）　耐用年数は8年とし，定額法による。ただし，税法上の法定耐用年数は10年であった。

e．保険料前払高　保険料のうち¥1,044,000は，令和○5年5月1日から3年分の保険料として支払ったものであり，前払高を次期に繰り延べる。

f．利息未収高　¥2,400

g．退職給付引当金繰入額　¥660,300

h．法人税・住民税及び事業税額　¥1,088,070

4 下記の取引の仕訳を示しなさい。ただし，勘定科目は，次のなかからもっとも適当なものを使用すること。

現金	当座預金	受取手形	営業外受取手形
売掛金	売買目的有価証券	未収金	車両運搬具
車両運搬具減価償却累計額	リース資産	ソフトウェア	ソフトウェア仮勘定
子会社株式	その他有価証券	支払手形	営業外支払手形
買掛金	未払金	リース債務	資本金
資本準備金	その他資本剰余金	繰越利益剰余金	自己株式
売上	受取利息	有価証券売却益	固定資産売却益
仕入	減価償却費	支払リース料	支払利息
有価証券売却損	固定資産売却損	子会社株式評価損	為替差損益

a．売買目的で保有している熊本商事株式会社の株式1,200株を1株につき￥3,400で売却し，代金は当店の当座預金口座に振り込まれた。ただし，この株式の当期首の帳簿価額は￥2,310,000　株式数は700株であった。また，当期中に追加で同社の株式900株を1株につき￥3,380で購入している。なお，単価の計算は移動平均法によっている。

b．かねて制作を依頼していた自社利用目的のソフトウェアが完成し，引き渡しを受けたので，契約代金￥6,500,000のうち，すでに支払ってある金額を差し引いて，残額￥2,600,000は約束手形を振り出して支払った。

c．東京物産株式会社は，第12期初頭に営業用トラックを￥4,280,000で買い入れ，この代金は，これまで使用してきた営業用トラックを￥630,000で引き取らせ，新車両の代金との差額は翌月末に支払うことにした。ただし，この旧車両は第3期初頭に￥3,800,000で買い入れたもので，残存価額は零（0）　予測総走行距離は150,000km　当期までの実際走行距離は124,500kmであり，生産高比例法によって減価償却費を計上し，間接法で記帳してきた。

d．千葉産業株式会社は，南北商事株式会社の財政状態が悪化したので，保有する同社の株式900株（1株の帳簿価額￥62,000）を実質価額によって評価替えした。なお，南北商事株式会社の資産総額は￥69,700,000　負債総額は￥44,900,000で，発行済株式総数は1,000株（市場価格のない株式）である。

e．期首（令和○5年4月1日）に備品のリース契約を結んでいたが，本日（令和○6年3月31日），1年分のリース料を支払った。なお，当該備品は次の条件でリースを受けている。また，このリース取引はオペレーティング・リース取引である。

条　件

リース期間：3年　　リース料：年額￥150,000（毎年3月末現金支払い）

f．埼玉商事株式会社は，自己株式（1株の帳簿価額￥5,300）のうち1,200株を1株につき￥5,600で処分し，受け取った代金は当座預金とした。

g．外国企業のA社に対する売掛金5,000ドルが決済され，当座預金口座に入金された。なお，商品の輸出時の為替相場は1ドルあたり￥113で，決済時の為替相場は1ドルあたり￥109であった。

第２回　簿記実務検定模擬試験問題　１級　会　計〔解　答　用　紙〕

1

(1)

ア	イ	ウ	エ

(2)

ア	イ

(3)

ア

2

(1)

a	¥	b	¥

(2)

ア	千円	イ	千円
ウ	千円	エ	千円

(3)

①

a	千円	b	千円

②

ア	%	イ	
ウ	%	エ	
オ	回	カ	

1 得点	2 得点	3 得点	4 得点	総得点

年	組	番　号	名　　前

3

損益計算書

宮崎物産株式会社　　令和○5年4月1日から令和○6年3月31日まで　　(単位：円)

Ⅰ 売上高		(　　)
Ⅱ 売上原価		
1. 期首商品棚卸高	2,502,400	
2. 当期商品仕入高	29,837,210	
合計	32,339,610	
3. 期末商品棚卸高	(　　)	
	(　　)	
4. (　　)	(　　)	
5. 商品評価損	(　　)	(　　)
売上総利益		(　　)
Ⅲ 販売費及び一般管理費		
1. 給料	9,133,240	
2. 発送費	675,180	
3. 広告料	(　　)	
4. (　　)	(　　)	
5. (　　)	(　　)	
6. (　　)	(　　)	
7. 支払家賃	(　　)	
8. 消耗品費	(　　)	
9. 保険料	(　　)	
10. 租税公課	(　　)	
11. (　　)	(　　)	(　　)
営業利益		(　　)
Ⅳ 営業外収益		
1. 受取配当金	87,000	
2. 受取利息	(　　)	(　　)
Ⅴ 営業外費用		
1. 電子記録債権売却損	63,500	
2. (　　)	(　　)	(　　)
経常利益		(　　)
Ⅵ 特別利益		
1. 固定資産売却益	(　　)	(　　)
Ⅶ 特別損失		
1. 固定資産除却損	(　　)	(　　)
税引前当期純利益		(　　)
法人税・住民税及び事業税	(　　)	
法人税等調整額	△(　　)	(　　)
当期純利益		(　　)

貸借対照表

宮崎物産株式会社　　令和○6年3月31日　　(単位：円)

資産の部

Ⅰ 流動資産			
1. 現金預金		8,173,450	
2. 電子記録債権	(　　)		
貸倒引当金	△(　　)	(　　)	
3. 売掛金	(　　)		
貸倒引当金	△(　　)	(　　)	
4. (　　)		(　　)	
5. (　　)		(　　)	
6. (　　)		(　　)	
7. (　　)		(　　)	
流動資産合計			(　　)

Ⅱ 固 定 資 産			
(1) 有形固定資産			
1. 備 品	2,500,000		
減価償却累計額	△ (　　)	(　　)	
2. 土 地		(　　)	
3. 建 設 仮 勘 定		(　　)	
有形固定資産合計		(　　)	
(2) 投資その他の資産			
1. (　　)		(　　)	
2. (　　)		(　　)	
3. (　　)		(　　)	
4. (　　)		(　　)	
投資その他の資産合計		(　　)	
固 定 資 産 合 計			(　　)
資 産 合 計			(　　)

負 債 の 部

Ⅰ 流 動 負 債		
1. 電 子 記 録 債 務	(　　)	
2. 買 掛 金	(　　)	
3. 未 払 法 人 税 等	(　　)	
流 動 負 債 合 計		(　　)
Ⅱ 固 定 負 債		
1. 退 職 給 付 引 当 金	(　　)	
固 定 負 債 合 計		(　　)
負 債 合 計		(　　)

純 資 産 の 部

Ⅰ 株 主 資 本		
(1) 資 本 金		27,000,000
(2) 資 本 剰 余 金		
1. 資 本 準 備 金	3,500,000	
資 本 剰 余 金 合 計		3,500,000
(3) 利 益 剰 余 金		
1. 利 益 準 備 金	2,200,000	
2. その他利益剰余金		
① 別 途 積 立 金	800,000	
② 繰 越 利 益 剰 余 金	(　　)	
利 益 剰 余 金 合 計		(　　)
株 主 資 本 合 計		(　　)
Ⅱ 評価・換算差額等		
1. その他有価証券評価差額金	(　　)	
評価・換算差額等合計		(　　)
純 資 産 合 計		(　　)
負債及び純資産合計		(　　)

3 得点	

4

	借　　方	貸　　方
a		
b		
c		
d		
e		
f		
g		

4 得点	

とうほう

公益財団法人全国商業高等学校協会　主催
文部科学省　後援

第3回　簿記実務検定1級模擬試験問題　会計

令和○年○月○日（○）実施

解答上の注意

1　解答にあたえられた時間は90分です。試験開始後の途中退室はできません。
2　問題は全部で4問あります。
3　問題用紙の表紙に年・組・番号・名前を記入しなさい。
4　解答はすべて別紙解答用紙に記入しなさい。

年	組	番号	名前

1 次の各問いに答えなさい。

(1) 各文の［　　　］にあてはまるもっとも適当な語を，下記の語群のなかから選び，その番号を記入しなさい。

a．企業の通常の営業活動の循環過程で生じた負債を流動負債とする基準を，［　ア　］という。

b．貸借対照表を作成するさい，貸付金¥800,000と借入金¥500,000を相殺して，「貸付金¥300,000」と表示してはならない。これを［　イ　］の原則という。

c．資本的支出を収益的支出とすれば，資産は［　ウ　］に評価される。この場合，利益を配当すれば［　エ　］ことになる。

1．純額主義	2．費用収益対応	3．1年基準	4．過小
5．営業循環基準	6．過大	7．資本をくいつぶす	8．現実の利益を隠す
9．費用配分	10．総額主義		

(2) 次の会計に関する用語の英語表記を，下記の語群のなかから選び，その番号を記入しなさい。

ア．のれん　　　イ．利害関係者

1．disclosure	2．stakeholder	3．merger
4．stockholder	5．accountability	6．goodwill

(3) 次の財務指標をあらわすもっとも適切なものを，下記の語群のなかから選び，その番号を記入しなさい。

ア．自己資本利益率

1．ROA　　2．PBR　　3．PER　　4．ROE　　5．ROI

2 次の各問いに答えなさい。

(1) 次の4つの会社の資料から，

① 短期の支払能力がもっとも高い会社名を答えなさい。

② 自己資本比率による安全性がもっとも高い会社名を答えなさい。なお，いずれの会社も自己資本の金額は純資産額と等しいものとする。

③ 負債比率が2番目に良好な会社名を答えなさい。

	A社	B社	C社	D社
流動資産	¥ 18,000,000	¥ 50,400,000	¥ 45,540,000	¥ 46,800,000
流動負債	20,000,000	24,000,000	22,000,000	26,000,000
固定負債	5,640,000	35,160,000	51,068,000	4,728,000
総資本	100,000,000	102,000,000	120,000,000	92,000,000

(2) 次の資料により，令和○4年3月31日（連結決算日）における連結損益計算書・連結株主資本等変動計算書・連結貸借対照表の（ ア ）から（ エ ）にあてはまる金額を答えなさい。

連結損益計算書

P社　　令和○3年4月1日から令和○4年3月31日まで　　（単位：千円）

売上原価	（　　）	売上高	（　　）
給料	（　　）		
のれん償却	（　　）		
当期純利益	（　ア　）		
	（　　）		（　　）
非支配株主に帰属する当期純利益	（　　）	当期純利益	（　　）
親会社株主に帰属する当期純利益	（　　）		
	（　　）		（　　）

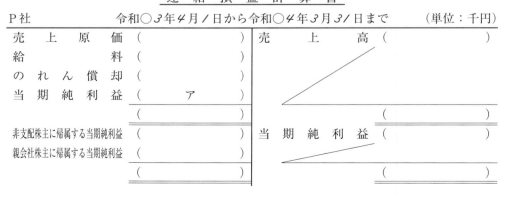

連結株主資本等変動計算書

P社　　令和○3年4月1日から令和○4年3月31日まで　　（単位：千円）

	資本金	利益剰余金	非支配株主持分
当期首残高	(　　　)	(　イ　)	(　　　)
当期変動額　剰余金の配当		(　　　)	
親会社株主に帰属する当期純利益		(　　　)	
株主資本以外の項目の当期変動額（純額）			(　ウ　)
当期末残高	(　　　)	(　　　)	(　　　)

連結貸借対照表

P社　　令和○4年3月31日　　（単位：千円）

諸資産	(　　　)	諸負債	(　　　)
土地	(　　　)	資本金	(　　　)
のれん	(　エ　)	利益剰余金	(　　　)
		非支配株主持分	(　　　)
	(　　　)		(　　　)

資　料

i　令和○4年3月31日における個別財務諸表

損益計算書

P社　令和○3年4月1日から令和○4年3月31日まで（単位：千円）

売上原価	396,400	売上高	558,100
給料	153,400	受取配当金	2,700
当期純利益	11,000		
	560,800		560,800

損益計算書

S社　令和○3年4月1日から令和○4年3月31日まで（単位：千円）

売上原価	50,400	売上高	91,500
給料	36,100		
当期純利益	5,000		
	91,500		91,500

株主資本等変動計算書

令和○3年4月1日から令和○4年3月31日まで　　（単位：千円）

	資本金		利益剰余金	
	P社	S社	P社	S社
当期首残高	175,000	50,000	22,000	13,000
当期変動額　剰余金の配当			△7,000	△3,000
当期純利益			11,000	5,000
当期末残高	175,000	50,000	26,000	15,000

貸借対照表

P社　令和○4年3月31日　（単位：千円）

諸資産	227,000	諸負債	153,000
土地	65,000	資本金	175,000
子会社株式	62,000	利益剰余金	26,000
	354,000		354,000

貸借対照表

S社　令和○4年3月31日　（単位：千円）

諸資産	80,000	諸負債	39,000
土地	24,000	資本金	50,000
		利益剰余金	15,000
	104,000		104,000

ii　P社は，令和○3年3月31日にS社の発行する株式の90%を62,000千円で取得し支配した。なお，S社の取得日における土地の帳簿価額は24,000千円，時価は27,000千円であり，当期中に土地の売買取引はなかった。また，他の資産および負債の時価は帳簿価額に等しかった。

iii　のれんは償却期間を20年間とし，定額法により償却する。

iv　P社とS社相互間の債権・債務の取引や資産の売買はなかった。

(3) 神奈川産業株式会社の前期（第10期）と当期（第11期）の下記の資料によって，

① （　ア　）～（　オ　）に入る比率および金額を求めなさい。

② 損益計算書の営業外収益に属する項目（科目）を次のなかから1つ選び，その番号を記入しなさい。

1．保険差益　　2．未収利息　　3．仕入割引　　4．役務収益

③ 次の文の［　　　　］にあてはまる適当な語を記入しなさい。

収益性について調べるため，前期と当期の総資本利益率を求めたところ，ともに1.5％で変化がなかった。さらに収益性について詳しく分析するために，総資本利益率を次のように売上高純利益率と［　　　　］に分解した。

$$\frac{\text{当期純利益}}{\text{総資本}} = \frac{\text{当期純利益}}{\text{売上高}} \times \frac{\text{売上高}}{\text{総資本}}$$

④ 上記③により判明したことを説明している文を次のなかから1つ選び，その番号を記入しなさい。

1．売上高を増加させたが，費用の減少ができなかった。
2．総資本は一定のままで利益の増加を図ったが，売上高が減少してしまった。
3．総資本を増加させて売上高の増加を図ったが，売上高が減少してしまった。
4．総資本を増加させて売上高の増加を図ったが，売上高総利益率が低下した。

資　　料

		第10期	第11期
i	売上原価率	88.0 ％	（　ウ　）％
ii	売上高総利益率	（　ア　）％	（　　　）％
iii	総資本利益率	1.5 ％	1.5 ％
iv	自己資本利益率	4.2 ％	（　エ　）％
v	売上高純利益率	1.5 ％	（　　　）％
vi	総資本回転率	1.0 回	（　オ　）回
vii	自己資本	（　イ　）千円	50,000千円
viii	売上総利益	16,800千円	12,600千円

（第11期）　損益計算書

神奈川産業株式会社　令和○3年4月1日から令和○4年3月31日まで　（単位：千円）

Ⅰ	売上高	84,000
Ⅱ	売上原価	71,400
	売上総利益	12,600
Ⅲ	販売費及び一般管理費	8,800
	営業利益	3,800
Ⅳ	営業外費用	730
	経常利益	3,070
Ⅴ	特別損失	70
	税引前当期純利益	3,000
	法人税・住民税及び事業税	900
	当期純利益	2,100

※当期純利益は税引後の金額を用いること。総資本と自己資本は期末の金額を用いること。

（第11期）　株主資本等変動計算書

神奈川産業株式会社　　令和○3年4月1日から令和○4年3月31日まで　　（単位：千円）

	資本金	資本剰余金		利益剰余金				純資産合計
		資本準備金	資本剰余金合計	利益準備金	その他利益剰余金		利益剰余金合計	
					別途積立金	繰越利益剰余金		
当期首残高	41,000	4,500	4,500	900	750	2,850	4,500	（　　）
当期変動額								
剰余金の配当				210		△2,310	△2,100	（　　）
別途積立金の積立					300	△300	――	――
当期純利益						2,100	2,100	（　　）
当期変動額合計	――	――	――	210	300	△510	――	（　　）
当期末残高	41,000	4,500	4,500	1,110	1,050	2,340	4,500	（　　）

3 群馬商事株式会社の総勘定元帳勘定残高と付記事項および決算整理事項は，次のとおりであった。よって，報告式の損益計算書および報告式の貸借対照表を完成しなさい。

ただし，i　会社計算規則によること。

ii　会計期間は令和○3年4月1日から令和○4年3月31日までとする。

iii　税効果会計は考慮しないものとする。

元帳勘定残高

現　　　金	¥2,975,720	当座預金	¥5,612,990	電子記録債権	¥3,786,000
売　掛　金	4,297,000	クレジット売掛金	1,847,000	貸倒引当金	24,800
売買目的有価証券	2,336,000	繰越商品	2,492,700	仮払法人税等	528,900
備　　　品	720,000	備品減価償却累計額	315,000	土　　　地	9,520,000
特　許　権	840,000	電子記録債務	2,232,890	買　掛　金	3,002,540
長期借入金	2,000,000	退職給付引当金	1,266,980	資　本　金	18,000,000
資本準備金	2,000,000	利益準備金	1,080,000	新築積立金	800,000
繰越利益剰余金	226,800	売　　　上	44,900,800	有価証券売却益	60,000
仕入割引	14,100	仕　　　入	31,146,570	給　　　料	5,790,340
発　送　費	756,760	広　告　料	823,940	支払家賃	1,260,000
支払リース料	112,500	研究開発費	486,000	水道光熱費	301,700
雑　　　費	53,790	支払利息	22,000	電子記録債権売却損	34,000
固定資産売却損	180,000				

付記事項

① 配当金領収証¥48,000を受け取っていたが，未処理であった。

決算整理事項

a．期末商品棚卸高　帳簿棚卸数量　2,100個　原　　価　@¥1,200
　　実地棚卸数量　1,900〃　正味売却価額　〃〃1,160
　　ただし，棚卸減耗損（棚卸減耗費）は営業外費用とする。また，商品評価損は売上原価の内訳項目とする。

b．貸倒見積高　売上債権の期末残高に対し，それぞれ1%と見積もり，貸倒引当金を設定する。

c．有価証券評価高　売買目的で保有する次の株式について，時価によって評価する。
　　栃木物産株式会社　400株
　　帳簿価額　1株　¥5,840　　時価　1株　¥5,970

d．備品減価償却高　定率法により，毎期の償却率を25%とする。

e．特許権償却高　¥120,000

f．家賃前払高　支払家賃のうち¥540,000は，令和○3年12月1日から6か月分を支払ったものであり，前払高を次期に繰り延べる。

g．リース料未払高　¥37,500

h．退職給付引当金繰入額　¥421,800

i．法人税・住民税及び事業税額　¥1,283,400

4 下記の取引の仕訳を示しなさい。ただし，勘定科目は，次のなかからもっとも適当なものを使用すること。

現金	当座預金	受取手形	売掛金
売買目的有価証券	繰越商品	仕掛品	未収金
機械装置	機械装置減価償却累計額	のれん	満期保有目的債券
その他有価証券	長期貸付金	繰延税金資産	支払手形
買掛金	未払金	保証債務	長期借入金
繰延税金負債	資本金	資本準備金	その他資本剰余金
利益準備金	新築積立金	別途積立金	繰越利益剰余金
その他有価証券評価差額金	売上	役務収益	有価証券利息
保証債務取崩益	仕入	役務原価	保証債務費用

a．中央商事株式会社は，株主総会において，繰越利益剰余金勘定の借方残高￥2,060,000を新築積立金￥1,500,000と別途積立金￥560,000を取り崩しててん補することを決議した。

b．茨城産業株式会社（決算年1回）は，決算にあたり，その他有価証券として保有している次の株式を時価によって評価した。なお，税効果会計を適用し，法定実効税率は30%とする。

福島物産株式会社　2,200株（帳簿価額　1株につき￥1,330　時価　1株につき￥1,410）

c．機械装置￥4,600,000を買い入れ，代金のうち半額は小切手を振り出して支払い，残額は月末に支払うことにした。なお，この機械装置の据付費￥40,000および試運転費￥70,000は現金で支払った。

d．青森デザイン株式会社は，かねて顧客から依頼のあったプロモーションビデオを制作していたが，本日完成したため顧客に引き渡し，対価として￥320,000が当座預金口座に振り込まれた。よって，役務収益を計上するとともに対応する役務費用￥222,000を計上する。なお，当該役務費用￥222,000は仕掛品勘定に集計されている。

e．岩手商事株式会社は，次の財政状態にある東西商会を取得し，代金は小切手を振り出して支払った。ただし，同商会の平均利益額は￥287,000　同種企業の平均利益率を7%として収益還元価値を求め，その金額を取得対価とした。なお，東西商会の貸借対照表に示されている資産および負債の時価は帳簿価額に等しいものとする。

東西商会　　貸借対照表　　（単位：円）

売掛金	3,910,000	買掛金	1,800,000
商品	3,890,000	長期借入金	2,000,000
		資本金	4,000,000
	7,800,000		7,800,000

f．満期まで保有する目的で，山形産業株式会社の額面￥6,000,000の社債を，額面￥100につき￥97.70で買い入れ，代金は買入手数料￥28,000および端数利息￥20,000とともに小切手を振り出して支払った。

g．かねて，取引銀行で割り引いていた宮城商店振り出しの約束手形￥480,000（営業手形）が期日に決済されたとの通知を受けた。なお，この手形を割り引いたさいに，手形額面金額の2%の保証債務を計上している。

第３回　簿記実務検定模擬試験問題　１級 会　計 〔解　答　用　紙〕

1

(1)

ア	イ	ウ	エ

(2)

ア	イ

(3)

ア

2

(1)

①	社	②	社
③	社		

(2)

ア	千円	イ	千円
ウ	千円	エ	千円

(3)

①

ア	%	イ	千円
ウ	%	エ	%
オ	回		

②

③

④

1 得点		**2** 得点		**3** 得点		**4** 得点		総得点	

年	組	番　号	名　前

3

損益計算書

群馬商事株式会社　令和○3年4月1日から令和○4年3月31日まで　(単位：円)

Ⅰ 売上高		(　　)
Ⅱ 売上原価		
1. 期首商品棚卸高	2,492,700	
2. 当期商品仕入高	31,146,570	
合計	33,639,270	
3. 期末商品棚卸高	(　　)	
	(　　)	
4. (　　)	(　　)	(　　)
売上総利益		(　　)
Ⅲ 販売費及び一般管理費		
1. 給料	5,790,340	
2. 発送費	756,760	
3. 広告料	(　　)	
4. (　　)	(　　)	
5. (　　)	(　　)	
6. (　　)	(　　)	
7. (　　)	(　　)	
8. 支払家賃	(　　)	
9. 支払リース料	(　　)	
10. 研究開発費	(　　)	
11. 水道光熱費	(　　)	
12. (　　)	(　　)	(　　)
営業利益		(　　)
Ⅳ 営業外収益		
1. (　　)	(　　)	
2. (　　)	(　　)	
3. (　　)	(　　)	
4. (　　)	(　　)	(　　)
Ⅴ 営業外費用		
1. 支払利息	22,000	
2. (　　)	(　　)	
3. (　　)	(　　)	(　　)
経常利益		(　　)
Ⅵ 特別損失		
1. 固定資産売却損	(　　)	(　　)
税引前当期純利益		(　　)
法人税・住民税及び事業税		(　　)
当期純利益		(　　)

貸借対照表

群馬商事株式会社　令和○4年3月31日　(単位：円)

資産の部

Ⅰ 流動資産			
1. 現金預金		(　　)	
2. 電子記録債権	(　　)		
貸倒引当金	△(　　)	(　　)	
3. 売掛金	(　　)		
貸倒引当金	△(　　)	(　　)	
4. (　　)		(　　)	
5. (　　)		(　　)	
6. (　　)		(　　)	
流動資産合計			(　　)

Ⅱ 固　定　資　産			
(1) 有 形 固 定 資 産			
1．備　　　品	720,000		
減価償却累計額	△（　　　）	（　　　）	
2．（　　　）		（　　　）	
有形固定資産合計		（　　　）	
(2) 無 形 固 定 資 産			
1．（　　　）		（　　　）	
無形固定資産合計		（　　　）	
固 定 資 産 合 計			（　　　）
資　産　合　計			（　　　）

負　債　の　部

Ⅰ 流　動　負　債			
1．電 子 記 録 債 務		（　　　）	
2．買　　掛　　金		（　　　）	
3．未　払　費　用		（　　　）	
4．（　　　）		（　　　）	
流 動 負 債 合 計			（　　　）
Ⅱ 固　定　負　債			
1．（　　　）		（　　　）	
2．（　　　）		（　　　）	
固 定 負 債 合 計			（　　　）
負　債　合　計			（　　　）

純 資 産 の 部

Ⅰ 株　主　資　本		
(1) 資　　本　　金		18,000,000
(2) 資 本 剰 余 金		
1．資 本 準 備 金	2,000,000	
資本剰余金合計		2,000,000
(3) 利 益 剰 余 金		
1．利 益 準 備 金	1,080,000	
2．その他利益剰余金		
① 新 築 積 立 金	800,000	
② 繰越利益剰余金	（　　　）	
利益剰余金合計		（　　　）
株 主 資 本 合 計		（　　　）
純 資 産 合 計		（　　　）
負債及び純資産合計		（　　　）

3 得点	

4

	借方	貸方
a		
b		
c		
d		
e		
f		
g		

4 得点	

とうほう

公益財団法人全国商業高等学校協会　主催
文部科学省　後援

第4回　簿記実務検定1級模擬試験問題　会計

令和○年○月○日（○）実施

解答上の注意

1　解答にあたえられた時間は90分です。試験開始後の途中退室はできません。
2　問題は全部で4問あります。
3　問題用紙の表紙に年・組・番号・名前を記入しなさい。
4　解答はすべて別紙解答用紙に記入しなさい。

年	組	番　号	名　　　前

1 次の各問いに答えなさい。

(1) 各文の［　　］にあてはまるもっとも適当な語を，下記の語群のなかから選び，その番号を記入しなさい。

a．企業会計は，その処理の原則および手続を毎期継続して適用し，みだりにこれを変更してはならない。これを［ ア ］の原則という。

b．1会計期間における費用と収益を対応させて損益計算をおこなうべきとする原則を［ イ ］の原則という。この原則における費用と収益の対応関係のうち，1会計期間に計上された収益に，その期間に発生した費用を対応させるなど，収益と費用を明確に対応させることが困難である場合に，一定の期間を基準として対応させることを［ ウ ］という。

c．満期保有目的の債券・子会社株式および関連会社株式・その他有価証券のうち，市場価格のない株式等以外のものについて［ エ ］が著しく下落したときは，回復する見込みがあると認められる場合を除き，［ エ ］をもって貸借対照表価額とし，評価差額は当期の損失として処理しなければならない。

1．継続性　2．明瞭性　3．費用収益対応　4．実質価額
5．時価　6．個別的対応　7．単一性　8．期間的対応
9．費用配分　10．正規の簿記

(2) 次の会計に関する用語の英語表記を，下記の語群のなかから選び，その番号を記入しなさい。

ア．流動資産　イ．仕入割引

1．purchase discount　2．current assets　3．sales discount
4．fixed liabilities　5．current liabilities　6．fixed assets

(3) 次の組織名をあらわすもっとも適切なものを，下記の語群のなかから選び，その番号を記入しなさい。

ア．企業会計基準委員会

1．IFRS　2．IASB　3．IASC　4．ASBJ　5．GAAP

2 次の各問いに答えなさい。

(1) 秋田商店に関する次の資料から，①商品回転率および②商品の平均在庫日数を求めなさい。ただし，1年間の日数は365日とし，商品有高の平均と売上原価を用いて計算すること。

資　料

i　期首商品棚卸高　¥3,240,000　　ii　当期商品仕入高　¥46,308,000
iii　期末商品棚卸高　¥3,120,000

(2) 次の資料により，令和○6年3月31日（連結決算日）における連結損益計算書・連結株主資本等変動計算書・連結貸借対照表の（ ア ）から（ エ ）にあてはまる金額を答えなさい。

連結損益計算書

P社　令和○5年4月1日から令和○6年3月31日まで　（単位：千円）

売上原価	（　　）	売上高	（　　）
給料	（　　）	受取配当金	（ ア ）
支払利息	（　　）		
のれん償却	（　　）		
当期純利益	（　　）		
	（　　）		（　　）
非支配株主に帰属する当期純利益	（ イ ）	当期純利益	（　　）
親会社株主に帰属する当期純利益	（　　）		
	（　　）		（　　）

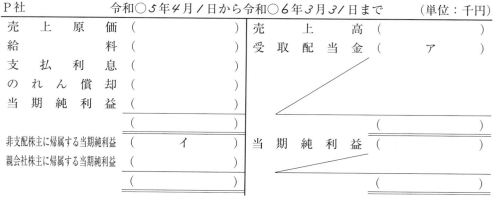

連結株主資本等変動計算書

P社　　　　令和○5年4月1日から令和○6年3月31日まで　　　　(単位：千円)

	資　本　金	利益剰余金	非支配株主持分
当期首残高	(　　　)	(　　　)	(　　　)
当期変動額　剰余金の配当		(　　　)	
親会社株主に帰属する当期純利益		(　　　)	
株主資本以外の項目の当期変動額（純額）			(　　　)
当期末残高	(　　　)	(　　　)	(　　　)

連結貸借対照表

P社　　　　令和○6年3月31日　　　　(単位：千円)

諸資産	(　　　)	諸負債	(　　　)
のれん	(　ウ　)	資本金	(　　　)
		利益剰余金	(　エ　)
		非支配株主持分	(　　　)
	(　　　)		(　　　)

資　　料

i　令和○6年3月31日における個別財務諸表

損益計算書

P社　令和○5年4月1日から令和○6年3月31日まで　(単位：千円)

売上原価	193,500	売上高	273,000
給料	73,000	受取配当金	1,500
当期純利益	8,000		
	274,500		274,500

損益計算書

S社　令和○5年4月1日から令和○6年3月31日まで　(単位：千円)

売上原価	69,600	売上高	106,000
給料	31,000		
支払利息	400		
当期純利益	5,000		
	106,000		106,000

株主資本等変動計算書

令和○5年4月1日から令和○6年3月31日まで　(単位：千円)

	資本金		利益剰余金	
	P　社	S　社	P　社	S　社
当期首残高	120,000	52,000	30,000	10,000
当期変動額　剰余金の配当			△4,000	△2,000
当期純利益			8,000	5,000
当期末残高	120,000	52,000	34,000	13,000

貸借対照表

P社　令和○6年3月31日　(単位：千円)

諸資産	159,000	諸負債	45,000
子会社株式	40,000	資本金	120,000
		利益剰余金	34,000
	199,000		199,000

貸借対照表

S社　令和○6年3月31日　(単位：千円)

諸資産	77,000	諸負債	12,000
		資本金	52,000
		利益剰余金	13,000
	77,000		77,000

ii　P社は，令和○5年3月31日にS社の発行する株式の60%を40,000千円で取得し支配した。なお，取得日のS社の資本は，資本金52,000千円　利益剰余金10,000千円であった。なお，諸資産および諸負債の時価は帳簿価額に等しかった。

iii　のれんは償却期間を20年間とし，定額法により償却する。

iv　P社とS社相互間の債権・債務の取引や資産の売買はなかった。

(3) 北海道物産株式会社の下記の資料と比較損益計算書および比較貸借対照表によって，次の文の[　　　]のなかに入る適当な金額または比率を求めなさい。また｛　　　｝のなかに入るもっとも適当な語を，下記の語群のなかから選び，その番号を記入しなさい。ただし，同じ語を何度使用してもよい。

北海道物産株式会社は，第7期の決算が終了した後，取り扱う商品のラインナップを多様化することで，経営成績の向上を目指すことにした。資料より，第8期の売上高は¥[　ア　]であり，第8期の未払費用は¥[　イ　]であることがわかる。

売上高だけをみると第8期は第7期と比較して｛　ウ　｝した。しかし，流動比率を調べてみると第7期が255.0%であり，第8期は[　エ　]%である。したがって，流動比率をみるかぎり，第8期は第7期と比べて短期の支払能力が｛　オ　｝したといえる。また，商品有高の平均と売上原価を用いて計算した商品回転率は，第7期が[　カ　]回であり，第8期が[　キ　]回である。よって，第8期は第7期よりも商品の平均在庫期間が｛　ク　｝なったことがわかる。しかし，受取勘定（売上債権）回転率を期末の金額を用いて計算すると，第7期の5.0回に対して第8期は[　ケ　]回となり，回収期間が｛　コ　｝なった。

語　　群

1．増加　　2．長く
3．減少　　4．短く

資　　料

i　第7期の期首商品棚卸高は¥1,248,000である。

ii　第8期の当座比率は150.0%であり，売上高純利益率（当期純利益による）は2.5%である。

iii　第7期・第8期ともに棚卸減耗損（棚卸減耗費）および商品評価損は発生していない。

比較損益計算書　　(単位：円)

項　　目	第7期	第8期
売上高	9,700,000	(　ア　)
売上原価	(　　　)	8,340,000
売上総利益	(　　　)	(　　　)
販売費及び一般管理費	1,813,000	1,884,000
営業利益	997,000	(　　　)
営業外収益	172,500	264,000
営業外費用	282,000	169,000
経常利益	(　　　)	(　　　)
特別利益	165,000	203,000
特別損失	538,500	512,000
税引前当期純利益	(　　　)	(　　　)
法人税・住民税及び事業税	130,000	127,100
当期純利益	(　　　)	270,900

比較貸借対照表　　(単位：円)

資　産	第7期	第8期	負債・純資産	第7期	第8期
現金預金	798,000	809,000	電子記録債務	672,000	626,000
電子記録債権	638,000	489,000	買掛金	680,000	898,000
売掛金	1,302,000	1,231,000	未払費用	48,000	(　イ　)
有価証券	480,000	492,000	未払法人税等	440,000	440,000
商品	1,402,000	1,934,000	長期借入金	600,000	600,000
前払費用	72,000	(　　　)	退職給付引当金	1,027,000	1,243,000
備品	940,000	893,000	資本金	4,000,000	4,000,000
土地	1,034,000	1,828,000	資本剰余金	400,000	400,000
投資有価証券	529,000	80,000	利益剰余金	428,000	679,000
長期貸付金	1,100,000	1,100,000			
	8,295,000	(　　　)		8,295,000	(　　　)

3 和歌山物産株式会社の総勘定元帳勘定残高と付記事項および決算整理事項は，次のとおりであった。よって，報告式の損益計算書および報告式の貸借対照表を完成しなさい。

ただし，i　会社計算規則によること。

ii　会計期間は令和○5年4月1日から令和○6年3月31日までとする。

iii　その他有価証券の評価差額はすべて純資産の部に計上する。

iv　税効果会計は考慮しないものとする。

元帳勘定残高

現金	¥1,377,750	当座預金	¥3,656,540	受取手形	¥3,302,000
売掛金	4,638,000	貸倒引当金	31,800	売買目的有価証券	2,168,000
繰越商品	1,127,800	仮払法人税等	403,270	建物	6,000,000
備品	940,000	備品減価償却累計額	188,000	その他有価証券	4,956,000
子会社株式	5,000,000	支払手形	2,006,420	買掛金	3,145,040
長期借入金	4,000,000	退職給付引当金	1,895,630	資本金	14,000,000
資本準備金	2,000,000	利益準備金	880,000	繰越利益剰余金	364,700
売上	30,412,630	受取配当金	76,000	固定資産売却益	130,000
仕入	13,217,390	給料	9,385,270	発送費	527,800
広告料	656,380	支払手数料	150,000	支払地代	840,000
保険料	544,000	租税公課	72,540	雑費	39,180
支払利息	36,000	手形売却損	12,300	投資有価証券売却損	80,000

付記事項

① 支払手数料勘定の¥150,000は，当期首に取得した建物¥6,000,000の買入手数料と判明したので，適切な科目に訂正した。

決算整理事項

a．期末商品棚卸高

	帳簿棚卸数量	実地棚卸数量	原価	正味売却価額
A品	1,000個	1,000個	@¥1,200	@¥1,180
B品	600〃	580〃	〃〃 750	〃〃 790

ただし，棚卸減耗損（棚卸減耗費）および商品評価損は売上原価の内訳項目とする。

b．貸倒見積高　売上債権の期末残高に対し，それぞれ1%と見積もり，貸倒引当金を設定する。

c．有価証券評価高　保有する株式は次のとおりである。なお，子会社株式は時価が著しく下落し，回復の見込みがない。

	銘柄	株数	1株の帳簿価額	1株の時価
売買目的有価証券	兵庫建設株式会社	400株	¥5,420	¥5,780
その他有価証券	南西商事株式会社	1,200株	¥4,130	¥4,370
子会社株式	北東産業株式会社	800株	¥6,250	¥2,710

d．減価償却高　建物：定額法により，残存価額は零（0）　耐用年数は50年とする。

備品：定率法により，毎期の償却率を20%とする。

e．保険料前払高　保険料のうち¥384,000は，令和○5年6月1日から2年分の保険料として支払ったものであり，前払高を次期に繰り延べる。

f．利息未払高　長期借入金に対する利息は，年利率1.2%で，6月末と12月末に経過した6か月分を支払う契約となっており，未払高を計上する。

g．退職給付引当金繰入額　¥567,380

h．法人税・住民税及び事業税額　¥949,200

4 下記の取引の仕訳を示しなさい。ただし，勘定科目は，次のなかからもっとも適当なものを使用すること。

現金	当座預金	受取手形	売掛金
売買目的有価証券	未収金	鉱業権	支払手形
買掛金	未払金	保証債務	資本金
資本準備金	その他資本剰余金	利益準備金	繰越利益剰余金
自己株式	売上	有価証券利息	有価証券売却益
保証債務取崩益	保険差益	仕入	減価償却費
鉱業権償却	保証債務費用	有価証券売却損	創立費
株式交付費	火災損失	為替差損益	未決算

a．奈良商店に対する買掛金¥930,000の支払いのため，かねて商品代金として受け取っていた京都商店振り出しの約束手形¥580,000を裏書譲渡し，残額は小切手を振り出して支払った。なお，保証債務の時価は手形額面金額の1%とする。

b．売買目的で保有している大阪商事株式会社の社債　額面¥5,000,000のうち¥3,000,000を額面¥100につき¥98.60で売却し，代金は端数利息¥50,000とともに小切手で受け取った。ただし，この額面¥5,000,000の社債は，当期に額面¥100につき¥97.30で買い入れたものであり，同時に買入手数料¥28,000および端数利息¥25,000を支払っている。

c．かねて，営業用に使用していた倉庫が取得後16年目の初頭に火災により焼失し，保険会社に保険金の支払いを請求していたが，本日，査定の結果，保険金¥2,700,000を支払うとの連絡があった。なお，この倉庫の取得原価は¥5,000,000　残存価額は取得原価の10%　耐用年数は30年で，定額法により15年間償却し，間接法で記帳してきた。また，焼失時の倉庫の帳簿価額は未決算勘定で処理している。

d．三重商事株式会社は，事業規模拡張のため，株式2,000株を1株につき¥48,000で発行し，全額の引き受け・払い込みを受け，払込金は当座預金とした。ただし，資本金とする額は会社法が規定する原則を適用する。なお，この株式発行のために直接支出した諸費用¥680,000は小切手を振り出して支払った。

e．滋賀商事株式会社は，保有する自己株式（1株の帳簿価額¥38,000）200株を消却した。

f．決算にあたり，取得原価¥100,000,000の鉱区に対する鉱業権を生産高比例法を用いて償却した。ただし，この鉱区の推定埋蔵量は500万トン，当期の採掘量は26万トンであり，鉱業権の残存価額は零（0）である。

g．外国企業のM社に対する買掛金3,000ドルの決済にあたり，小切手を振り出して支払った。なお，商品の輸入時の為替相場は1ドルあたり¥118で，決済時の為替相場は1ドルあたり¥114であった。

第４回　簿記実務検定模擬試験問題　１級　会　計　〔解　答　用　紙〕

1

(1)

ア	イ	ウ	エ

(2)

ア	イ

(3)

ア

2

(1)

①	回	②	日

(2)

ア	千円	イ	千円
ウ	千円	エ	千円

(3)

ア	￥		イ	￥	
ウ		エ	%	オ	
カ	回		キ	回	
ク		ケ	回	コ	

1 得点		**2** 得点		**3** 得点		**4** 得点		総得点	

年	組	番　号	名　　前

3

損益計算書

和歌山物産株式会社　令和○5年4月1日から令和○6年3月31日まで　(単位：円)

Ⅰ　売上高		(　　)
Ⅱ　売上原価		
1．期首商品棚卸高	1,127,800	
2．当期商品仕入高	13,217,390	
合計	14,345,190	
3．期末商品棚卸高	(　　)	
	(　　)	
4．(　　)	(　　)	
5．(　　)	(　　)	(　　)
売上総利益		(　　)
Ⅲ　販売費及び一般管理費		
1．給料	9,385,270	
2．発送費	527,800	
3．広告料	(　　)	
4．(　　)	(　　)	
5．(　　)	(　　)	
6．(　　)	(　　)	
7．支払地代	(　　)	
8．保険料	(　　)	
9．租税公課	(　　)	
10．(　　)	(　　)	(　　)
営業利益		(　　)
Ⅳ　営業外収益		
1．(　　)	(　　)	
2．(　　)	(　　)	(　　)
Ⅴ　営業外費用		
1．支払利息	(　　)	
2．(　　)	(　　)	(　　)
経常利益		(　　)
Ⅵ　特別利益		
1．(　　)	(　　)	(　　)
Ⅶ　特別損失		
1．投資有価証券売却損	(　　)	
2．(　　)	(　　)	(　　)
税引前当期純利益		(　　)
法人税・住民税及び事業税		(　　)
当期純利益		(　　)

貸借対照表

和歌山物産株式会社　令和○6年3月31日　(単位：円)

資産の部

Ⅰ　流動資産			
1．現金預金		(　　)	
2．受取手形	(　　)		
貸倒引当金	△(　　)	(　　)	
3．売掛金	(　　)		
貸倒引当金	△(　　)	(　　)	
4．(　　)		(　　)	
5．(　　)		(　　)	
6．(　　)		(　　)	
流動資産合計			(　　)

Ⅱ　固　定　資　産			
(1)　有形固定資産			
1．建　　　　物	(　　　　)		
減価償却累計額	△(　　　　)	(　　　　)	
2．備　　　　品	(　　　　)		
減価償却累計額	△(　　　　)	(　　　　)	
有形固定資産合計		(　　　　)	
(2)　投資その他の資産			
1．(　　　　　)		(　　　　)	
2．(　　　　　)		(　　　　)	
3．(　　　　　)		(　　　　)	
投資その他の資産合計		(　　　　)	
固定資産合計			(　　　　)
資　産　合　計			(　　　　)
負債の部			
Ⅰ　流　動　負　債			
1．支　払　手　形		(　　　　)	
2．買　　掛　　金		(　　　　)	
3．未　払　費　用		(　　　　)	
4．(　　　　　)		(　　　　)	
流動負債合計			(　　　　)
Ⅱ　固　定　負　債			
1．(　　　　　)		(　　　　)	
2．(　　　　　)		(　　　　)	
固定負債合計			(　　　　)
負　債　合　計			(　　　　)
純資産の部			
Ⅰ　株　主　資　本			
(1)　資　　本　　金			14,000,000
(2)　資本剰余金			
1．資本準備金		2,000,000	
資本剰余金合計			2,000,000
(3)　利益剰余金			
1．利益準備金		880,000	
2．その他利益剰余金			
①繰越利益剰余金		(　　　　)	
利益剰余金合計			(　　　　)
株主資本合計			(　　　　)
Ⅱ　評価・換算差額等			
1．その他有価証券評価差額金		(　　　　)	
評価・換算差額等合計			(　　　　)
純資産合計			(　　　　)
負債及び純資産合計			(　　　　)

3 得点	

4

	借　方	貸　方
a		
b		
c		
d		
e		
f		
g		

4 得点	

とうほう

公益財団法人全国商業高等学校協会　主催
文部科学省　後援

第5回　簿記実務検定1級模擬試験問題　会計

令和○年○月○日（○）実施

解答上の注意

1　解答にあたえられた時間は90分です。試験開始後の途中退室はできません。
2　問題は全部で4問あります。
3　問題用紙の表紙に年・組・番号・名前を記入しなさい。
4　解答はすべて別紙解答用紙に記入しなさい。

年	組	番　号	名　　　　前

1 次の各問いに答えなさい。

(1) 各文の［　　　］にあてはまるもっとも適当な語を，下記の語群のなかから選び，その番号を記入しなさい。

a．金銭債権の区分のうち，経営破綻，あるいは実質的に経営破綻している債務者に対する債権を［　ア　］といい，財務内容評価法により貸倒見積高を計算する。

b．財務諸表分析のうち，株主や債権者の立場からおこなうものを［　イ　］という。

c．その他資本剰余金を原資として配当をおこなう場合，その配当による減少額の10分の1を，資本準備金と利益準備金の合計額が資本金の［　ウ　］に達するまで，［　エ　］として計上しなければならない。

1．資本準備金　　2．10分の1　　3．内部分析　　4．貸倒懸念債権
5．2分の1　　6．外部分析　　7．利益準備金　　8．破産更生債権等
9．4分の1　　10．一般債権

(2) 次の会計に関する用語の英語表記を，下記の語群のなかから選び，その番号を記入しなさい。

ア．（会計情報の）開示　　イ．売上原価

1．depreciation　　2．gross profit　　3．stakeholder
4．cost of goods sold　　5．disclosure　　6．operating profit

(3) 次の為替相場をあらわすもっとも適切なものを，下記の語群のなかから選び，その番号を記入しなさい。

ア．決算時の為替相場

1．AR　　2．HR　　3．FR　　4．CR

2 次の各問いに答えなさい。

(1) 次の2つの工事について，当期に計上する工事収益の金額をそれぞれ求めなさい。

① 建物の建設を引き受け，工事収益総額¥120,000,000で工事契約を締結したが，工事原価総額については見積もることができなかった。よって，期末に原価回収基準により工事収益を計上することとした。なお，当期中の工事原価は¥28,800,000である。

② 建物の建設を引き受け，工事収益総額¥130,000,000で工事契約を締結し，工事原価総額を¥97,500,000と見積もった。よって，期末に工事進行基準により工事収益を計上することとした。なお，当期中の工事原価は¥26,325,000である。

(2) 次の資料により，令和○3年3月31日（連結決算日）における連結損益計算書・連結株主資本等変動計算書・連結貸借対照表の（　ア　）から（　エ　）にあてはまる金額を答えなさい。

連　結　損　益　計　算　書

P社　　令和○2年4月1日から令和○3年3月31日まで　　（単位：千円）

売上原価	（　　　）	売上高	（　　　）
給料	（　　　）	受取配当金	（　イ　）
支払利息	（　　　）		
のれん償却	（　ア　）		
当期純利益	（　　　）		
	（　　　）		（　　　）
非支配株主に帰属する当期純利益	（　　　）	当期純利益	（　　　）
親会社株主に帰属する当期純利益	（　　　）		
	（　　　）		（　　　）

連結株主資本等変動計算書

P社　　令和○2年4月1日から令和○3年3月31日まで　　(単位：千円)

	資　本　金	利益剰余金	非支配株主持分
当期首残高	(　　　)	(　　　)	(　　　)
当期変動額　剰余金の配当		(　　　)	
親会社株主に帰属する当期純利益		(　ウ　)	
株主資本以外の項目の当期変動額（純額）			(　　　)
当期末残高	(　　　)	(　　　)	(　　　)

連結貸借対照表

P社　　令和○3年3月31日　　(単位：千円)

諸資産	(　　　)	諸負債	(　　　)
のれん	(　　　)	資本金	(　　　)
		利益剰余金	(　　　)
		非支配株主持分	(　エ　)
	(　　　)		(　　　)

資　料

i　令和○3年3月31日における個別財務諸表

損益計算書

P社　令和○2年4月1日から令和○3年3月31日まで　(単位：千円)

売上原価	127,070	売上高	194,400
給料	64,150	受取配当金	1,320
当期純利益	4,500		
	195,720		195,720

損益計算書

S社　令和○2年4月1日から令和○3年3月31日まで　(単位：千円)

売上原価	87,900	売上高	130,400
給料	39,800		
支払利息	500		
当期純利益	2,200		
	130,400		130,400

株主資本等変動計算書

令和○2年4月1日から令和○3年3月31日まで　(単位：千円)

	資本金		利益剰余金	
	P　社	S　社	P　社	S　社
当期首残高	138,000	48,000	44,000	14,000
当期変動額　剰余金の配当			△3,000	△1,400
当期純利益			4,500	2,200
当期末残高	138,000	48,000	45,500	14,800

貸借対照表

P社　令和○3年3月31日　(単位：千円)

諸資産	247,200	諸負債	116,700
子会社株式	53,000	資本金	138,000
		利益剰余金	45,500
	300,200		300,200

貸借対照表

S社　令和○3年3月31日　(単位：千円)

諸資産	146,200	諸負債	83,400
		資本金	48,000
		利益剰余金	14,800
	146,200		146,200

ii　P社は，令和○2年3月31日にS社の発行する株式の70%を53,000千円で取得し支配した。なお，取得日のS社の資本は，資本金48,000千円　利益剰余金14,000千円であった。なお，諸資産および諸負債の時価は帳簿価額に等しかった。

iii　のれんは償却期間を20年間とし，定額法により償却する。

iv　P社とS社相互間の債権・債務の取引や資産の売買はなかった。

(3) 新潟商事株式会社の決算整理後の総勘定元帳勘定残高（一部）と資料および貸借対照表・株主資本等変動計算書（一部）によって，

① 次の金額を求めなさい。

a．流動資産合計　　b．当期純利益

② 次の文の［　　］のなかに適当な比率を記入しなさい。また，｛　　｝のなかからいずれか適当な語を選び，その番号を記入しなさい。

新潟商事株式会社の当座比率を求めてみると［　ア　］%であり，一般に望ましいとされている100.0%を超えているので　イ｛1．支払能力　2．販売能力｝には問題がない。また，自己資本比率を求めてみると［　ウ　］%であり，一般に望ましいとされている50.0%を超えているので　エ｛1．収益性　2．安全性｝にも問題がない。

さらに，当期の売上高が21,696千円であったので，受取勘定（売上債権）回転率を調べてみると［　オ　］回であった（売上債権の金額は期末の金額を用いて計算した）。前期の受取勘定（売上債権）回転率は7.4回だったので，当期は前期に比べて売上債権の回収期間がカ｛1．短くなった　2．長くなった｝と判断できる。

決算整理後の元帳勘定残高（一部）

前払利息　90千円　　建設仮勘定　500千円　　のれん　600千円
借入金　3,250千円　　手形借入金　300千円

資　料

i　前払利息90千円のうち，30千円は決算日の翌日から1年を超えて費用となる。

ii　借入金3,250千円のうち，3,000千円は決算日の翌日から15か月後に支払期限が到来し，250千円は決算日の翌日から3か月後に支払期限が到来する。

貸借対照表

新潟商事株式会社　　令和○3年3月31日　　（単位：千円）

資産	金額	負債・純資産	金額
現金預金	807	支払手形	1,280
受取手形	654	買掛金	1,260
売掛金	2,058	（　　）	（　　）
有価証券	1,500	前受金	200
商品	1,804	未払費用	35
消耗品	27	未払法人税等	260
（　　）	（　　）	（　　）	（　　）
建物	2,500	退職給付引当金	759
備品	385	資本金	10,000
土地	6,000	資本準備金	（　　）
（　　）	（　　）	利益準備金	（　　）
（　　）	（　　）	別途積立金	（　　）
投資有価証券	1,410	繰越利益剰余金	1,986
長期貸付金	2,065	自己株式	△30
（　　）	（　　）		
	（　　）		（　　）

株主資本等変動計算書（一部）

新潟商事株式会社　　令和○2年4月1日から令和○3年3月31日まで　　（単位：千円）

	資本金	資本剰余金		利益剰余金				自己株式
		資本準備金	資本剰余金合計	利益準備金	その他利益剰余金		利益剰余金合計	
					別途積立金	繰越利益剰余金		
当期首残高	10,000	400	400	350	120	2,474	2,944	――
当期変動額								
剰余金の配当				150		△1,650	△1,500	
別途積立金の積立					80	△80	――	
当期純利益						（　　）	（　　）	
自己株式の取得								△30
当期変動額合計	――	――	――	150	80	（　　）	△258	△30
当期末残高	（　　）	（　　）	（　　）	（　　）	（　　）	（　　）	（　　）	△30

3 福井商事株式会社の総勘定元帳勘定残高と付記事項および決算整理事項は，次のとおりであった。よって，報告式の損益計算書および報告式の貸借対照表を完成しなさい。

ただし，ⅰ　会社計算規則によること。
　　　ⅱ　会計期間は令和○2年4月1日から令和○3年3月31日までとする。
　　　ⅲ　税効果会計は考慮しないものとする。

元帳勘定残高

現金	¥3,930,760	当座預金	¥6,269,480	電子記録債権	¥3,286,000
売掛金	5,174,000	貸倒引当金	53,500	売買目的有価証券	1,960,000
繰越商品	4,336,700	仮払法人税等	697,360	備品	1,320,000
備品減価償却累計額	285,000	建設仮勘定	5,270,000	ソフトウェア	552,000
関連会社株式	4,760,000	電子記録債務	1,574,900	買掛金	3,381,300
長期借入金	2,000,000	退職給付引当金	1,228,630	資本金	18,000,000
資本準備金	2,000,000	その他資本剰余金	570,000	利益準備金	1,200,000
新築積立金	800,000	繰越利益剰余金	516,390	売上	40,586,870
受取手数料	83,000	仕入割引	25,000	投資有価証券売却益	100,000
仕入	20,730,100	給料	10,093,590	発送費	714,860
広告料	863,540	支払家賃	1,428,000	保険料	376,000
雑費	36,200	支払利息	22,000	電子記録債権売却損	34,000
火災損失	550,000				

付記事項

① 当期中に備品の現状を維持するために修理をおこない，現金¥180,000を支出したとき，次のように仕訳していたので修正する。
　(借) 備　　　品　180,000　(貸) 現　　　金　180,000

決算整理事項

a. 期末商品棚卸高　帳簿棚卸数量　980個　原　　価　@¥4,300
　　　　　　　　　実地棚卸数量　960 〃　正味売却価額　〃〃4,180
　ただし，棚卸減耗損（棚卸減耗費）および商品評価損は売上原価の内訳項目とする。

b. 外貨建取引の円換算　当社が保有している外貨建取引による売掛金および買掛金は，取引日の為替レートで円換算しており，為替予約はおこなっていない。

	取引額	取引日の為替レート	決算日の為替レート
売掛金	20,000ドル	1ドル122円	1ドル125円
買掛金	13,000ドル	1ドル120円	1ドル125円

c. 貸倒見積高　売上債権の期末残高に対し，それぞれ1%と見積もり，貸倒引当金を設定する。

d. 有価証券評価高　売買目的で保有する次の株式について，時価によって評価する。
　中央物産株式会社　400株
　　帳簿価額　1株　¥4,900　　時価　1株　¥4,700

e. 備品減価償却高　定率法により，毎期の償却率を25%とする。

f. ソフトウェア償却高　¥138,000

g. 家賃前払高　支払家賃のうち¥504,000は，令和○3年3月1日から6か月分を支払ったものであり，前払高を次期に繰り延べる。

h. 退職給付引当金繰入額　¥613,990

i. 法人税・住民税及び事業税額　¥1,434,250

4 下記の取引の仕訳を示しなさい。ただし，勘定科目は，次のなかからもっとも適当なものを使用すること。

現金	当座預金	受取手形	営業外受取手形
売掛金	契約資産	備品	備品減価償却累計額
車両運搬具	リース資産	子会社株式	支払手形
営業外支払手形	買掛金	契約負債	リース債務
資本金	資本準備金	その他資本剰余金	利益準備金
繰越利益剰余金	新株予約権	売上	受取利息
仕入割引	固定資産売却益	新株予約権戻入益	仕入
支払リース料	支払利息	固定資産売却損	子会社株式評価損

a．期首（令和○2年4月1日）に営業用トラックのリース契約を結んでいたが，本日（令和○3年3月31日），1年分のリース料を支払った。なお，当該営業用トラックは次の条件でリースを受けている。また，このリース取引は所有権移転外ファイナンス・リース取引であり，利子抜き法（利息相当額を控除する方法）により処理している。利息相当額は定額法により各期に配分している。

条　　件

リース期間：5年　　　　リース料：年額¥1,300,000（毎年3月末現金支払い）

見積現金購入価額：¥6,000,000

b．決算にあたり，子会社株式として保有する北西商事株式会社の株式900株（1株あたりの帳簿価額¥16,600）の時価が著しく下落し，回復する見込みがないと判断されるため，時価（1株あたり¥6,800）に評価替えした。

c．石川商店に対する売掛金¥980,000を期日前に受け取ることになり，契約によって割引をおこない，割引額を差し引いた金額を同店振り出しの小切手¥950,600で受け取った。なお，売上割引の処理については，代金回収時に売上勘定から直接減額する方法で処理している。

d．富山建設株式会社は，3年後に完成予定の建物の建築を請け負い，工事代金の一部として¥8,000,000を小切手で受け取った。

e．南東産業株式会社は，株主総会の決議によって資本金¥4,400,000を減少して，その他資本剰余金を同額増加させたうえで，繰越利益剰余金勘定の借方残高¥4,400,000をてん補した。

f．長野商事株式会社は，新株予約権を次の条件で発行し，払込金額は当座預金とした。

発行条件

発行総数	80個（新株予約権1個につき5株を付与）
払込金額	新株予約権1個につき¥60,000
権利行使価格	1株につき¥80,000
権利行使期間	令和○2年7月1日から令和○3年6月30日まで

g．取得原価¥420,000　残存価額は零(0)　耐用年数8年の事務用パーソナルコンピュータを，定額法で6年間償却し，間接法で記帳してきたが，7年目初頭に¥87,000で引き取らせ，新しい事務用パーソナルコンピュータを¥550,000で購入し，差額は約束手形を振り出して支払った。

第５回　簿記実務検定模擬試験問題　１級　会　計〔解　答　用　紙〕

1

(1)

ア	イ	ウ	エ

(2)

ア	イ

(3)

ア

2

(1)

①	¥	②	¥

(2)

ア	千円	イ	千円
ウ	千円	エ	千円

(3)

①

a	千円	b	千円

②

ア	%	イ	
ウ	%	エ	
オ	回	カ	

1 得点		**2** 得点		**3** 得点		**4** 得点		総得点	

年	組	番　号	名　　　前

3

損益計算書

福井商事株式会社　　令和○2年4月1日から令和○3年3月31日まで　　(単位：円)

Ⅰ 売上高		(　　)
Ⅱ 売上原価		
1. 期首商品棚卸高	(　　)	
2. 当期商品仕入高	(　　)	
合計	(　　)	
3. 期末商品棚卸高	(　　)	
	(　　)	
4. (　　)	(　　)	
5. (　　)	(　　)	(　　)
売上総利益		(　　)
Ⅲ 販売費及び一般管理費		
1. 給料	(　　)	
2. 発送費	(　　)	
3. 広告料	(　　)	
4. (　　)	(　　)	
5. (　　)	(　　)	
6. (　　)	(　　)	
7. (　　)	(　　)	
8. (　　)	(　　)	
9. 支払家賃	(　　)	
10. 保険料	(　　)	
11. (　　)	(　　)	(　　)
営業利益		(　　)
Ⅳ 営業外収益		
1. (　　)	(　　)	
2. (　　)	(　　)	(　　)
Ⅴ 営業外費用		
1. (　　)	(　　)	
2. (　　)	(　　)	
3. (　　)	(　　)	
4. (　　)	(　　)	(　　)
経常利益		(　　)
Ⅵ 特別利益		
1. (　　)	(　　)	(　　)
Ⅶ 特別損失		
1. (　　)	(　　)	(　　)
税引前当期純利益		(　　)
法人税・住民税及び事業税		(　　)
当期純利益		(　　)

貸借対照表

福井商事株式会社　　令和○3年3月31日　　(単位：円)

資産の部

Ⅰ 流動資産			
1. 現金預金		(　　)	
2. 電子記録債権	(　　)		
貸倒引当金	△(　　)	(　　)	
3. 売掛金	(　　)		
貸倒引当金	△(　　)	(　　)	
4. (　　)		(　　)	
5. (　　)		(　　)	
6. (　　)		(　　)	
流動資産合計			(　　)

Ⅱ 固定資産			
(1) 有形固定資産			
1. 備品	(　　　)		
減価償却累計額	△(　　　)	(　　　)	
2. 建設仮勘定		(　　　)	
有形固定資産合計		(　　　)	
(2) 無形固定資産			
1. (　　　)		(　　　)	
無形固定資産合計		(　　　)	
(3) 投資その他の資産			
1. (　　　)		(　　　)	
投資その他の資産合計		(　　　)	
固定資産合計			(　　　)
資産合計			(　　　)

負債の部

Ⅰ 流動負債			
1. 電子記録債務		(　　　)	
2. 買掛金		(　　　)	
3. (　　　)		(　　　)	
流動負債合計			(　　　)
Ⅱ 固定負債			
1. (　　　)		(　　　)	
2. (　　　)		(　　　)	
固定負債合計			(　　　)
負債合計			(　　　)

純資産の部

Ⅰ 株主資本			
(1) 資本金			18,000,000
(2) 資本剰余金			
1. 資本準備金		2,000,000	
2. その他資本剰余金		570,000	
資本剰余金合計			2,570,000
(3) 利益剰余金			
1. 利益準備金		1,200,000	
2. その他利益剰余金			
① 新築積立金		(　　　)	
② 繰越利益剰余金		(　　　)	
利益剰余金合計			(　　　)
株主資本合計			(　　　)
純資産合計			(　　　)
負債及び純資産合計			(　　　)

3 得点	

4

	借　方	貸　方
a		
b		
c		
d		
e		
f		
g		

4 得点	

とうほう

公益財団法人全国商業高等学校協会　主催
文部科学省　後援

第６回　簿記実務検定１級模擬試験問題　会計

令和○年○月○日（○）実施

解答上の注意

1　解答にあたえられた時間は90分です。試験開始後の途中退室はできません。
2　問題は全部で４問あります。
3　問題用紙の表紙に年・組・番号・名前を記入しなさい。
4　解答はすべて別紙解答用紙に記入しなさい。

年	組	番　号	名　　　前

1 次の各問いに答えなさい。

(1) 各文の［　　　］にあてはまるもっとも適当な語を，下記の語群のなかから選び，その番号を記入しなさい。

a．企業会計は，財務諸表によって，［　ア　］に対し必要な会計事実を［　イ　］に表示し，企業の状況に関する判断を誤らせないようにしなければならない。これを［　イ　］性の原則という。

b．勘定科目の性質や金額の大小から判断して，［　ウ　］性の乏しいものについては，本来の厳密な会計処理によらないで他の簡便な方法によることも，［　エ　］の原則にしたがった処理として認められる。

c．純資産のうち，株主資本と［　オ　］の合計金額を自己資本という。

1．評価・換算差額等　　2．利害関係者　　3．重要　　4．株式引受権
5．保守主義　　6．明瞭　　7．単一　　8．正規の簿記
9．継続　　10．新株予約権

(2) 次の会計に関する用語の英語表記を，下記の語群のなかから選び，その番号を記入しなさい。

ア．自己資本比率　　イ．子会社

1．current ratio　　2．parent company　　3．quick ratio
4．subsidiary company　　5．equity ratio　　6．debt ratio

2 次の各問いに答えなさい。

(1) 山梨商事株式会社は，甲府商会を令和○年4月1日に取得したが，取得直前の貸借対照表および取得に関する資料は下記のとおりであった。よって，次の金額を求めなさい。

a．商品の金額（アの金額）　　b．のれんの金額

貸　借　対　照　表

甲府商会　　令和○年4月1日　　（単位：円）

現金預金	600,000	電子記録債務	500,000
電子記録債権	900,000	買掛金	1,000,000
売掛金	1,800,000	短期借入金	500,000
商品	（　ア　）	資本金	（　　）
備品	1,200,000		
	（　　）		（　　）

資　料

① 甲府商会の貸借対照表に示されている資産と負債の時価は帳簿価額に等しい。

② 甲府商会の年平均利益額は¥294,000であり，同種企業の平均利益率を8%として収益還元価値を求め，その金額を取得の対価とした。

③ 取得直前の甲府商会の流動比率は215.0%であった。

(2) 次の資料により，令和○8年3月31日（連結決算日）における連結損益計算書・連結株主資本等変動計算書・連結貸借対照表の（　ア　）から（　エ　）にあてはまる金額を答えなさい。

連　結　損　益　計　算　書

P社　　令和○7年4月1日から令和○8年3月31日まで　　（単位：千円）

売上原価	818,080	売上高	1,027,720
給料	198,320	受取配当金	（　　）
支払利息	720		
のれん償却	（　ア　）		
当期純利益	（　　）		
	（　　）		（　　）
非支配株主に帰属する当期純利益	（　　）	当期純利益	（　　）
親会社株主に帰属する当期純利益	（　イ　）		
	（　　）		（　　）

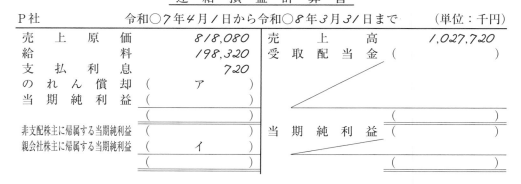

連結株主資本等変動計算書

P社　　令和○7年4月1日から令和○8年3月31日まで　　(単位：千円)

	資本金	利益剰余金	非支配株主持分
当期首残高	250,000	10,000	(　　)
当期変動額　剰余金の配当		△5,000	
親会社株主に帰属する当期純利益		(　　)	
株主資本以外の項目の当期変動額（純額）			(　ウ　)
当期末残高	(　　)	(　　)	(　　)

連結貸借対照表

P社　　令和○8年3月31日　　(単位：千円)

諸資産	393,900	諸負債	195,900
土地	(　エ　)	資本金	(　　)
のれん	(　　)	利益剰余金	(　　)
		非支配株主持分	(　　)
	(　　)		(　　)

資　料

i　令和○8年3月31日における個別財務諸表

損益計算書

P社　令和○7年4月1日から令和○8年3月31日まで　(単位：千円)

売上原価	644,250	売上高	789,420
給料	139,070	受取配当金	1,900
当期純利益	8,000		
	791,320		791,320

損益計算書

S社　令和○7年4月1日から令和○8年3月31日まで　(単位：千円)

売上原価	173,830	売上高	238,300
給料	59,250		
支払利息	720		
当期純利益	4,500		
	238,300		238,300

株主資本等変動計算書

令和○7年4月1日から令和○8年3月31日まで　(単位：千円)

	資本金		利益剰余金	
	P社	S社	P社	S社
当期首残高	250,000	80,000	10,000	6,500
当期変動額　剰余金の配当			△5,000	△2,000
当期純利益			8,000	4,500
当期末残高	250,000	80,000	13,000	9,000

貸借対照表

P社　令和○8年3月31日　(単位：千円)

諸資産	273,800	諸負債	131,800
土地	49,000	資本金	250,000
子会社株式	72,000	利益剰余金	13,000
	394,800		394,800

貸借対照表

S社　令和○8年3月31日　(単位：千円)

諸資産	120,100	諸負債	64,100
土地	33,000	資本金	80,000
		利益剰余金	9,000
	153,100		153,100

ii　P社は，令和○7年3月31日にS社の発行する株式の80%を72,000千円で取得し支配した。なお，S社の取得日における土地の帳簿価額は33,000千円，時価は35,000千円であり，当期中に土地の売買取引はなかった。また，他の資産および負債の時価は帳簿価額に等しかった。

iii　のれんは償却期間を10年間とし，定額法により償却する。

iv　P社とS社相互間の債権・債務の取引や資産の売買はなかった。

(3) 愛知物産株式会社の第13期と第14期の損益計算書と資料によって，次の各問いに答えなさい。

(第13期)　　損益計算書　　(単位：円)

愛知物産株式会社　令和○6年4月1日から令和○7年3月31日まで

Ⅰ 売上高		2,000,000
Ⅱ 売上原価		
1．期首商品棚卸高	320,000	
2．当期商品仕入高	1,700,000	
合計	2,020,000	
3．期末商品棚卸高	400,000	1,620,000
売上総利益		380,000
Ⅲ 販売費及び一般管理費		124,000
(　　)		(　　)
Ⅳ 営業外収益		37,200
Ⅴ 営業外費用		18,600
(　　)		(　　)
Ⅵ 特別利益		24,000
Ⅶ 特別損失		98,600
(　　)		200,000
法人税・住民税及び事業税		(　　)
(　　)		(　　)

(第14期)　　損益計算書　　(単位：円)

愛知物産株式会社　令和○7年4月1日から令和○8年3月31日まで

Ⅰ 売上高		1,850,000
Ⅱ 売上原価		
1．期首商品棚卸高	400,000	
2．当期商品仕入高	1,323,800	
合計	1,723,800	
3．期末商品棚卸高	206,800	1,517,000
売上総利益		333,000
Ⅲ 販売費及び一般管理費		133,000
(　　)		(　　)
Ⅳ 営業外収益		(　　)
Ⅴ 営業外費用		(　　)
(　　)		(　　)
Ⅵ 特別利益		43,000
Ⅶ 特別損失		49,000
(　　)		222,000
法人税・住民税及び事業税		(　　)
(　　)		(　　)

① 第14期の次の金額を求めなさい。

a．営業利益　　b．経常利益

② 次の文の[　　]のなかに適当な比率を記入しなさい。また{　　}のなかからいずれか適当な語を選び，その番号を記入しなさい。

第13期と第14期の損益計算書を比較すると，第13期の売上高総利益率は19.0%，第14期の売上高総利益率は[ア]%と下落傾向にある。この点で　イ {1．収益性　2．安全性} に問題が生じていると考えられる。また，期首と期末の平均によって商品有高を算定し，売上原価によって商品回転率を計算すると，第13期が4.5回であるのに対して，第14期は[ウ]回と商品回転率は上昇している。これは，第14期の方が第13期よりも エ {1．商品の在庫期間が長く販売効率が悪い　2．商品の在庫期間が短く販売効率が良い} ことを示している。なお，第13期・第14期ともに棚卸減耗損（棚卸減耗費）および商品評価損は発生していない。

さらに前期の売上高に対して，当期の売上高がどれだけ伸びているのかを分析するために，売上高成長率（増収率）を計算してみると，[オ]%の減少であった。これにより，第14期には愛知物産株式会社にとって　カ {1．市場の縮小やシェアの縮小　2．市場の拡大やシェアの拡大} が発生したことがわかる。

資　料

i　第13期の売上高純利益率は6.5%である。

ii　第14期の売上高純利益率は7.0%である。

iii　第14期の営業外収益と営業外費用は次のとおりである。ただし，金額の大きい順に示してある。

有価証券売却益	¥ 21,000
受取配当金	¥ 17,000
株式交付費	¥ 8,000
電子記録債権売却損	¥ 7,000
受取利息	¥ 5,000
支払利息	¥ 2,000
仕入割引	¥ 2,000

3 岐阜商事株式会社の総勘定元帳勘定残高と付記事項および決算整理事項は，次のとおりであった。よって，報告式の損益計算書および報告式の貸借対照表を完成しなさい。

ただし，i　会社計算規則によること。

ii　会計期間は令和○7年4月1日から令和○8年3月31日までとする。

iii　その他有価証券の評価差額はすべて純資産の部に計上する。

iv　税効果会計を適用し，法定実効税率は30%とする。

元帳勘定残高

現　　金	¥4,892,670	当座預金	¥6,253,520	受取手形	¥1,259,000
電子記録債権	2,486,000	売　掛　金	4,635,000	貸倒引当金	58,200
売買目的有価証券	3,374,000	繰越商品	3,124,200	仮払法人税等	623,500
備　　品	2,160,000	備品減価償却累計額	432,000	土　　地	10,340,000
の　れ　ん	91,000	その他有価証券	3,375,000	繰延税金資産	48,600
支払手形	897,410	電子記録債務	1,578,950	買　掛　金	3,827,640
長期借入金	5,400,000	退職給付引当金	2,152,690	資　本　金	18,000,000
資本準備金	2,180,000	利益準備金	1,200,000	別途積立金	700,000
繰越利益剰余金	818,490	売　　上	45,806,700	受取手数料	37,000
有価証券利息	54,000	固定資産売却益	48,000	仕　　入	27,105,030
給　　料	9,781,560	発　送　費	821,080	広　告　料	526,710
支払家賃	1,080,000	保　険　料	800,000	通　信　費	93,170
消耗品費	29,730	租税公課	62,580	雑　　費	16,430
支払利息	86,400	有価証券売却損	120,000	雑　　損	5,900

付記事項

① 発送費のうち¥82,000は，商品を仕入れたさいの引取運賃であることが判明した。

決算整理事項

a．期末商品棚卸高　帳簿棚卸数量　2,120個　原　価　@¥1,660
実地棚卸数量　2,090〃　正味売却価額　〃〃1,600
ただし，棚卸減耗損（棚卸減耗費）および商品評価損は売上原価の内訳項目とする。

b．貸倒見積高　売上債権の期末残高に対し，それぞれ2%と見積もり，貸倒引当金を設定する。ただし，税法上，損金算入限度額は¥100,000であったため，超過額は損金不算入となった。

c．有価証券評価高　保有する株式は次のとおりである。

	銘　柄	株数	1株の帳簿価額	1株の時価
売買目的有価証券	南北産業株式会社	700株	¥4,820	¥4,730
その他有価証券	静岡通信株式会社	900株	¥3,750	¥3,880

d．備品減価償却高　取得原価は¥2,160,000　残存価額は零（0）　耐用年数は5年とし，定額法による。ただし，税法上の法定耐用年数は8年であった。

e．のれん償却高　¥　7,000

f．保険料前払高　保険料のうち¥600,000は，令和○7年10月1日から2年分の保険料を支払ったものであり，前払高を次期に繰り延べる。

g．給料未払高　¥　497,500

h．退職給付引当金繰入額　¥　528,310

i．法人税・住民税及び事業税額　¥1,386,330

4 下記の取引の仕訳を示しなさい。ただし，勘定科目は，次のなかからもっとも適当なものを使用すること。

現金	当座預金	定期預金	受取手形
営業外受取手形	売掛金	売買目的有価証券	繰越商品
建物	建物減価償却累計額	のれん	その他有価証券
支払手形	営業外支払手形	買掛金	退職給付引当金
資本金	資本準備金	その他資本剰余金	利益準備金
繰越利益剰余金	自己株式	その他有価証券評価差額金	売上
有価証券利息	有価証券売却益	保証債務取崩益	投資有価証券売却益
保険差益	仕入	支払手数料	退職給付費用
支払利息	有価証券売却損	保証債務費用	投資有価証券売却損
火災損失	未決算	保証債務	保証債務見返

a．売買目的で保有している東西商事株式会社の社債　額面¥9,000,000のうち¥5,000,000を額面¥100につき¥97.80で売却し，代金は端数利息¥45,000とともに小切手で受け取り，ただちに当座預金とした。ただし，この額面¥9,000,000の社債は，当期に額面¥100につき¥98.20で買い入れたものであり，同時に買入手数料¥45,000および端数利息¥36,000を支払っている。

b．島根産業株式会社は，株式会社松江商会を吸収合併することになり，株式700株を1株あたり¥20,000で発行して，株式会社松江商会の株主に交付した。ただし，この合併により島根産業株式会社において増加する資本金の額は¥10,000,000　資本準備金の額は¥3,000,000とする。なお，株式会社松江商会の貸借対照表に示されている資産および負債の帳簿価額は時価に等しいものとする。

貸借対照表

株式会社松江商会　　令和○年4月1日　　(単位：円)

売掛金	4,100,000	買掛金	2,800,000
商品	3,700,000	資本金	13,200,000
建物	8,200,000		
	16,000,000		16,000,000

c．取引先である中央商店の依頼により，同店の¥4,000,000の借入契約の保証人となったので，対照勘定を用いて備忘記録をおこなった。

d．従業員鳥取愛子が退職し，退職一時金¥9,000,000を定期預金から支払った。ただし，退職給付引当金勘定の残高が¥40,000,000ある。

e．山口物産株式会社は，自社の発行済株式総数のうち2%にあたる株式を1株につき¥640で取得し，代金は手数料¥80,000とともに小切手を振り出して支払った。なお，自社の発行可能株式総数は250万株と定款に定めてあり，発行済株式総数は150万株である。

f．その他有価証券として保有する岡山商事株式会社の株式400株（1株の帳簿価額¥11,200）を1株につき¥11,700で売却し，代金は約束手形で受け取った。

g．取得原価¥10,000,000　残存価額は零（0）　耐用年数50年の店舗用建物を，定額法で35年間償却し，間接法で記帳してきたが，36年目初頭に火災により焼失した。なお，この建物には火災保険の契約をしているため，ただちに保険会社に連絡をした。

第６回　簿記実務検定模擬試験問題　１級　会　計〔解　答　用　紙〕

1

(1)

ア	イ	ウ	エ	オ

(2)

ア	イ

2

(1)

a	¥	b	¥

(2)

ア	千円	イ	千円
ウ	千円	エ	千円

(3)

①

a	¥	b	¥

②

ア	%	イ	
ウ	回	エ	
オ	%	カ	

1 得点		**2** 得点		**3** 得点		**4** 得点		総得点	

年	組	番　号	名　　前

3

損益計算書

岐阜商事株式会社　令和○7年4月1日から令和○8年3月31日まで　(単位：円)

Ⅰ　売上高		(　　)
Ⅱ　売上原価		
1．期首商品棚卸高	(　　)	
2．当期商品仕入高	(　　)	
合計	(　　)	
3．期末商品棚卸高	(　　)	
	(　　)	
4．(　　)	(　　)	
5．(　　)	(　　)	(　　)
売上総利益		(　　)
Ⅲ　販売費及び一般管理費		
1．給料	(　　)	
2．発送費	(　　)	
3．広告料	(　　)	
4．(　　)	(　　)	
5．(　　)	(　　)	
6．(　　)	(　　)	
7．(　　)	(　　)	
8．支払家賃	(　　)	
9．保険料	(　　)	
10．通信費	(　　)	
11．消耗品費	(　　)	
12．租税公課	(　　)	
13．(　　)	(　　)	(　　)
営業利益		(　　)
Ⅳ　営業外収益		
1．(　　)	(　　)	
2．(　　)	(　　)	(　　)
Ⅴ　営業外費用		
1．(　　)	(　　)	
2．(　　)	(　　)	
3．(　　)	(　　)	
4．(　　)	(　　)	(　　)
経常利益		(　　)
Ⅵ　特別利益		
1．(　　)	(　　)	(　　)
税引前当期純利益		(　　)
法人税・住民税及び事業税	(　　)	
法人税等調整額	△(　　)	(　　)
当期純利益		(　　)

貸借対照表

岐阜商事株式会社　令和○8年3月31日　(単位：円)

資産の部

Ⅰ　流動資産			
1．現金預金		(　　)	
2．受取手形	(　　)		
貸倒引当金	△(　　)	(　　)	
3．電子記録債権	(　　)		
貸倒引当金	△(　　)	(　　)	
4．売掛金	(　　)		
貸倒引当金	△(　　)	(　　)	
5．(　　)		(　　)	
6．(　　)		(　　)	
7．(　　)		(　　)	
流動資産合計			(　　)

Ⅱ 固定資産			
(1) 有形固定資産			
1. 備品	(　　　)		
減価償却累計額	△(　　　)	(　　　)	
2. 土地		(　　　)	
有形固定資産合計		(　　　)	
(2) 無形固定資産			
1. (　　　)		(　　　)	
無形固定資産合計		(　　　)	
(3) 投資その他の資産			
1. (　　　)		(　　　)	
2. (　　　)		(　　　)	
3. (　　　)		(　　　)	
投資その他の資産合計		(　　　)	
固定資産合計			(　　　)
資産合計			(　　　)

負債の部

Ⅰ 流動負債		
1. 支払手形	(　　　)	
2. 電子記録債務	(　　　)	
3. 買掛金	(　　　)	
4. (　　　)	(　　　)	
5. (　　　)	(　　　)	
流動負債合計		(　　　)
Ⅱ 固定負債		
1. (　　　)	(　　　)	
2. (　　　)	(　　　)	
固定負債合計		(　　　)
負債合計		(　　　)

純資産の部

Ⅰ 株主資本		
(1) 資本金		18,000,000
(2) 資本剰余金		
1. 資本準備金	2,180,000	
資本剰余金合計		2,180,000
(3) 利益剰余金		
1. 利益準備金	1,200,000	
2. その他利益剰余金		
① 別途積立金	(　　　)	
② 繰越利益剰余金	(　　　)	
利益剰余金合計		(　　　)
株主資本合計		(　　　)
Ⅱ 評価・換算差額等		
1. その他有価証券評価差額金	(　　　)	
評価・換算差額等合計		(　　　)
純資産合計		(　　　)
負債及び純資産合計		(　　　)

3 得点	

4

	借　　方	貸　　方
a		
b		
c		
d		
e		
f		
g		

4 得点	

とうほう

公益財団法人全国商業高等学校協会　主催
文部科学省　後援

第７回　簿記実務検定１級模擬試験問題　会計

令和○年○月○日（○）実施

解答上の注意

1　解答にあたえられた時間は90分です。試験開始後の途中退室はできません。
2　問題は全部で４問あります。
3　問題用紙の表紙に年・組・番号・名前を記入しなさい。
4　解答はすべて別紙解答用紙に記入しなさい。

年	組	番　号	名　　前

1 次の各問いに答えなさい。

(1) 各文の［　　　］にあてはまるもっとも適当な語を，下記の語群のなかから選び，その番号を記入しなさい。

a．正しい期間損益計算をおこなうため，棚卸資産や固定資産の取得原価は［　ア　］の原則によって当期の費用となる部分と，次期以降の費用とするために［　イ　］として繰り越す部分とに分けられる。

b．発生主義によれば，［　ウ　］は当期の損益計算に含めることになる。

c．株式会社の資本金の額は，原則として設立等にさいして株主となる者がその株式会社に対して払い込んだ額とするが，払込金額の［　エ　］を超えない額を資本金に計上しないこともできる。この資本金に計上しない額は［　オ　］勘定で処理する。

1．未収収益	2．資産	3．4分の1	4．資本準備金
5．費用配分	6．前受収益	7．負債	8．費用収益対応
9．利益準備金	10．2分の1		

(2) 次の会計に関する用語の英語表記を，下記の語群のなかから選び，その番号を記入しなさい。

ア．連結財務諸表　　イ．自己株式

1．goodwill	2．consolidated financial statements	3．treasure shares
4．inventories	5．separate financial statements	6．long-term debt

2 次の各問いに答えなさい。

(1) 広島鉱業株式会社（決算年1回　3月31日）の次の資料から，貸借対照表に記載する鉱業権の金額を求めなさい。ただし，鉱業権は当期に取得したもののみである。

資　　料

令和○5年12月1日　鉱業権を¥200,000,000で取得した。なお，この鉱区の推定埋蔵量は800,000トンである。

令和○6年3月31日　決算にあたり，当期に7,000トンの採掘量があったので，生産高比例法を用いて鉱業権を償却した。ただし，鉱業権の残存価額は零（0）である。

(2) 次の資料により，令和○6年3月31日（連結決算日）における連結損益計算書・連結株主資本等変動計算書・連結貸借対照表の（　ア　）から（　エ　）にあてはまる金額を答えなさい。

連　結　損　益　計　算　書

P社　　　令和○5年4月1日から令和○6年3月31日まで　　　（単位：千円）

売上原価	556,010	売上高	757,670
給料	193,410		
支払利息	300		
のれん償却	（　　　）		
当期純利益	（　ア　）		
	（　　　）		（　　　）
非支配株主に帰属する当期純利益	（　　　）	当期純利益	（　　　）
親会社株主に帰属する当期純利益	（　　　）		
	（　　　）		（　　　）

連結株主資本等変動計算書

P社　　　　令和○5年4月1日から令和○6年3月31日まで　　　　(単位：千円)

	資本金	利益剰余金	非支配株主持分
当期首残高	200,000	（　イ　）	（　　）
当期変動額　剰余金の配当		（　　）	
親会社株主に帰属する当期純利益		（　　）	
株主資本以外の項目の当期変動額（純額）			（　　）
当期末残高	（　　）	（　　）	（　　）

連結貸借対照表

P社　　　　令和○6年3月31日　　　　(単位：千円)

諸資産	393,100	諸負債	237,100
土地	（　　）	資本金	（　　）
のれん	（　ウ　）	利益剰余金	（　　）
		非支配株主持分	（　エ　）
	（　　）		（　　）

資　料

i　令和○6年3月31日における個別財務諸表

損益計算書

P社　令和○5年4月1日から令和○6年3月31日まで　(単位：千円)

売上原価	458,530	売上高	597,760
給料	134,280	受取配当金	1,050
当期純利益	6,000		
	598,810		598,810

損益計算書

S社　令和○5年4月1日から令和○6年3月31日まで　(単位：千円)

売上原価	97,480	売上高	159,910
給料	59,130		
支払利息	300		
当期純利益	3,000		
	159,910		159,910

株主資本等変動計算書

令和○5年4月1日から令和○6年3月31日まで　　　　(単位：千円)

	資本金		利益剰余金	
	P社	S社	P社	S社
当期首残高	200,000	65,000	70,000	2,000
当期変動額　剰余金の配当			△4,500	△1,500
当期純利益			6,000	3,000
当期末残高	200,000	65,000	71,500	3,500

貸借対照表

P社　　令和○6年3月31日　　(単位：千円)

諸資産	322,900	諸負債	190,400
土地	89,000	資本金	200,000
子会社株式	50,000	利益剰余金	71,500
	461,900		461,900

貸借対照表

S社　　令和○6年3月31日　　(単位：千円)

諸資産	70,200	諸負債	46,700
土地	45,000	資本金	65,000
		利益剰余金	3,500
	115,200		115,200

ii　P社は，令和○5年3月31日にS社の発行する株式の70%を50,000千円で取得し支配した。なお，S社の取得日における土地の帳簿価額は45,000千円，時価は48,000千円であり，当期中に土地の売買取引はなかった。また，他の資産および負債の時価は帳簿価額に等しかった。

iii　のれんは償却期間を20年間とし，定額法により償却する。

iv　P社とS社相互間の債権・債務の取引や資産の売買はなかった。

(3)　X社とY社の下記の資料によって，

①　次の文の[　　　]のなかに入る適当な比率を求めなさい。

【安全性の分析】

短期的な支払能力を調べるため，流動比率を計算すると，X社は[ア]%であるのに対してY社は206.0%であった。次に当座比率を計算すると，X社は[イ]%であるのに対してY社は140.0%であった。また，長期的な支払能力を調べるため，自己資本比率を計算すると，X社は55.0%であるのに対してY社は[ウ]%であった。

【収益性の分析】

収益性を調べるため，期末の数値と当期純利益を用いて各比率を計算する。まず，総資本利益率を計算すると，X社は[エ]%であるのに対してY社は3.0%であった。さらに，総資本利益率を売上高純利益率と総資本回転率に分解し，売上高純利益率を計算すると，X社は4.0%であるのに対してY社は[オ]%であった。また，総資本回転率を計算すると，X社は[カ]回であるのに対してY社は1.0回であった。

【成長性の分析】

成長性を調べるため，売上高成長率（増収率）を計算すると，X社は25.0%であるのに対してY社は[キ]%であった。

②　Y社の貸借対照表の商品（ク）の金額を求めなさい。

③　上記①と②により判明したことを説明している文を次のなかから1つ選び，その番号を記入しなさい。

1．収益性と成長性はX社の方が高く，安全性はY社の方が高い。
2．安全性と成長性はX社の方が高く，収益性はY社の方が高い。
3．安全性と収益性はX社の方が高く，成長性はY社の方が高い。
4．安全性も収益性も成長性もX社の方が高い。

資　　料

i　損益計算書に関する金額（単位：千円）

	前　期	当　期			
	売　上　高	期首商品棚卸高	売　上　高	売上原価	当期純利益
X社	16,000	780	20,000	16,000	800
Y社	25,000	1,700	30,000	24,000	900

ii　当期の商品回転率

X社　20.0回　　　Y社　16.0回

商品回転率の計算は，商品有高の平均と売上原価を用いている。なお，棚卸減耗損（棚卸減耗費）と商品評価損は発生していない。

iii　当期の貸借対照表

貸借対照表

X社　　令和○6年3月31日　　（単位：千円）

資　産	金　額	負債・純資産	金　額
現金預金	760	支払手形	410
受取手形	580	買掛金	730
売掛金	990	短期借入金	700
有価証券	670	未払法人税等	160
商品	820	長期借入金	1,800
短期貸付金	400	退職給付引当金	700
前払費用	380	資本金	3,000
備品	650	資本剰余金	1,600
建物	1,410	利益剰余金	900
土地	3,000		
投資有価証券	340		
	10,000		10,000

貸借対照表

Y社　　令和○6年3月31日　　（単位：千円）

資　産	金　額	負債・純資産	金　額
現金預金	3,400	支払手形	1,100
受取手形	1,700	買掛金	2,700
売掛金	4,600	短期借入金	3,000
有価証券	800	未払法人税等	700
商品	（ ク ）	長期借入金	8,000
短期貸付金	（　　）	退職給付引当金	1,000
前払費用	650	資本金	10,000
備品	1,250	資本剰余金	2,200
建物	5,300	利益剰余金	1,300
土地	8,000		
	30,000		30,000

3 徳島産業株式会社の総勘定元帳勘定残高と付記事項および決算整理事項は，次のとおりであった。よって，報告式の損益計算書および報告式の貸借対照表を完成しなさい。

ただし，i　会社計算規則によること。
　　　　ii　会計期間は令和○5年4月1日から令和○6年3月31日までとする。
　　　　iii　税効果会計は考慮しないものとする。

元帳勘定残高

現金	¥4,453,100	当座預金	¥6,760,460	電子記録債権	¥3,856,000
売掛金	5,824,000	貸倒引当金	42,900	売買目的有価証券	3,126,000
繰越商品	4,028,400	仮払法人税等	498,300	備品	600,000
備品減価償却累計額	384,000	土地	8,400,000	リース資産	420,000
リース資産減価償却累計額	140,000	特許権	375,000	関連会社株式	2,030,000
電子記録債務	2,252,800	買掛金	4,773,400	短期借入金	900,000
長期借入金	1,800,000	リース債務	210,000	退職給付引当金	1,937,820
資本金	20,000,000	資本準備金	3,000,000	利益準備金	500,000
新築積立金	1,000,000	繰越利益剰余金	391,390	自己株式	1,230,000
売上	42,042,090	受取地代	420,000	受取配当金	50,000
雑益	28,350	仕入	28,517,940	給料	7,983,840
支払家賃	1,080,000	保険料	418,000	租税公課	76,300
雑費	5,010	支払利息	32,400	支払手数料	48,000
固定資産除却損	110,000				

付記事項

① リース債務¥210,000は，令和○9年3月31日までリース契約をしている機械装置に対するものであり，決算日の翌日から1年以内に支払期限が到来する部分は流動負債として表示する。

② 支払手数料¥48,000は，自己株式を取得したさいに支払ったものである。

決算整理事項

a．期末商品棚卸高　帳簿棚卸数量　1,300個　原　　価　@¥3,500
　　　　　　　　　　実地棚卸数量　1,280 〃　正味売却価額　〃 〃 3,300
　　ただし，棚卸減耗損（棚卸減耗費）および商品評価損は売上原価の内訳項目とする。

b．貸倒見積高　売上債権の期末残高に対し，それぞれ1%と見積もり，貸倒引当金を設定する。

c．有価証券評価高　売買目的で保有する次の株式について，時価によって評価する。
　　香川商事株式会社　600株
　　　帳簿価額　1株　¥5,210　　時価　1株　¥5,390

d．減価償却高　備　　品：定率法により，毎期の償却率を40%とする。
　　リース資産：見積現金購入価額¥360,000　残存価額は零（0）　耐用年数は6年（リース期間）とし，定額法により計算している。

e．特許権償却高　¥62,500

f．保険料前払高　保険料のうち¥336,000は，令和○5年6月1日から1年分の保険料を支払ったものであり，前払高を次期に繰り延べる。

g．地代前受高　¥140,000

h．退職給付引当金繰入額　¥463,820

i．法人税・住民税及び事業税額　¥1,125,580

4 下記の取引の仕訳を示しなさい。ただし，勘定科目は，次のなかからもっとも適当なものを使用すること。

現金	当座預金	受取手形	営業外受取手形
不渡手形	売掛金	建物	構築物
建設仮勘定	子会社株式	支払手形	営業外支払手形
買掛金	保証債務	資本金	資本準備金
新築積立金	繰越利益剰余金	新株予約権	売上
役務収益	保証債務取崩益	仕入	役務原価
修繕費	保証債務費用	子会社株式評価損	為替差損益

a．建物の修繕および改良をおこない，工事費用¥2,200,000を小切手を振り出して支払った。このうち，¥1,400,000を資本的支出とした。

b．愛媛商事株式会社は，次の条件で発行した新株予約権のうち20個の権利行使があったので，新株200株を発行し，権利行使価格の払込金を当座預金とした。

発行条件
- 発行総数　30個（新株予約権1個につき10株を付与）
- 払込金額　新株予約権1個につき¥80,000
- 権利行使価格　1株につき¥130,000
- 権利行使期間　令和○5年8月1日から令和○6年7月31日まで

c．旅行業を営む沖縄トラベル株式会社は，本日国内旅行のツアーを実施し，サービスの提供にともなう費用¥623,100を小切手を振り出して支払った。

d．高知物産株式会社は，北西商事株式会社の財政状態が悪化したので，保有する同社の株式1,200株（1株の帳簿価額¥35,000）を実質価額によって評価替えした。なお，北西商事株式会社の資産総額は¥71,240,000　負債総額は¥49,790,000で，発行済株式総数は1,500株（市場価格のない株式）である。

e．宮崎食品株式会社は，かねて，商品代金の支払いとして熊本商事株式会社に裏書譲渡していた南東商店振り出しの約束手形が不渡りとなり，償還請求を受けた。よって，手形金額¥500,000および期日以後の利息¥3,000をともに小切手を振り出して支払い，同時に南東商店に支払請求をおこなった。なお，この手形を裏書きしたさいに，手形額面金額の2%の保証債務を計上している。

f．決算にあたり，外国通貨＄30,000（帳簿価額¥3,660,000）を決算時の為替相場に換算する。なお，決算時の為替相場は＄1あたり¥125であった。

g．広告塔¥18,000,000が完成して引き渡しを受けたので，この代金のうち，すでに支払った¥7,000,000を差し引いて，残額は小切手を振り出して支払った。なお，取締役会の決議により新築積立金¥18,000,000を取り崩した。

第７回　簿記実務検定模擬試験問題　１級　会　計〔解　答　用　紙〕

1

(1)

ア	イ	ウ	エ	オ

(2)

ア	イ

2

(1)

¥

(2)

ア	千円	イ	千円
ウ	千円	エ	千円

(3)

①

ア	%	イ	%
ウ	%	エ	%
オ	%	カ	回
キ	%		

②

ク	千円

③

1 得点		2 得点		3 得点		4 得点		総得点	

年	組	番　号	名　　前

3

損　益　計　算　書

徳島産業株式会社　　令和○5年4月1日から令和○6年3月31日まで　　(単位：円)

Ⅰ　売　上　高		(　　)
Ⅱ　売　上　原　価		
1．期首商品棚卸高	(　　)	
2．当期商品仕入高	(　　)	
合　　計	(　　)	
3．期末商品棚卸高	(　　)	
	(　　)	
4．(　　)	(　　)	
5．(　　)	(　　)	(　　)
売上総利益		(　　)
Ⅲ　販売費及び一般管理費		
1．給　　料	(　　)	
2．(　　)	(　　)	
3．(　　)	(　　)	
4．(　　)	(　　)	
5．(　　)	(　　)	
6．支払家賃	(　　)	
7．保　険　料	(　　)	
8．租税公課	(　　)	
9．(　　)	(　　)	(　　)
営業利益		(　　)
Ⅳ　営業外収益		
1．(　　)	(　　)	
2．(　　)	(　　)	
3．(　　)	(　　)	
4．(　　)	(　　)	(　　)
Ⅴ　営業外費用		
1．(　　)	(　　)	
2．(　　)	(　　)	(　　)
経常利益		(　　)
Ⅵ　特別損失		
1．(　　)	(　　)	(　　)
税引前当期純利益		(　　)
法人税・住民税及び事業税		(　　)
当期純利益		(　　)

貸　借　対　照　表

徳島産業株式会社　　令和○6年3月31日　　(単位：円)

資　産　の　部

Ⅰ　流動資産			
1．現金預金		(　　)	
2．電子記録債権	(　　)		
貸倒引当金	△(　　)	(　　)	
3．売　掛　金	(　　)		
貸倒引当金	△(　　)	(　　)	
4．(　　)		(　　)	
5．(　　)		(　　)	
6．(　　)		(　　)	
流動資産合計			(　　)

Ⅱ 固定資産			
(1) 有形固定資産			
1. 備品	( )		
減価償却累計額	△( )	( )	
2. 土地		( )	
3. リース資産	( )		
減価償却累計額	△( )	( )	
有形固定資産合計		( )	
(2) 無形固定資産			
1. ( )		( )	
無形固定資産合計		( )	
(3) 投資その他の資産			
1. ( )		( )	
投資その他の資産合計		( )	
固定資産合計			( )
資産合計			( )

負債の部

Ⅰ 流動負債		
1. 電子記録債務	( )	
2. 買掛金	( )	
3. ( )	( )	
4. ( )	( )	
5. ( )	( )	
6. ( )	( )	
流動負債合計		( )
Ⅱ 固定負債		
1. ( )	( )	
2. ( )	( )	
3. ( )	( )	
固定負債合計		( )
負債合計		( )

純資産の部

Ⅰ 株主資本		
(1) 資本金		20,000,000
(2) 資本剰余金		
1. 資本準備金	3,000,000	
資本剰余金合計		3,000,000
(3) 利益剰余金		
1. 利益準備金	500,000	
2. その他利益剰余金		
① 新築積立金	( )	
② 繰越利益剰余金	( )	
利益剰余金合計		( )
(4) 自己株式		△( )
株主資本合計		( )
純資産合計		( )
負債及び純資産合計		( )

3 得点	

4

	借　　　方	貸　　　方
a		
b		
c		
d		
e		
f		
g		

4 得点	

とうほう

公益財団法人全国商業高等学校協会　主催
文部科学省　後援

第8回　簿記実務検定1級模擬試験問題　会計

令和○年○月○日（○）実施

解答上の注意

1　解答にあたえられた時間は90分です。試験開始後の途中退室はできません。
2　問題は全部で4問あります。
3　問題用紙の表紙に年・組・番号・名前を記入しなさい。
4　解答はすべて別紙解答用紙に記入しなさい。

年	組	番　号	名　　　前

1 次の各問いに答えなさい。

(1) 各文の［　　］にあてはまるもっとも適当な語を，下記の語群のなかから選び，その番号を記入しなさい。

a．企業が自社の会計情報を開示することを［ア］といい，わが国では会社法や金融商品取引法によって規制されている。会社法は，株主に対する計算書類の提供や，貸借対照表・損益計算書の要旨を官報や新聞などで公告することを規定している。また，金融商品取引法は，［イ］の開示を義務づけている。

b．経営破綻の状態には至っていないが，債務の弁済に重大な問題が生じているか，または生じる可能性の高い債務者に対する債権を［ウ］という。これに対する貸倒見積高の算定方法には［エ］とキャッシュ・フロー見積法がある。

c．［オ］とは，この権利を持つ者が発行会社に対して権利を行使することで，あらかじめ定められた価額で株式の交付が受けられる権利をいう。

1．財務内容評価法　2．破産更生債権等　3．ディスクロージャー　4．新株予約権
5．附属明細書　6．貸倒実績率法　7．ステークホルダー
8．貸倒懸念債権　9．自己株式　10．有価証券報告書

(2) 次の会計に関する用語の英語表記を，下記の語群のなかから選び，その番号を記入しなさい。

ア．固定資産　　イ．営業循環基準

1．operating-cycle rule　2．fixed liabilities　3．fixed assets
4．current assets　5．one-year rule　6．current liabilities

2 次の各問いに答えなさい。

(1) 佐賀商事株式会社は，北西商事株式会社（発行済株式総数600株）の株式500株（帳簿価額￥5,250,000）を保有し，実質的に支配している。同社の株式は市場価格がないため，決算にあたり同社の財政状態を確認したところ次のとおりであった。よって，1株あたりの実質価額を求めなさい。また，評価替えの必要があるかどうかを判断し，解答用紙の該当する欄に○印を付けなさい。

貸借対照表

北西商事株式会社　　令和○年3月31日　　(単位：円)

資産	金額	負債及び純資産	金額
現金預金	2,010,000	買掛金	2,740,000
売掛金	4,280,000	長期借入金	3,000,000
商品	2,430,000	資本金	5,000,000
備品	3,620,000	繰越利益剰余金	1,600,000
	12,340,000		12,340,000

(2) 次の資料により，令和○3年3月31日（連結決算日）における連結損益計算書・連結株主資本等変動計算書・連結貸借対照表の（ア）から（エ）にあてはまる金額を答えなさい。

連結損益計算書

P社　　令和○2年4月1日から令和○3年3月31日まで　　(単位：千円)

売上原価	267,260	売上高	394,740
給料	117,500	受取配当金	(　ア　)
支払利息	180		
のれん償却	(　　)		
当期純利益	(　　)		
	(　　)		(　　)
非支配株主に帰属する当期純利益	(　イ　)	当期純利益	(　　)
親会社株主に帰属する当期純利益	(　　)		
	(　　)		(　　)

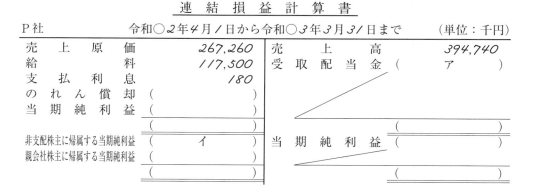

連結株主資本等変動計算書

P社　　令和○2年4月1日から令和○3年3月31日まで　　(単位：千円)

	資本金	利益剰余金	非支配株主持分
当期首残高	120,000	(　　)	(　　)
当期変動額　剰余金の配当		(　　)	
親会社株主に帰属する当期純利益		(　　)	
株主資本以外の項目の当期変動額（純額）			(　　)
当期末残高	(　　)	(　ウ　)	(　　)

連結貸借対照表

P社　　令和○3年3月31日　　(単位：千円)

諸資産	260,000	諸負債	179,000
土地	(　　)	資本金	(　　)
のれん	(　　)	利益剰余金	(　　)
		非支配株主持分	(　エ　)
	(　　)		(　　)

資料

i　令和○3年3月31日における個別財務諸表

損益計算書

P社　令和○2年4月1日から令和○3年3月31日まで　(単位：千円)

売上原価	212,100	売上高	300,100
給料	83,200	受取配当金	2,200
当期純利益	7,000		
	302,300		302,300

損益計算書

S社　令和○2年4月1日から令和○3年3月31日まで　(単位：千円)

売上原価	55,160	売上高	94,640
給料	34,300		
支払利息	180		
当期純利益	5,000		
	94,640		94,640

株主資本等変動計算書

令和○2年4月1日から令和○3年3月31日まで　(単位：千円)

	資本金		利益剰余金	
	P社	S社	P社	S社
当期首残高	120,000	50,000	40,000	8,000
当期変動額　剰余金の配当			△4,000	△3,000
当期純利益			7,000	5,000
当期末残高	120,000	50,000	43,000	10,000

貸借対照表

P社　令和○3年3月31日　(単位：千円)

諸資産	186,000	諸負債	130,000
土地	70,000	資本金	120,000
子会社株式	37,000	利益剰余金	43,000
	293,000		293,000

貸借対照表

S社　令和○3年3月31日　(単位：千円)

諸資産	74,000	諸負債	49,000
土地	35,000	資本金	50,000
		利益剰余金	10,000
	109,000		109,000

ii　P社は，令和○2年3月31日にS社の発行する株式の60%を37,000千円で取得し支配した。なお，S社の取得日における土地の帳簿価額は35,000千円，時価は37,000千円であり，当期中に土地の売買取引はなかった。また，他の資産および負債の時価は帳簿価額に等しかった。

iii　のれんは償却期間を10年間とし，定額法により償却する。

iv　P社とS社相互間の債権・債務の取引や資産の売買はなかった。

(3) 鹿児島商事株式会社（決算年1回　3月31日）の下記の資料と比較貸借対照表および株主資本等変動計算書によって，

① 第13期の貸借対照表に計上するのれんの金額を求めなさい。

② 次の文の□のなかに入る適当な比率または金額を求めなさい。また，｛　　｝のなかに入るもっとも適当な語を，下記の語群のなかから選び，その番号を記入しなさい。ただし，同じ語を何度使用してもよい。

鹿児島商事株式会社の自己資本比率を調べてみると，第12期の62.0%に対して，第13期は［　ア　］%と大幅に低下している。これは鹿児島商事株式会社の｛　イ　｝に問題が生じていることを示している。この原因は，南東商店を取得するのに必要な資金［　ウ　］千円をすべて長期借入金で調達したことによる。このときに生じたのれんは，｛　エ　｝に区分されている。流動比率は第12期の213.0%から第13期の［　オ　］%に増加し，一般に望ましいとされている200.0%を上回っており，｛　カ　｝には問題がないといえる。また，期末残高を用いて受取勘定（売上債権）回転率を調べてみると，第12期が2.2回であるのに対して，第13期は［　キ　］回であった。これは第13期の方が，回収期間が｛　ク　｝ことを示している。

語　　群

1．無形固定資産　　2．投資その他の資産　　3．収益性　　4．安全性
5．短い　　6．長い　　7．支払能力　　8．販売能力

資　　料

i　純売上高　　第12期　10,472千円　　第13期　17,480千円

ii　第12期の当座比率は99.0%である。

iii　鹿児島商事株式会社は第13期の期首に南東商店を取得した。南東商店の年平均利益額は435千円，同種企業の平均利益率を5%として収益還元価値を求め，その金額を取得対価として支払った。なお，取得直前の南東商店の資産総額は9,300千円，負債総額は2,400千円であり，資産総額と負債総額の時価は帳簿価額に等しかった。また，のれんは毎期均等額90千円を償却している。

比　較　貸　借　対　照　表　　（単位：千円）

資　　産	第12期	第13期	負債・純資産	第12期	第13期
現金預金	(　　)	658	支払手形	3,030	4,815
受取手形	1,780	3,400	買掛金	2,715	3,870
売掛金	2,980	3,592	未払法人税等	(　　)	315
有価証券	―――	1,170	長期借入金	―――	(　ウ　)
商品	(　　)	11,430	退職給付引当金	4,716	5,400
前払費用	560	540	資本金	15,000	15,000
備品	3,150	4,200	資本準備金	600	600
土地	4,200	(　　)	利益準備金	(　　)	365
特許権	2,160	1,890	別途積立金	150	190
のれん	―――	(　　)	繰越利益剰余金	1,414	(　　)
投資有価証券	5,910	5,610			
	28,200	42,000		28,200	42,000

（第13期）　株主資本等変動計算書

鹿児島商事株式会社　　令和○2年4月1日から令和○3年3月31日まで　　（単位：千円）

	資本金	資本剰余金		利益剰余金				純資産合計
		資本準備金	資本剰余金合計	利益準備金	その他利益剰余金		利益剰余金合計	
					別途積立金	繰越利益剰余金		
当期首残高	15,000	600	600	(　　)	150	1,414	(　　)	(　　)
当期変動額								
剰余金の配当				45		△495	△(　　)	△(　　)
別途積立金の積立					40	△40	―――	―――
当期純利益						1,866	(　　)	(　　)
当期変動額合計	―――	―――	―――	(　　)	40	(　　)	(　　)	(　　)
当期末残高	(　　)	(　　)	(　　)	(　　)	(　　)	(　　)	(　　)	(　　)

3 大分物産株式会社の総勘定元帳勘定残高と付記事項および決算整理事項は，次のとおりであった。よって，報告式の損益計算書および報告式の貸借対照表を完成しなさい。

ただし，i　会社計算規則によること。
　　　ii　会計期間は令和○2年4月1日から令和○3年3月31日までとする。
　　　iii　税効果会計は考慮しないものとする。

元帳勘定残高

現金	¥3,490,180	当座預金	¥4,883,910	電子記録債権	¥3,792,000
売掛金	6,868,000	貸倒引当金	62,500	売買目的有価証券	3,100,000
繰越商品	4,003,500	仮払法人税等	402,580	機械装置	3,000,000
機械装置減価償却累計額	750,000	土地	11,730,000	特許権	426,000
満期保有目的債券	1,985,000	子会社株式	6,960,000	電子記録債務	2,550,900
買掛金	4,726,330	長期借入金	2,500,000	退職給付引当金	2,132,000
資本金	23,000,000	資本準備金	3,800,000	利益準備金	1,200,000
別途積立金	500,000	繰越利益剰余金	360,400	新株予約権	700,000
売上	44,760,670	受取配当金	35,000	有価証券利息	20,000
投資有価証券売却益	70,000	仕入	21,973,400	給料	10,969,180
発送費	861,560	広告料	625,500	支払家賃	960,000
通信費	378,000	消耗品費	30,670	保険料	512,000
租税公課	41,800	雑費	35,520	支払利息	15,000
電子記録債権売却損	4,000	固定資産売却損	120,000		

付記事項

① 所有する満期保有目的の債券について，期限の到来した利札¥20,000が記入漏れになっていた。

決算整理事項

a．期末商品棚卸高　帳簿棚卸数量　990個　原　　価　@¥4,230
　　　　　　　　　実地棚卸数量　980〃　正味売却価額　〃〃4,170
　ただし，棚卸減耗損（棚卸減耗費）および商品評価損は売上原価の内訳項目とする。

b．外貨建取引の円換算　当社が保有している外貨建取引による売掛金および買掛金は，取引日の為替レートで円換算しており，為替予約はおこなっていない。

	取引額	取引日の為替レート	決算日の為替レート
売掛金	7,000ドル	1ドル123円	1ドル133円
買掛金	3,000ドル	1ドル124円	1ドル133円

c．貸倒見積高　売上債権の期末残高に対し，それぞれ1%と見積もり，貸倒引当金を設定する。

d．有価証券評価高　保有する株式および債券は次のとおりである。なお，子会社株式は時価が著しく下落し，回復の見込みがない。

<table>
<tr><td rowspan="2">売買目的有価証券</td><td>福岡通信株式会社　700株　時価　1株　¥2,800</td></tr>
<tr><td>長崎食品株式会社　400株　時価　1株　¥3,300</td></tr>
<tr><td>満期保有目的債券</td><td>償却原価法（定額法）によって¥1,990,000に評価する。なお，満期日は令和○5年3月31日である。</td></tr>
<tr><td>子会社株式</td><td>北東商事株式会社　1,200株　時価　1株　¥2,000</td></tr>
</table>

e．機械装置減価償却高　取得原価¥3,000,000　毎期の償却率を25%とし，定率法により計算している。

f．特許権償却高　¥71,000

g．保険料前払高　保険料のうち¥480,000は，令和○2年9月1日から2年分の保険料を支払ったものであり，前払高を次期に繰り延べる。

h．利息未払高　¥7,500

i．退職給付引当金繰入額　¥527,340

j．法人税・住民税及び事業税額　¥977,100

4 下記の取引の仕訳を示しなさい。ただし，勘定科目は，次のなかからもっとも適当なものを使用すること。

現金	当座預金	売掛金	売買目的有価証券
仕掛品	未収金	車両運搬具	車両運搬具減価償却累計額
リース資産	繰延税金資産	買掛金	未払金
未払配当金	リース債務	資本金	資本準備金
その他資本剰余金	利益準備金	繰越利益剰余金	新株予約権
売上	役務収益	有価証券売却益	固定資産売却益
新株予約権戻入益	仕入	役務原価	支払リース料
有価証券売却損	固定資産売却損	法人税等調整額	

a．千葉物産株式会社は，期首に事務用カラーコピー機のリース契約を次の条件で締結した。なお，このリース取引は所有権移転外ファイナンス・リース取引に該当し，利子込み法（利息相当額を控除しない方法）により処理している。

条　　件
リース期間：4年　　　　リース料：年額¥146,000（毎年3月末現金支払い）
見積現金購入価額：¥560,000

b．茨城産業株式会社は，第17期初頭に営業用自動車を¥1,500,000で買い入れ，この代金は，これまで使用してきた営業用自動車を¥450,000で引き取らせ，新車両の代金との差額は翌月末に支払うことにした。ただし，この旧車両は第15期初頭に¥1,200,000で買い入れたもので，定率法により毎期の償却率を40%として，2年間にわたり減価償却費を計上し，間接法で記帳してきた。

c．東京商事株式会社は，株主総会において，その他資本剰余金¥2,900,000と繰越利益剰余金¥5,500,000を原資として剰余金の配当をおこなうことを決議した。なお，配当にあたって資本準備金¥290,000と利益準備金¥550,000を計上する。

d．売買目的で保有している南西商事株式会社の株式1,100株を1株につき¥3,100で売却し，代金は当店の当座預金口座に振り込まれた。ただし，この株式の当期首の帳簿価額は¥2,320,000　株式数は800株であった。また，当期中に追加で同社の株式600株を1株につき¥3,600で購入している。なお，単価の計算は移動平均法によっている。

e．税効果会計を適用している神奈川商事株式会社（法定実効税率30%）では，前期の決算において，中央商店の売掛金に対して貸倒引当金¥76,000を繰り入れ，繰入限度超過額¥26,000を損金不算入としていたが，当期に中央商店の売掛金が回収不能となったため，貸倒引当金を全額取り崩した（期中に適切に処理済み）。これにより，繰入限度超過額¥26,000について損金算入が認められるため，当期の決算にあたり，一時差異を解消する仕訳をおこなった。

f．埼玉デザイン株式会社は，かねて顧客から依頼のあったパンフレットを制作していたが，本日完成したため顧客に引き渡し，対価として¥230,000が当座預金口座に振り込まれた。よって，役務収益を計上するとともに対応する役務費用¥165,400を計上する。なお，当該役務費用¥165,400は仕掛品勘定に集計されている。

g．次の条件で発行した新株予約権のうち，6個については権利行使がなされないまま権利行使期間が満了した。

発行条件
発行総数　60個（新株予約権1個につき5株を付与）
払込金額　新株予約権1個につき¥88,000
権利行使価格　1株につき¥120,000
権利行使期間　令和○3年1月1日から令和○3年12月31日まで

第８回　簿記実務検定模擬試験問題　１級　会　計〔解　答　用　紙〕

1

(1)

ア	イ	ウ	エ	オ

(2)

ア	イ

2

(1)

/株あたりの実質価額　¥	評価替えをする　（　　　　　）
	評価替えをしない（　　　　　）

(2)

ア	千円	イ	千円
ウ	千円	エ	千円

(3)

①

千円

②

ア	%	イ	
ウ	千円	エ	
オ	%	カ	
キ	回	ク	

1 得点		**2** 得点		**3** 得点		**4** 得点		総得点	

年	組	番　号	名　　　前

3

損益計算書

大分物産株式会社　令和○2年4月1日から令和○3年3月31日まで　(単位：円)

Ⅰ　売上高		(　　)
Ⅱ　売上原価		
1．期首商品棚卸高	(　　)	
2．当期商品仕入高	(　　)	
合計	(　　)	
3．期末商品棚卸高	(　　)	
	(　　)	
4．(　　)	(　　)	
5．(　　)	(　　)	(　　)
売上総利益		(　　)
Ⅲ　販売費及び一般管理費		
1．給料	(　　)	
2．発送費	(　　)	
3．広告料	(　　)	
4．(　　)	(　　)	
5．(　　)	(　　)	
6．(　　)	(　　)	
7．(　　)	(　　)	
8．支払家賃	(　　)	
9．通信費	(　　)	
10．消耗品費	(　　)	
11．保険料	(　　)	
12．租税公課	(　　)	
13．(　　)	(　　)	(　　)
営業利益		(　　)
Ⅳ　営業外収益		
1．(　　)	(　　)	
2．(　　)	(　　)	
3．(　　)	(　　)	
4．(　　)	(　　)	(　　)
Ⅴ　営業外費用		
1．(　　)	(　　)	
2．(　　)	(　　)	(　　)
経常利益		(　　)
Ⅵ　特別利益		
1．(　　)	(　　)	(　　)
Ⅶ　特別損失		
1．(　　)	(　　)	
2．(　　)	(　　)	(　　)
税引前当期純利益		(　　)
法人税・住民税及び事業税		(　　)
当期純利益		(　　)

貸借対照表

大分物産株式会社　令和○3年3月31日　(単位：円)

資産の部

Ⅰ　流動資産			
1．現金預金		(　　)	
2．電子記録債権	(　　)		
貸倒引当金	△(　　)	(　　)	
3．売掛金	(　　)		
貸倒引当金	△(　　)	(　　)	
4．(　　)		(　　)	
5．(　　)		(　　)	
6．(　　)		(　　)	
流動資産合計			(　　)

Ⅱ 固定資産			
(1) 有形固定資産			
1. 機械装置	(　　　)		
減価償却累計額	△(　　　)	(　　　)	
2. 土地		(　　　)	
有形固定資産合計		(　　　)	
(2) 無形固定資産			
1. (　　　)		(　　　)	
無形固定資産合計		(　　　)	
(3) 投資その他の資産			
1. (　　　)		(　　　)	
2. (　　　)		(　　　)	
3. (　　　)		(　　　)	
投資その他の資産合計		(　　　)	
固定資産合計			(　　　)
資産合計			(　　　)

負債の部

Ⅰ 流動負債		
1. 電子記録債務	(　　　)	
2. 買掛金	(　　　)	
3. (　　　)	(　　　)	
4. (　　　)	(　　　)	
流動負債合計		(　　　)
Ⅱ 固定負債		
1. (　　　)	(　　　)	
2. (　　　)	(　　　)	
固定負債合計		(　　　)
負債合計		(　　　)

純資産の部

Ⅰ 株主資本		
(1) 資本金		23,000,000
(2) 資本剰余金		
1. 資本準備金	3,800,000	
資本剰余金合計		3,800,000
(3) 利益剰余金		
1. 利益準備金	1,200,000	
2. その他利益剰余金		
① 別途積立金	(　　　)	
② 繰越利益剰余金	(　　　)	
利益剰余金合計		(　　　)
株主資本合計		(　　　)
Ⅱ 新株予約権		(　　　)
純資産合計		(　　　)
負債及び純資産合計		(　　　)

3 得点	

4

	借　　　方	貸　　　方
a		
b		
c		
d		
e		
f		
g		

4 得点	

とうほう

公益財団法人全国商業高等学校協会　主催
文部科学省　後援

第9回　簿記実務検定1級模擬試験問題　会計

令和○年○月○日（○）実施

解答上の注意

1　解答にあたえられた時間は90分です。試験開始後の途中退室はできません。
2　問題は全部で4問あります。
3　問題用紙の表紙に年・組・番号・名前を記入しなさい。
4　解答はすべて別紙解答用紙に記入しなさい。

年	組	番　号	名　　　　前

1 次の各問いに答えなさい。

(1) 各文の［　　　］にあてはまるもっとも適当な語を，下記の語群のなかから選び，その番号を記入しなさい。

a．工事契約において，履行義務の充足に係る進捗度を合理的に見積もることはできないが，発生する工事費用が回収可能であると予測できるときは，進捗度の合理的な見積りが可能になる時まで，回収可能と認められる工事費用の金額で工事収益を認識する。この方法を［　ア　］という。

b．通常の営業活動の過程にある受取手形・売掛金などの債権や商品などを［　イ　］とする基準を［　ウ　］という。

c．連結財務諸表において，連結子会社の資本のうち，親会社の持分に属さない部分を［　エ　］という。連結会計年度において，子会社が剰余金の配当をおこなった場合，［　エ　］は当期首残高と比較して［　オ　］なる。

1．固定資産　　2．原価回収基準　　3．のれん　　4．非支配株主持分
5．1年基準　　6．多く　　7．営業循環基準　　8．少なく
9．流動資産　　10．工事進行基準

(2) 次の会計に関する用語の英語表記を，下記の語群のなかから選び，その番号を記入しなさい。

ア．営業利益　　イ．流動負債

1．fixed liabilities　　2．gross profit　　3．current liabilities
4．fixed assets　　5．operating profit　　6．current assets

2 次の各問いに答えなさい。

(1) 群馬商事株式会社の決算日における当座預金出納帳の残高は¥4,228,000であり，銀行が発行した当座勘定残高証明書の金額は¥4,424,000であった。そこで，不一致の原因を調査したところ，次の資料を得た。よって，銀行勘定調整表を完成し，当座預金出納帳の次月繰越高を求めなさい。なお，解答欄の〔　　　〕には，アからエの記号を記入すること。また，(　　　)は記入しないものもある。

資　　料

ア．決算日に預け入れた現金¥550,000が営業時間外のため銀行では翌日付の入金として扱われていた。

イ．買掛金支払いのための小切手¥387,000を作成して記帳していたが，仕入先に未渡しであった。

ウ．通信費¥54,000が当座預金口座から引き落とされていたが，当社ではまだ記帳していなかった。

エ．かねて栃木商店あてに振り出した小切手¥413,000が銀行でまだ支払われていなかった。

(2) 次の資料により，令和○7年3月31日（連結決算日）における連結損益計算書・連結株主資本等変動計算書・連結貸借対照表の（　ア　）から（　エ　）にあてはまる金額を答えなさい。

連　結　損　益　計　算　書

P社　　令和○6年4月1日から令和○7年3月31日まで　　(単位：千円)

売上原価	(　　　)	売上高	(　　　)
給料	(　　　)	受取配当金	(　　　)
支払利息	(　　　)		
のれん償却	(　　　)		
当期純利益	(　ア　)		
	(　　　)		(　　　)
非支配株主に帰属する当期純利益	(　　　)	当期純利益	(　　　)
親会社株主に帰属する当期純利益	(　　　)		
	(　　　)		(　　　)

連結株主資本等変動計算書

Ｐ社　　令和○6年4月1日から令和○7年3月31日まで　　(単位：千円)

	資本金	利益剰余金	非支配株主持分
当期首残高	(　　)	(　　)	(　　)
当期変動額　剰余金の配当		(　　)	
親会社株主に帰属する当期純利益		(　　)	
株主資本以外の項目の当期変動額（純額）			(　イ　)
当期末残高	(　　)	(　　)	(　　)

連結貸借対照表

Ｐ社　　令和○7年3月31日　　(単位：千円)

諸資産	(　　)	諸負債	(　　)
土地	(　　)	資本金	(　　)
のれん	(　ウ　)	利益剰余金	(　エ　)
		非支配株主持分	(　　)
	(　　)		(　　)

資料

i　令和○7年3月31日における個別財務諸表

損益計算書

Ｐ社　令和○6年4月1日から令和○7年3月31日まで　(単位：千円)

売上原価	113,480	売上高	204,590
給料	84,210	受取配当金	2,100
当期純利益	9,000		
	206,690		206,690

損益計算書

Ｓ社　令和○6年4月1日から令和○7年3月31日まで　(単位：千円)

売上原価	66,330	売上高	101,610
給料	31,010		
支払利息	270		
当期純利益	4,000		
	101,610		101,610

株主資本等変動計算書

令和○6年4月1日から令和○7年3月31日まで　(単位：千円)

	資本金		利益剰余金	
	Ｐ社	Ｓ社	Ｐ社	Ｓ社
当期首残高	180,000	30,000	55,000	11,000
当期変動額　剰余金の配当			△6,000	△2,000
当期純利益			9,000	4,000
当期末残高	180,000	30,000	58,000	13,000

貸借対照表

Ｐ社　令和○7年3月31日　(単位：千円)

諸資産	283,100	諸負債	154,100
土地	73,000	資本金	180,000
子会社株式	36,000	利益剰余金	58,000
	392,100		392,100

貸借対照表

Ｓ社　令和○7年3月31日　(単位：千円)

諸資産	55,300	諸負債	29,300
土地	17,000	資本金	30,000
		利益剰余金	13,000
	72,300		72,300

ii　Ｐ社は，令和○6年3月31日にＳ社の発行する株式の80%を36,000千円で取得し支配した。なお，Ｓ社の取得日における土地の帳簿価額は17,000千円，時価は20,000千円であり，当期中に土地の売買取引はなかった。また，他の資産および負債の時価は帳簿価額に等しかった。

iii　のれんは償却期間を20年間とし，定額法により償却する。

iv　Ｐ社とＳ社相互間の債権・債務の取引や資産の売買はなかった。

(3) 中央商事株式会社の下記の資料と比較貸借対照表および株主資本等変動計算書によって，

① 第20期の次の金額を求めなさい。

a．当座資産合計　　b．利益剰余金合計

② 次の文の［　　］のなかに適当な比率を記入しなさい。また，｛　　｝のなかからいずれか適当な語を選び，その番号を記入しなさい。ただし，自己資本は株主資本の合計金額とし，新株予約権は自己資本に含めないものとする。

比較貸借対照表をみると，第19期に比べて第20期は流動負債が増加していることがわかる。そこで流動比率を調べてみると，第19期は210.0%であるのに対して，第20期は［　ア　］%と一般に望ましいとされている200.0%を下回っているので，イ｛1．販売能力　2．支払能力｝にやや問題があると判断できる。また，自己資本比率を調べてみると，第19期は56.0%であるのに対して，第20期は［　ウ　］%と一般に望ましいとされている50.0%以上を維持しているので，エ｛1．収益性　2．安全性｝には問題がない。次に，当期純利益を用いて売上高純利益率を調べてみると，第19期は7.0%であるが，第20期は［　オ　］%と　カ｛1．上昇　2．下降｝している。したがって，中央商事株式会社は仕入原価を低減させたり，販売費及び一般管理費を見直したりするなどの対策を講じる必要があるといえる。

資　　料

	第19期	第20期
売　上　高	23,000千円	25,000千円
当期純利益	1,610千円	［　　　］

比較貸借対照表

（単位：千円）

資　　産	第19期	第20期	負債・純資産	第19期	第20期
現金預金	1,314	1,540	電子記録債務	1,078	1,461
電子記録債権	1,582	(　　)	買掛金	1,730	2,344
売掛金	2,112	3,352	未払法人税等	322	475
商品	1,145	1,034	長期借入金	1,500	1,500
前払費用	420	250	退職給付引当金	320	620
備品	600	1,250	資本金	4,000	(　　)
土地	(　　)	3,400	資本準備金	720	(　　)
特許権	455	390	利益準備金	(　　)	390
関係会社株式	1,200	1,200	別途積立金	(　　)	450
長期貸付金	700	1,400	繰越利益剰余金	940	(　　)
長期前払費用	22	14	新株予約権	――	400
	(　　)	(　　)		(　　)	(　　)

（第20期）　株主資本等変動計算書

中央商事株式会社　　令和○6年4月1日から令和○7年3月31日まで　　（単位：千円）

	資本金	資本剰余金		利益剰余金				新株予約権	純資産合計
		資本準備金	資本剰余金合計	利益準備金	その他利益剰余金		利益剰余金合計		
					別途積立金	繰越利益剰余金			
当期首残高	4,000	(　　)	(　　)	(　　)	(　　)	940	1,580	――	(　　)
当期変動額									
新株の発行	1,000	1,000	1,000						2,000
剰余金の配当						△600	△600		△600
別途積立金の積立					200	△200	――		――
当期純利益						(　　)	(　　)		(　　)
株主資本以外(純額)								400	(　　)
当期変動額合計	1,000	1,000	1,000	――	200	700	900	400	3,300
当期末残高	5,000	(　　)	(　　)	(　　)	(　　)	1,640	(　　)	400	9,600

3 宮城商事株式会社の総勘定元帳勘定残高と付記事項および決算整理事項は，次のとおりであった。よって，報告式の損益計算書および報告式の貸借対照表を完成しなさい。

ただし，i　会社計算規則によること。

ii　会計期間は令和○6年4月1日から令和○7年3月31日までとする。

iii　税効果会計は考慮しないものとする。

元帳勘定残高

現金	¥4,051,760	当座預金	¥6,316,370	受取手形	¥1,155,000
電子記録債権	2,634,000	売掛金	3,907,000	貸倒引当金	128,400
売買目的有価証券	4,181,000	繰越商品	3,529,600	仮払法人税等	442,000
建物	8,200,000	建物減価償却累計額	2,066,400	備品	700,000
備品減価償却累計額	252,000	子会社株式	6,127,000	支払手形	849,730
電子記録債務	1,789,090	買掛金	2,802,460	長期借入金	2,000,000
退職給付引当金	1,495,340	資本金	17,000,000	資本準備金	2,600,000
利益準備金	1,080,000	別途積立金	500,000	繰越利益剰余金	462,000
自己株式	600,000	売上	42,233,000	有価証券利息	36,000
雑益	4,800	新株予約権戻入益	300,000	仕入	22,328,940
給料	8,836,470	発送費	319,020	広告料	597,300
支払家賃	1,066,000	保険料	360,000	租税公課	49,370
雑費	8,390	支払利息	36,000	手形売却損	6,000
有価証券売却損	58,000	固定資産売却損	90,000		

付記事項

① 売掛金のうち¥110,000は東西商店に対する前期末のものであり，同店はすでに倒産しているので，貸し倒れとして処理する。

決算整理事項

a．期末商品棚卸高

	帳簿棚卸数量	実地棚卸数量	原価	正味売却価額
A品	1,200個	1,200個	@¥2,400	@¥2,300
B品	700〃	550〃	〃〃 860	〃〃 910

ただし，棚卸減耗損（棚卸減耗費）のうち，30個分については売上原価の内訳項目とし，残りは営業外費用とする。また，商品評価損は売上原価の内訳項目とする。

b．貸倒見積高　売上債権の期末残高に対し，それぞれ1%と見積もり，貸倒引当金を設定する。

c．有価証券評価高　保有する株式は次のとおりである。なお，子会社株式は時価が著しく下落し，回復の見込みがない。

	銘柄	株数	1株の帳簿価額	1株の時価
売買目的有価証券	岩手産業株式会社	600株	¥3,110	¥3,230
	青森物産株式会社	500株	¥4,630	¥4,790
子会社株式	南北商事株式会社	1,100株	¥5,570	¥2,080

d．減価償却高　建物：定額法により，残存価額は取得原価の10%　耐用年数は50年とする。

備品：定率法により，毎期の償却率を20%とする。

e．家賃前払高　支払家賃のうち¥492,000は，令和○6年11月1日から6か月分を支払ったものであり，前払高を次期に繰り延べる。

f．給料未払高　¥292,000

g．広告料未払高　¥38,900

h．退職給付引当金繰入額　¥640,780

i．法人税・住民税及び事業税額　¥1,095,110

4 下記の取引の仕訳を示しなさい。ただし，勘定科目は，次のなかからもっとも適当なものを使用すること。

現金	当座預金	受取手形	営業外受取手形
売掛金	契約資産	繰越商品	未収金
建物	建物減価償却累計額	ソフトウェア	ソフトウェア仮勘定
のれん	支払手形	営業外支払手形	買掛金
契約負債	未払金	保証債務	長期借入金
資本金	資本準備金	その他資本剰余金	利益準備金
繰越利益剰余金	自己株式	売上	工事収益
保証債務取崩益	保険差益	仕入	手形売却損
保証債務費用	火災損失	未決算	

a．北西物産株式会社は，自己株式（1株の帳簿価額¥6,100）のうち900株を1株につき¥5,900で処分し，受け取った代金は当座預金とした。

b．かねて，営業用に使用していた倉庫が取得後21年目の初頭に火災により焼失し，保険会社に保険金の支払いを請求していたが，本日，査定の結果，保険金¥2,500,000を支払うとの連絡があった。なお，この倉庫の取得原価は¥6,000,000　残存価額は取得原価の10%　耐用年数は30年で，定額法により20年間償却し，間接法で記帳してきた。また，焼失時の倉庫の帳簿価額は未決算勘定で処理している。

c．外国にある取引先G社から商品$35,000を掛けで仕入れると同時に，買掛金に対して為替予約を$1あたり¥128でおこなった。なお,仕入時の為替相場は$1あたり¥122であった。ただし，為替予約の会計処理は振当処理を採用している。

d．かねて商品代金として受け取っていた山形商店振り出しの約束手形¥340,000を取引銀行で割り引き，割引料¥8,500を差し引かれた手取金は当座預金とした。なお，保証債務の時価は手形額面金額の2%とする。

e．福島建設株式会社は，かねて建物の建設を引き受けて，工事収益総額¥60,000,000で工事契約を締結していたが，本日決算にあたり，工事進行基準によって当期の工事収益¥29,400,000を計上した。なお，この建物は次期に完成予定であり，工事原価については適切に処理済みである。

f．かねて制作を依頼していた自社利用目的のソフトウェアが完成し，引き渡しを受けたので，契約代金¥5,300,000のうち，すでに支払ってある¥2,100,000を差し引いて，残額は約束手形を振り出して支払った。

g．秋田商事株式会社は，次の財政状態にある南東商会を取得し，代金は小切手を振り出して支払った。ただし，同商会の平均利益額は¥312,000　同種企業の平均利益率を6%として収益還元価値を求め，その金額を取得対価とした。なお，南東商会の貸借対照表に示されている資産および負債の時価は帳簿価額に等しいものとする。

南東商会　　　　貸借対照表　　　　（単位：円）

売掛金	5,200,000	買掛金	2,600,000
商品	3,400,000	長期借入金	1,000,000
		資本金	5,000,000
	8,600,000		8,600,000

第９回　簿記実務検定模擬試験問題　１級　会　計〔解　答　用　紙〕

1

(1)

ア	イ	ウ	エ	オ

(2)

ア	イ

2

(1)

銀 行 勘 定 調 整 表

令和○年３月31日

		当座預金出納帳	銀行残高証明書
	３月31日現在残高	¥ 4,228,000	¥ 4,424,000
(加算)	〔　　〕	(　　)	(　　)
	〔　　〕	(　　)	(　　)
	計	(　　)	(　　)
(減算)	〔　　〕	(　　)	(　　)
	〔　　〕	(　　)	(　　)
	調整後残高	(　　)	(　　)

当座預金出納帳 次 月 繰 越 高	¥

(2)

ア	千円	イ	千円
ウ	千円	エ	千円

(3)

①

a	千円	b	千円

②

ア	%	イ	
ウ	%	エ	
オ	%	カ	

1 得点	2 得点	3 得点	4 得点	総得点

年	組	番　号	名　　前

3

損益計算書

宮城商事株式会社　　令和○6年4月1日から令和○7年3月31日まで　　(単位：円)

Ⅰ　売上高		(　　)
Ⅱ　売上原価		
1．期首商品棚卸高	(　　)	
2．当期商品仕入高	(　　)	
合計	(　　)	
3．期末商品棚卸高	(　　)	
	(　　)	
4．(　　)	(　　)	
5．(　　)	(　　)	(　　)
売上総利益		(　　)
Ⅲ　販売費及び一般管理費		
1．給料	(　　)	
2．発送費	(　　)	
3．広告料	(　　)	
4．(　　)	(　　)	
5．(　　)	(　　)	
6．(　　)	(　　)	
7．支払家賃	(　　)	
8．保険料	(　　)	
9．租税公課	(　　)	
10．(　　)	(　　)	(　　)
営業利益		(　　)
Ⅳ　営業外収益		
1．(　　)	(　　)	
2．(　　)	(　　)	
3．(　　)	(　　)	(　　)
Ⅴ　営業外費用		
1．(　　)	(　　)	
2．(　　)	(　　)	
3．(　　)	(　　)	
4．(　　)	(　　)	(　　)
経常利益		(　　)
Ⅵ　特別利益		
1．(　　)	(　　)	(　　)
Ⅶ　特別損失		
1．(　　)	(　　)	
2．(　　)	(　　)	(　　)
税引前当期純利益		(　　)
法人税・住民税及び事業税		(　　)
当期純利益		(　　)

貸借対照表

宮城商事株式会社　　令和○7年3月31日　　(単位：円)

資産の部

Ⅰ　流動資産			
1．現金預金		(　　)	
2．受取手形	(　　)		
貸倒引当金	△(　　)	(　　)	
3．電子記録債権	(　　)		
貸倒引当金	△(　　)	(　　)	
4．売掛金	(　　)		
貸倒引当金	△(　　)	(　　)	
5．(　　)		(　　)	
6．(　　)		(　　)	
7．(　　)		(　　)	
流動資産合計			(　　)

Ⅱ 固定資産			
(1) 有形固定資産			
1. 建物	( )		
減価償却累計額	△( )	( )	
2. 備品	( )		
減価償却累計額	△( )	( )	
有形固定資産合計		( )	
(2) 投資その他の資産			
1. ( )		( )	
投資その他の資産合計		( )	
固定資産合計			( )
資産合計			( )

負債の部

Ⅰ 流動負債		
1. 支払手形	( )	
2. 電子記録債務	( )	
3. 買掛金	( )	
4. ( )	( )	
5. ( )	( )	
流動負債合計		( )
Ⅱ 固定負債		
1. ( )	( )	
2. ( )	( )	
固定負債合計		( )
負債合計		( )

純資産の部

Ⅰ 株主資本		
(1) 資本金		17,000,000
(2) 資本剰余金		
1. 資本準備金	2,600,000	
資本剰余金合計		2,600,000
(3) 利益剰余金		
1. 利益準備金	1,080,000	
2. その他利益剰余金		
① 別途積立金	( )	
② 繰越利益剰余金	( )	
利益剰余金合計		( )
(4) 自己株式		△( )
株主資本合計		( )
純資産合計		( )
負債及び純資産合計		( )

3 得点	

4

	借　　方	貸　　方
a		
b		
c		
d		
e		
f		
g		

4 得点	

とうほう

公益財団法人全国商業高等学校協会　主催
文部科学省　後援

第10回　簿記実務検定１級模擬試験問題　会計

令和○年○月○日（○）実施

解答上の注意

1　解答にあたえられた時間は90分です。試験開始後の途中退室はできません。
2　問題は全部で４問あります。
3　問題用紙の表紙に年・組・番号・名前を記入しなさい。
4　解答はすべて別紙解答用紙に記入しなさい。

年	組	番　号	名　　　　　前

1 次の各問いに答えなさい。

(1) 各文の［　　］にあてはまるもっとも適当な語を，下記の語群のなかから選び，その番号を記入しなさい。

a．有形固定資産の減価のうち，企業経営上，当然に発生する減価を［　ア　］減価という。これには，使用または時の経過などにともなって生じる［　イ　］減価と，陳腐化や不適応化によって生じる機能的減価がある。

b．商品の払出単価の計算を，正当な理由なく先入先出法から移動平均法に変更することが認められないのは［　ウ　］の原則によるものである。この原則により財務諸表の期間比較が可能になり，また［　エ　］の防止ができる。

c．貸借対照表の純資産の部で表示される各項目の期末残高について，その期首残高が期中にどのように変動して期末残高に至ったかを明らかにする財務諸表を［　オ　］という。

1．単一性	2．正規の簿記	3．偶発的	4．株主資本等変動計算書
5．利益操作	6．物質的	7．経常的	8．キャッシュ・フロー計算書
9．継続性	10．明瞭性		

(2) 次の会計に関する用語の英語表記を，下記の語群のなかから選び，その番号を記入しなさい。

ア．発生主義　　イ．引当金

1．accrual basis	2．cash basis	3．provision
4．goodwill	5．merger	6．depreciation

2 次の各問いに答えなさい。

(1) 下記の当期の資料から，売価還元法によって［　　］のなかに入る適当な比率と金額を求めなさい。

① 資料ｉから，前期の期末商品棚卸高の原価率は［　ア　］%である。

② 前期よりも当期の原価率は高くなり，当期の期末商品棚卸高（原価）は ¥［　イ　］である。

資　　料

		（原　価）	（売　価）
i	期首商品棚卸高	¥ 572,000	¥ 880,000
ii	純　仕　入　高	7,310,000	10,380,000
iii	期末商品棚卸高	［　イ　］	910,000

(2) 次の資料により，令和○5年3月31日（連結決算日）における連結損益計算書・連結株主資本等変動計算書・連結貸借対照表の（　ア　）から（　エ　）にあてはまる金額を答えなさい。

連　結　損　益　計　算　書

P社　　　　令和○4年4月1日から令和○5年3月31日まで　　　（単位：千円）

売　上　原　価	(　　　)	売　上　高	(　　　)
給　　　料	(　　　)	受取配当金	(　　　)
支　払　利　息	(　　　)		
のれん償却	(　ア　)		
当期純利益	(　　　)		
	(　　　)		(　　　)
非支配株主に帰属する当期純利益	(　　　)	当期純利益	(　　　)
親会社株主に帰属する当期純利益	(　　　)		
	(　　　)		(　　　)

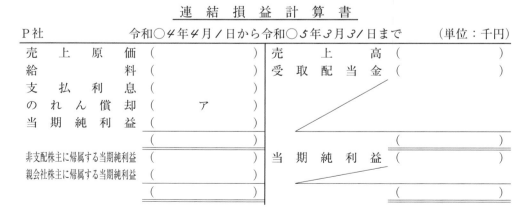

連結株主資本等変動計算書

P社　　令和○4年4月1日から令和○5年3月31日まで　　(単位：千円)

	資本金	利益剰余金	非支配株主持分
当期首残高	(　　)	(　　)	(　　)
当期変動額　剰余金の配当		(　　)	
親会社株主に帰属する当期純利益		(　イ　)	
株主資本以外の項目の当期変動額（純額）			(　　)
当期末残高	(　　)	(　　)	(　　)

連結貸借対照表

P社　　令和○5年3月31日　　(単位：千円)

諸資産	(　　)	諸負債	(　　)
土地	(　ウ　)	資本金	(　　)
のれん	(　　)	利益剰余金	(　　)
		非支配株主持分	(　エ　)
	(　　)		(　　)

資　　料

i　令和○5年3月31日における個別財務諸表

損益計算書

P社　令和○4年4月1日から令和○5年3月31日まで　(単位：千円)

売上原価	663,700	売上高	764,550
給料	93,800	受取配当金	1,450
当期純利益	8,500		
	766,000		766,000

損益計算書

S社　令和○4年4月1日から令和○5年3月31日まで　(単位：千円)

売上原価	228,300	売上高	292,980
給料	61,380		
支払利息	300		
当期純利益	3,000		
	292,980		292,980

株主資本等変動計算書

令和○4年4月1日から令和○5年3月31日まで　(単位：千円)

	資本金		利益剰余金	
	P社	S社	P社	S社
当期首残高	200,000	50,000	63,000	16,000
当期変動額　剰余金の配当			△5,000	△1,500
当期純利益			8,500	3,000
当期末残高	200,000	50,000	66,500	17,500

貸借対照表

P社　令和○5年3月31日　(単位：千円)

諸資産	197,800	諸負債	71,300
土地	92,000	資本金	200,000
子会社株式	48,000	利益剰余金	66,500
	337,800		337,800

貸借対照表

S社　令和○5年3月31日　(単位：千円)

諸資産	71,400	諸負債	49,900
土地	46,000	資本金	50,000
		利益剰余金	17,500
	117,400		117,400

ii　P社は，令和○4年3月31日にS社の発行する株式の70%を48,000千円で取得し支配した。なお，S社の取得日における土地の帳簿価額は46,000千円，時価は47,000千円であり，当期中に土地の売買取引はなかった。また，他の資産および負債の時価は帳簿価額に等しかった。

iii　のれんは償却期間を20年間とし，定額法により償却する。

iv　P社とS社相互間の債権・債務の取引や資産の売買はなかった。

(3) 東西商事株式会社と南北商事株式会社の下記の資料によって，

① 東西商事株式会社の次の金額と比率を求めなさい。

a．当期商品仕入高　　b．売上高総利益率　　c．売上高純利益率

② 南北商事株式会社の次の金額と比率を求めなさい。

a．当期商品仕入高　　b．売上高総利益率　　c．売上高純利益率

③ 次の文の[　　　]のなかに入る適当な比率を記入しなさい。また，{　　　}のなかからいずれか適当な語を選び，その番号を記入しなさい。

投下された資本が効率的に運用されているかを比較するため，自己資本の期末残高と税引後の当期純利益を用いて自己資本利益率を計算してみると，東西商事株式会社の自己資本利益率が[　ア　]%であるのに対して，南北商事株式会社の自己資本利益率は[　イ　]%であった。したがって，株主から出資された資本については，ウ{1．東西商事株式会社　2．南北商事株式会社}の方が効率的に運用しているといえる。

また，商品の販売効率をみるために，商品有高の平均と売上原価の期末残高を用いて商品回転率を計算してみると，東西商事株式会社の商品回転率が[　エ　]回であるのに対して，南北商事株式会社の商品回転率は[　オ　]回であった。なお，いずれの会社についても棚卸減耗損（棚卸減耗費）と商品評価損は発生していない。

資　　料

i　東西商事株式会社の期末の資産総額は¥46,400,000　期末の負債総額は¥20,300,000であった。なお，純資産の部はすべて株主資本で構成されている。

ii　南北商事株式会社の期末の資産総額は¥27,200,000　期末の負債総額は¥10,200,000であった。なお，純資産の部はすべて株主資本で構成されている。

iii　東西商事株式会社の損益計算書

損　益　計　算　書

東西商事株式会社　令和○4年4月1日から令和○5年3月31日まで　（単位：円）

Ⅰ 売上高		58,000,000
Ⅱ 売上原価		
1．期首商品棚卸高	5,480,000	
2．当期商品仕入高	(　　　)	
合計	(　　　)	
3．期末商品棚卸高	6,120,000	(　　　)
売上総利益		(　　　)
Ⅲ 販売費及び一般管理費		10,440,000
営業利益		(　　　)
Ⅳ 営業外収益		270,000
Ⅴ 営業外費用		850,000
経常利益		(　　　)
Ⅵ 特別損失		3,770,000
税引前当期純利益		(　　　)
法人税・住民税及び事業税		1,044,000
当期純利益		1,566,000

iv　南北商事株式会社の損益計算書

損　益　計　算　書

南北商事株式会社　令和○4年4月1日から令和○5年3月31日まで　（単位：円）

Ⅰ 売上高		(　　　)
Ⅱ 売上原価		
1．期首商品棚卸高	2,000,000	
2．当期商品仕入高	(　　　)	
合計	26,560,000	
3．期末商品棚卸高	(　　　)	24,480,000
売上総利益		9,520,000
Ⅲ 販売費及び一般管理費		(　　　)
営業利益		3,740,000
Ⅳ 営業外収益		1,230,000
Ⅴ 営業外費用		380,000
経常利益		(　　　)
Ⅵ 特別損失		340,000
税引前当期純利益		(　　　)
法人税・住民税及び事業税		1,870,000
当期純利益		(　　　)

3 京都物産株式会社の総勘定元帳勘定残高と付記事項および決算整理事項は，次のとおりであった。よって，報告式の損益計算書および報告式の貸借対照表を完成しなさい。

ただし，i　会社計算規則によること。

ii　会計期間は令和○4年4月1日から令和○5年3月31日までとする。

iii　その他有価証券の評価差額はすべて純資産の部に計上する。

iv　税効果会計を適用し，法定実効税率は30%とする。

元帳勘定残高

現　　金	¥3,253,040	当座預金	¥5,317,620	受取手形	¥2,855,000
売掛金	6,115,000	貸倒引当金	73,200	売買目的有価証券	3,064,000
繰越商品	2,560,000	仮払法人税等	428,900	備　　品	1,920,000
備品減価償却累計額	240,000	土　　地	9,540,000	ソフトウェア	296,000
その他有価証券	2,735,000	繰延税金資産	14,400	支払手形	1,360,900
買掛金	4,948,720	短期借入金	600,000	長期借入金	3,000,000
退職給付引当金	1,650,540	資本金	18,000,000	資本準備金	1,800,000
利益準備金	930,000	別途積立金	400,000	繰越利益剰余金	578,900
売　　上	48,811,270	受取地代	1,122,000	仕入割引	15,000
雑　　益	11,000	仕　　入	30,850,150	給　　料	10,399,210
発送費	498,030	広告料	621,520	支払家賃	960,000
保険料	1,440,000	通信費	364,680	消耗品費	39,020
租税公課	28,290	雑　　費	9,170	支払利息	27,000
手形売却損	45,500	固定資産除却損	160,000		

付記事項

① 長期借入金¥3,000,000のうち¥1,500,000は，令和○5年11月30日に返済日が到来する借入金である。

決算整理事項

a．期末商品棚卸高　帳簿棚卸数量　1,000個　原　価　@¥2,340
実地棚卸数量　960 〃　正味売却価額　〃 〃2,300
ただし，棚卸減耗損（棚卸減耗費）および商品評価損は売上原価の内訳項目とする。

b．貸倒見積高　売上債権の期末残高に対し，それぞれ2%と見積もり，貸倒引当金を設定する。ただし，税法上，損金算入限度額は¥100,000であったため，超過額は損金不算入となった。

c．有価証券評価高　保有する株式は次のとおりである。

	銘　柄	株数	1株の帳簿価額	1株の時価
売買目的有価証券	北東通信株式会社	800株	¥3,830	¥3,760
その他有価証券	奈良商事株式会社	500株	¥5,470	¥5,680

d．備品減価償却高　取得原価は¥1,920,000　残存価額は零（0）　耐用年数は8年とし，定額法による。ただし，税法上の法定耐用年数は10年であった。

e．ソフトウェア償却高　¥　74,000

f．保険料前払高　保険料のうち¥1,080,000は，令和○4年8月1日から3年分の保険料を支払ったものであり，前払高を次期に繰り延べる。

g．地代前受高　¥　330,000

h．退職給付引当金繰入額　¥　661,100

i．法人税・住民税及び事業税額　¥1,077,480

4 下記の取引の仕訳を示しなさい。ただし，勘定科目は，次のなかからもっとも適当なものを使用すること。

現金	当座預金	売掛金	売買目的有価証券
繰越商品	建物	備品	リース資産
鉱業権	のれん	買掛金	リース債務
資本金	資本準備金	その他資本剰余金	利益準備金
別途積立金	繰越利益剰余金	売上	有価証券利息
仕入割引	有価証券売却益	仕入	鉱業権償却
支払リース料	開発費	支払利息	有価証券売却損

a．北海道商店に対する買掛金¥750,000の支払いにあたり，支払期日前のため，契約によって1.8%の割引を受け，割引額を差し引いた金額は小切手を振り出して支払った。

b．資源開発のために特別に¥6,000,000を小切手を振り出して支払った。

c．南西商事株式会社は，株主総会の決議によって資本金¥5,400,000を減少して，その他資本剰余金を同額増加させたうえで，繰越利益剰余金勘定の借方残高¥5,400,000をてん補した。

d．売買目的で保有している兵庫商事株式会社の社債　額面¥8,000,000のうち¥5,000,000を額面¥100につき¥98.40で売却し，代金は端数利息¥40,000とともに小切手で受け取った。ただし，この額面¥8,000,000の社債は，当期に額面¥100につき¥97.72で買い入れたものであり，同時に買入手数料¥46,400および端数利息¥32,000を支払っている。

e．決算にあたり，取得原価¥90,000,000の鉱区に対する鉱業権を生産高比例法を用いて償却した。ただし，この鉱区の推定埋蔵量は600万トン，当期の採掘量は21万トンであり，鉱業権の残存価額は零（0）である。

f．期首（令和○4年4月1日）に営業用コピー機のリース契約を結んでいたが，本日（令和○5年3月31日），1年分のリース料を支払った。なお，当該営業用コピー機は次の条件でリースを受けている。また，このリース取引は所有権移転外ファイナンス・リース取引に該当し，利子抜き法（利息相当額を控除する方法）により処理している。利息相当額は定額法により各期に配分している。

条　件

リース期間：6年　　　　リース料：年額¥55,000（毎年3月末現金支払い）

見積現金購入価額：¥327,000

g．滋賀商事株式会社は，株式会社大津商会を吸収合併することになり，株式800株を1株あたり¥24,000で発行して，株式会社大津商会の株主に交付した。ただし，この合併により滋賀商事株式会社において増加する資本金の額は¥13,000,000　資本準備金の額は¥4,000,000とする。なお，株式会社大津商会の貸借対照表に示されている資産および負債の帳簿価額は時価に等しいものとする。

貸借対照表

株式会社大津商会　　　　令和○年4月1日　　　　(単位：円)

売掛金	6,900,000	買掛金	3,600,000
商品	5,800,000	資本金	18,500,000
建物	9,400,000		
	22,100,000		22,100,000

第10回　簿記実務検定模擬試験問題　1級　会　計〔解　答　用　紙〕

1

(1)

ア	イ	ウ	エ	オ

(2)

ア	イ

2

(1)

ア	%	イ	¥

(2)

ア	千円	イ	千円
ウ	千円	エ	千円

(3)

①

a	¥	b	%
c	%		

②

a	¥	b	%
c	%		

③

ア	%	イ	%
ウ			
エ	回	オ	回

1 得点	**2** 得点	**3** 得点	**4** 得点	総得点

年	組	番　号	名　　前

3

損　益　計　算　書

京都物産株式会社　　令和○4年4月1日から令和○5年3月31日まで　　(単位：円)

Ⅰ　売　　上　　高		(　　　)
Ⅱ　売　上　原　価		
1．期首商品棚卸高	(　　　)	
2．当期商品仕入高	(　　　)	
合　　計	(　　　)	
3．期末商品棚卸高	(　　　)	
	(　　　)	
4．(　　　)	(　　　)	
5．(　　　)	(　　　)	(　　　)
売上総利益		(　　　)
Ⅲ　販売費及び一般管理費		
1．給　　料	(　　　)	
2．発　送　費	(　　　)	
3．広　告　料	(　　　)	
4．(　　　)	(　　　)	
5．(　　　)	(　　　)	
6．(　　　)	(　　　)	
7．(　　　)	(　　　)	
8．支　払　家　賃	(　　　)	
9．保　険　料	(　　　)	
10．通　信　費	(　　　)	
11．消　耗　品　費	(　　　)	
12．租　税　公　課	(　　　)	
13．(　　　)	(　　　)	(　　　)
営　業　利　益		(　　　)
Ⅳ　営　業　外　収　益		
1．(　　　)	(　　　)	
2．(　　　)	(　　　)	
3．(　　　)	(　　　)	(　　　)
Ⅴ　営　業　外　費　用		
1．(　　　)	(　　　)	
2．(　　　)	(　　　)	
3．(　　　)	(　　　)	(　　　)
経　常　利　益		(　　　)
Ⅵ　特　別　損　失		
1．(　　　)	(　　　)	(　　　)
税引前当期純利益		(　　　)
法人税・住民税及び事業税	(　　　)	
法人税等調整額	△(　　　)	(　　　)
当　期　純　利　益		(　　　)

貸　借　対　照　表

京都物産株式会社　　令和○5年3月31日　　(単位：円)

資　産　の　部

Ⅰ　流　動　資　産			
1．現　金　預　金		(　　　)	
2．受　取　手　形	(　　　)		
貸　倒　引　当　金	△(　　　)	(　　　)	
3．売　掛　金	(　　　)		
貸　倒　引　当　金	△(　　　)	(　　　)	
4．(　　　)		(　　　)	
5．(　　　)		(　　　)	
6．(　　　)		(　　　)	
流動資産合計			(　　　)

Ⅱ 固定資産			
(1) 有形固定資産			
1. 備品	(　　　)		
減価償却累計額	△ (　　　)	(　　　)	
2. 土地		(　　　)	
有形固定資産合計		(　　　)	
(2) 無形固定資産			
1. (　　　)		(　　　)	
無形固定資産合計		(　　　)	
(3) 投資その他の資産			
1. (　　　)		(　　　)	
2. (　　　)		(　　　)	
投資その他の資産合計		(　　　)	
固定資産合計			(　　　)
資産合計			(　　　)

負債の部

Ⅰ 流動負債		
1. 支払手形	(　　　)	
2. 買掛金	(　　　)	
3. (　　　)	(　　　)	
4. (　　　)	(　　　)	
5. (　　　)	(　　　)	
流動負債合計		(　　　)
Ⅱ 固定負債		
1. (　　　)	(　　　)	
2. (　　　)	(　　　)	
3. (　　　)	(　　　)	
固定負債合計		(　　　)
負債合計		(　　　)

純資産の部

Ⅰ 株主資本		
(1) 資本金		18,000,000
(2) 資本剰余金		
1. 資本準備金	1,800,000	
資本剰余金合計		1,800,000
(3) 利益剰余金		
1. 利益準備金	930,000	
2. その他利益剰余金		
① 別途積立金	(　　　)	
② 繰越利益剰余金	(　　　)	
利益剰余金合計		(　　　)
株主資本合計		(　　　)
Ⅱ 評価・換算差額等		
1. その他有価証券評価差額金	(　　　)	
評価・換算差額等合計		(　　　)
純資産合計		(　　　)
負債及び純資産合計		(　　　)

3 得点	

4

	借　　方	貸　　方
a		
b		
c		
d		
e		
f		
g		

4 得点	

公益財団法人 全国商業高等学校協会 主催
文部科学省 後援

令和５年度　第９７回
簿記実務検定試験
第１級　会計

（令和６年１月２８日実施）

時間　９時００分から１０時３０分（制限時間９０分）

注意事項

1　監督者の指示があるまで，問題を開いてはいけません。

2　問題用紙は１ページから７ページまであります。

3　問題用紙の落丁や印刷が不鮮明である場合には，挙手をして監督者の指示に従いなさい。なお，問題についての質問には応じません。

4　解答はすべて解答用紙に記入しなさい。

5　途中退室は原則できません。

6　試験終了後，問題用紙も回収します。

年	組	番号	名前

1

次の各問いに答えなさい。

(1) 次の各文の［　］にあてはまるもっとも適当な語を，下記の語群のなかから選び，その番号を記入しなさい。

a．企業会計は，すべての取引につき［ア］の原則にしたがって，正確な会計帳簿を作成しなければならない。しかし，勘定科目の性質や金額の大きさによっては，本来の厳密な処理方法によらず他の簡便な方法をとることも認められる。これは［イ］の原則によるものである。

b．企業会計上と課税所得計算上の資産または負債の額に相違等がある場合に，差異が生じることがある。この差異を調整して，税引前当期純利益と課税所得を合理的に対応させる手続きを税効果会計という。差異には，将来の期間で解消される貸倒引当金の繰入限度超過額やその他有価証券の評価差額などがあり，このような差異を［ウ］という。

c．株式会社が，すでに発行した自社の株式の一部を取得して保有している場合，この株式を自己株式という。期末に自己株式を保有している場合は，貸借対照表において，［エ］から控除する形式で表示する。

1. 重要性　2. 永久差異　3. 資産の部　4. 一時差異
5. 純資産の部　6. 単一性　7. 正規の簿記　8. 保守主義

(2) 次の文を読み，各問いに答えなさい。

棚卸資産の取得原価は，正しい期間損益を計算するために，当期の(ア)費用となる部分と［イ］として次期に繰り越す部分に分ける必要がある。これを［ウ］の原則という。

a．下線部(ア)を英語表記にした場合にあてはまる語を選び，その番号を記入しなさい。

1. Assets　2. Revenues　3. Expenses　4. Liabilities

b．［イ］と［ウ］にあてはまるもっとも適当な語を選び，その番号を記入しなさい。

1. 費用配分　2. 資産　3. 収益　4. 総額主義

2

次の各問いに答えなさい。

(1) 右の資料により，令和5年3月31日（連結決算日）における次の連結損益計算書・連結株主資本等変動計算書・連結貸借対照表の（ア）から（エ）にあてはまる金額を答えなさい。

連結損益計算書

P社　令和4年4月1日から令和5年3月31日まで　（単位：千円）

売上原価	225,900	売上高	（ア）
給料	84,600		
のれん償却	（イ）		
当期純利益	（　）		
	（　）		（　）
非支配株主に帰属する当期純利益	900	当期純利益	（　）
親会社株主に帰属する当期純利益	（　）		
	（　）		（　）

連結株主資本等変動計算書

P社　　令和4年4月1日から令和5年3月31日まで　（単位：千円）

	資本金	利益剰余金	非支配株主持分
当期首残高	80,000	13,200	9,000
当期変動額　剰余金の配当		△3,400	
親会社株主に帰属する当期純利益		(　　)	
株主資本以外の項目の当期変動額(純額)			(　ウ　)
当期末残高	(　　)	(　　)	(　　)

連結貸借対照表

P社　　令和5年3月31日　（単位：千円）

諸資産	173,200	諸負債	67,200
のれん	1,350	資本金	(　　)
		利益剰余金	(　エ　)
		非支配株主持分	(　　)
	(　　)		(　　)

資料

i　令和5年3月31日における個別財務諸表

損益計算書

P社　令和4年4月1日から令和5年3月31日まで（単位：千円）

売上原価	171,900	売上高	242,650
給料	64,000	受取配当金	450
当期純利益	7,200		
	243,100		243,100

損益計算書

S社　令和4年4月1日から令和5年3月31日まで（単位：千円）

売上原価	54,000	売上高	76,850
給料	20,600		
当期純利益	2,250		
	76,850		76,850

株主資本等変動計算書

令和4年4月1日から令和5年3月31日まで　（単位：千円）

	資本金		利益剰余金	
	P社	S社	P社	S社
当期首残高	80,000	18,000	13,200	4,500
当期変動額　剰余金の配当			△3,400	△750
当期純利益			7,200	2,250
当期末残高	80,000	18,000	17,000	6,000

貸借対照表

P社　令和5年3月31日　（単位：千円）

諸資産	136,200	諸負債	54,200
子会社株式	15,000	資本金	80,000
		利益剰余金	17,000
	151,200		151,200

貸借対照表

S社　令和5年3月31日　（単位：千円）

諸資産	37,000	諸負債	13,000
		資本金	18,000
		利益剰余金	6,000
	37,000		37,000

ii　P社は，令和4年3月31日にS社の発行する株式の60％を15,000千円で取得し支配した。なお，取得日のS社の資本は，資本金18,000千円　利益剰余金4,500千円であった。また，諸資産および諸負債の時価は帳簿価額に等しかった。

iii　のれんは償却期間を10年間とし，定額法により償却する。

iv　P社とS社相互間の債権・債務の取引や資産の売買はなかった。

(2)　次の文を読んで，貸倒見積高を求めなさい。

宮崎商事株式会社は，東西商店に￥1,520,000を貸し付けていたが，同店に重大な問題が生じる可能性が高いことが判明した。よって，決算にあたり上記の貸付金を貸倒懸念債権に区分し，財務内容評価法により貸倒見積高を算定した。なお，担保処分見込額は￥1,060,000であり，貸倒見積率を50％とした。

(3)　熊本産業株式会社の右の資料によって，次の各問いに答えなさい。

①　（　ア　）から（　ウ　）に入る金額および比率を求めなさい。なお，総資本利益率は，税引後の当期純利益と，期首と期末の総資本の平均を用いること。

②　次の文の［　　　］のなかに入る適当な比率を記入しなさい。また，｛　　　｝のなかから，いずれか適当な語を選び，その番号を記入しなさい。

収益性を調べるために，売上高総利益率を計算すると，第2期は40.0％で，第3期は［　エ　］％である。第3期は第2期に比べ，売上高総利益率の指標でみると，収益性がオ｛1. 高く　2. 低く｝なっている。売上高営業利益率を計算すると，第2期は15.0％で，第3期は［　カ　］％である。第3期は第2期に比べ，売上高営業利益率の指標でみると，収益性が高くなっている。これは，キ｛1. 広告料　2. 有価証券売却損｝などの販売費及び一般管理費が減少したことが理由に挙げられる。

③　資料ivより判明したことについて説明している最も適切な文章を，次のなかから1つ選び，その番号を記入しなさい。

1. 繰越利益剰余金を原資として700千円の配当がおこなわれた。
2. 剰余金の配当のうち，資本準備金と利益準備金の合計額が，資本金の4分の1に達したため，差額分の70千円を利益準備金に計上した。
3. 増資による株式の発行がおこなわれており，払込金額のうち資本金とする額について会社法に規定する原則を適用した。

資　　料

i　比較損益計算書

比 較 損 益 計 算 書　(単位：千円)

項　　目	第2期	第3期
売　上　高	10,000	10,000
売　上　原　価	6,000	7,000
売　上　総　利　益	4,000	3,000
販売費及び一般管理費	2,500	1,000
営　業　利　益	1,500	2,000
営　業　外　費　用	100	100
経　常　利　益	1,400	1,900
特　別　利　益	200	400
税引前当期純利益	1,600	2,300
法人税・住民税及び事業税	430	(　　　)
当　期　純　利　益	1,170	(　ア　)

ii　第2期と第3期の金額と財務比率

	第2期	第3期
固定資産合計	10,100 千円	11,880 千円
資　産　合　計	20,000 千円	22,500 千円
固　定　比　率	(　イ　) %	99.0 %
総資本利益率	(　ウ　) %	8.0 %

※総資本利益率は，税引後の当期純利益と，期首と期末の総資本の平均を用いている。

iii　第1期の期末資産合計　16,000千円

iv　第3期の株主資本等変動計算書

(第3期)　株 主 資 本 等 変 動 計 算 書

熊本産業株式会社　令和4年4月1日から令和5年3月31日まで　(単位：千円)

	資本金	資本剰余金	利益剰余金				純資産合計
				その他利益剰余金			
		資本準備金	利益準備金	新築積立金	別途積立金	繰越利益剰余金	
当期首残高	6,300	520	600	900	380	1,300	10,000
当期変動額							——
剰余金の配当			70			△770	△700
新築積立金の積立				100		△100	——
別途積立金の積立					200	△200	——
株式の発行	500	500					1,000
新築積立金の取り崩し				△1,000		1,000	——
当期純利益						1,700	1,700
当期変動額合計	500	500	70	△900	200	1,630	2,000
当期末残高	6,800	1,020	670	——	580	2,930	12,000

3　長野物産株式会社の総勘定元帳勘定残高と付記事項および決算整理事項によって，

(1)　報告式の貸借対照表を完成しなさい。

(2)　報告式の損益計算書（営業利益まで）を完成しなさい。

ただし，i　会社計算規則によること。

ii　会計期間は令和4年4月1日から令和5年3月31日までとする。

iii　税効果会計は適用しない。

元帳勘定残高

現　金	¥ 708,000	当座預金	¥ 2,321,000	受取手形	¥ 1,260,000
売　掛　金	2,540,000	貸倒引当金	12,000	売買目的有価証券	2,300,000
繰越商品	1,800,000	仮払法人税等	380,000	仮　払　金	800,000
建　物	24,000,000	建物減価償却累計額	6,240,000	備　品	2,840,000
備品減価償却累計額	710,000	土　地	9,300,000	建設仮勘定	1,900,000
ソフトウェア	700,000	その他有価証券	3,200,000	支払手形	720,000
買　掛　金	829,000	手形借入金	380,000	長期借入金	1,600,000
退職給付引当金	4,050,000	資　本　金	27,000,000	資本準備金	4,280,000
利益準備金	1,890,000	別途積立金	506,000	繰越利益剰余金	634,000
売　上	27,930,000	新株予約権戻入益	270,000	仕　入	17,139,000
給　料	4,260,000	発　送　費	50,000	保　険　料	799,000
租税公課	28,400	水道光熱費	506,000	雑　費	9,600
支払利息	45,000	為替差損益（借方残高）	123,000	固定資産売却損	42,000

付 記 事 項

①　仮払金 ¥800,000 は，退職した従業員に対する退職一時金であったので，退職給付引当金勘定を用いて処理する。

決算整理事項

a．期末商品棚卸高　帳簿棚卸数量　2,000個　原　価　@¥1,000
実地棚卸数量　1,970〃　正味売却価額　〃〃　950
ただし，棚卸減耗損および商品評価損は売上原価の内訳項目とする。

b．貸倒見積高　受取手形と売掛金の期末残高に対し，それぞれ2%と見積もり，貸倒引当金を設定する。

c．有価証券評価高　保有株式は次のとおりである。
売買目的有価証券：南北商事株式会社　2,000株　時価　1株　¥1,100
その他有価証券：大分産業株式会社　500株　時価　1株　¥6,700

d．減価償却高　建物：取得原価 ¥24,000,000　残存価額は零（0）耐用年数は50年とし，定額法により計算している。
備品：取得原価 ¥2,840,000　毎期の償却率を25%とし，定率法により計算している。

e．ソフトウェア償却高　ソフトウェアは，当期首に取得したものであり，5年間にわたり定額法により計算する。

f．保険料前払高　保険料のうち ¥630,000 は，令和5年2月1日から3年分の保険料として支払ったものであり，前払高を次期に繰り延べる。

g．利息未払高　¥ 9,000

h．退職給付引当金繰入額　¥1,650,000

i．法人税・住民税及び事業税額　¥ 782,000

問題を読みやすくするために，このページは空白にしてあります。

4 は次ページにあります。

4 下記の取引の仕訳を示しなさい。ただし，勘定科目は，次のなかからもっとも適当なものを使用すること。

現金	当座預金	受取手形	売掛金
売買目的有価証券	営業外受取手形	建物	備品
備品減価償却累計額	土地	のれん	満期保有目的債券
買掛金	保証債務	長期借入金	資本金
自己株式	新株予約権	売上	有価証券利息
受取利息	保証債務取崩益	仕入	修繕費
保証債務費用	固定資産売却損	固定資産除却損	法人税等

a．満期まで保有する目的で，山梨物産株式会社の額面 ¥50,000,000 の社債を，額面 ¥100 につき ¥98.00 で買い入れ，代金は買入手数料 ¥20,000 および端数利息 ¥15,000 とともに小切手を振り出して支払った。

b．佐賀産業株式会社は，建物の改良と修繕をおこない，その代金 ¥6,200,000 を小切手を振り出して支払った。ただし，代金のうち ¥5,270,000 は建物の使用可能期間を延長させる資本的支出と認められ，残額は通常の維持・管理のための収益的支出とした。

c．岐阜株式会社は，かねて，裏書譲渡していた静岡商店振り出しの約束手形 ¥300,000 が期日に決済されたとの通知を受けた。なお，この手形を裏書譲渡したさいに，手形金額の2％の保証債務を計上している。

d．鹿児島商事株式会社（決算年1回）は，取得原価 ¥1,380,000 の備品を第19期初頭に除却し，廃棄処分した。ただし，この備品は，第14期初頭に買い入れたもので，定額法により，残存価額は零（0）耐用年数は6年として減価償却費を計算し，間接法で記帳してきた。なお，この備品の評価額は零（0）である。

e．長崎商事株式会社は，次の財政状態にある東西商会を取得し，代金は小切手を振り出して支払った。ただし，同商会の平均利益額は ¥412,000 同種企業の平均利益率を5％として収益還元価値を求め，その金額を取得対価とした。なお，東西商会の貸借対照表に表示されている資産および負債の時価は帳簿価額に等しいものとする。

東西商会　　　貸借対照表　　　（単位：円）

売掛金	1,670,000	買掛金	800,000
土地	8,530,000	長期借入金	1,500,000
		資本金	7,900,000
	10,200,000		10,200,000

f．福岡商事株式会社は，ロサンゼルスカンパニーと外貨建取引をしており，本日，商品 $2,000 を輸入し，代金は掛けとした。なお，輸入時の為替相場は $1 あたり ¥145 であった。

g．愛知産業株式会社は，次の条件で新株予約権を発行し，受け取った払込金額は当座預金とした。

発行条件	
発行総数	100個（新株予約権1個につき100株を付与）
払込金額	新株予約権1個につき ¥5,000
権利行使価額	1株につき ¥13,000
権利行使期間	令和5年7月1日から令和6年6月30日

公益財団法人 全国商業高等学校協会主催・文部科学省後援

第97回　簿記実務検定　1級　会　計〔解答用紙〕

1

(1)

a		b	c
ア	イ	ウ	エ

(2)

a	b	
ア	イ	ウ

2

(1)

ア	千円	イ	千円
ウ	千円	エ	千円

(2)

¥

(3)

①

ア	イ	ウ
千円	%	%

②

エ	オ	カ	キ
%		%	

③

1 得点		2 得点		3 得点		4 得点		総得点	

年	組	番　号	名　　前

3

(1)

貸　借　対　照　表

長野物産株式会社　　令和5年3月31日　　(単位：円)

資　産　の　部

Ⅰ 流　動　資　産			
1. 現　金　預　金		3,029,000	
2. 受　取　手　形	(　　　)		
貸　倒　引　当　金	(　　　)	(　　　)	
3. 売　掛　金	(　　　)		
貸　倒　引　当　金	(　　　)	(　　　)	
4. (　　　)		(　　　)	
5. (　　　)		(　　　)	
6. (　　　)		(　　　)	
流　動　資　産　合　計			(　　　)
Ⅱ 固　定　資　産			
(1) 有　形　固　定　資　産			
1. 建　物	24,000,000		
減価償却累計額	(　　　)	(　　　)	
2. 備　品	2,840,000		
減価償却累計額	(　　　)	(　　　)	
3. 土　地		9,300,000	
4. 建　設　仮　勘　定		1,900,000	
有形固定資産合計		(　　　)	
(2) 無　形　固　定　資　産			
1. ソ　フ　ト　ウ　ェ　ア		(　　　)	
無形固定資産合計		(　　　)	
(3) 投資その他の資産			
1. (　　　)		(　　　)	
2. (　　　)		(　　　)	
投資その他の資産合計		(　　　)	
固　定　資　産　合　計			(　　　)
資　産　合　計			(　　　)

負　債　の　部

Ⅰ 流　動　負　債			
1. 支　払　手　形		720,000	
2. 買　掛　金		829,000	
3. 短　期　借　入　金		380,000	
4. (　　　)		(　　　)	
5. 未　払　法　人　税　等		(　　　)	
流　動　負　債　合　計			(　　　)
Ⅱ 固　定　負　債			
1. 長　期　借　入　金		1,600,000	
2. (　　　)		(　　　)	
固　定　負　債　合　計			(　　　)
負　債　合　計			(　　　)

純資産の部

Ⅰ 株主資本		
(1) 資本金		27,000,000
(2) 資本剰余金		
1. 資本準備金	4,280,000	
資本剰余金合計		4,280,000
(3) 利益剰余金		
1. 利益準備金	1,890,000	
2. その他利益剰余金		
① 別途積立金	506,000	
② 繰越利益剰余金	(　　)	
利益剰余金合計		(　　)
株主資本合計		(　　)
Ⅱ 評価・換算差額等		
1. その他有価証券評価差額金	(　　)	
評価・換算差額等合計		(　　)
純資産合計		(　　)
負債及び純資産合計		(　　)

(2)

損益計算書

長野物産株式会社　　令和4年4月1日から令和5年3月31日まで　　(単位：円)

Ⅰ 売上高		27,930,000
Ⅱ 売上原価		
1. 期首商品棚卸高	1,800,000	
2. 当期商品仕入高	17,139,000	
合計	18,939,000	
3. 期末商品棚卸高	(　　)	
	(　　)	
4. (　　)	(　　)	
5. (　　)	(　　)	(　　)
売上総利益		(　　)
Ⅲ 販売費及び一般管理費		
1. 給料	4,260,000	
2. 発送費	50,000	
3. (　　)	(　　)	
4. (　　)	(　　)	
5. (　　)	(　　)	
6. 退職給付費用	(　　)	
7. 保険料	(　　)	
8. 租税公課	28,400	
9. 水道光熱費	506,000	
10. (　　)	(　　)	(　　)
営業利益		(　　)

3 得点	

4

	借　　　　　方	貸　　　　　方
a		
b		
c		
d		
e		
f		
g		

4 得点	

第97回簿記実務検定試験問題(第1級 会計)解答

ポイント

1

(1)a．アは正規の簿記の原則（企業会計原則の一般原則２），イは重要性の原則（企業会計原則注解１）の説明である。

b．企業会計と税法の相違により生じる差異には，将来においてその差異が解消し，税効果会計の対象となる一時差異と，将来においてその差異が永久に解消せず，税効果会計の対象とならない永久差異がある。

c．期末に保有する自己株式は，純資産の部の株主資本の末尾に自己株式として一括して控除する形式で表示する（自己株式及び準備金の額の減少等に関する会計基準第８項）。

(2)a．

1. Assets	資産
2. Revenues	収益
3. Expenses	費用
4. Liabilities	負債

b．費用配分の原則の説明である（企業会計原則の貸借対照表原則５）。

2

(1)令和５年３月31日（連結決算日）における連結仕訳を示すと次のようになる。

①投資と資本の相殺消去仕訳（単位：千円）

(借)	資本金	*18,000*	(貸)	子会社株式	*15,000*
	利益剰余金当期首残高	*4,500*		非支配株主持分	*9,000*
	のれん	*1,500*			

②のれんの償却（単位：千円）

(借)	のれん償却	*150*	(貸)	のれん	*150*

③子会社の当期純利益の配分（単位：千円）

(借)	非支配株主に帰属する当期純利益	*900*	(貸)	非支配株主持分	*900*

④配当金の修正（単位：千円）

(借)	受取配当金	*450*	(貸)	剰余金の配当	*450*
(借)	非支配株主持分	*300*	(貸)	剰余金の配当	*300*

①(資本金*18,000*千円＋利益剰余金*4,500*千円)×非支配株主の株式保有割合40%
＝非支配株主持分*9,000*千円
のれんの金額は仕訳の貸借差額から*1,500*千円となる。
②のれん*1,500*千円÷償却期間10年＝のれん償却*150*千円
③Ｓ社の当期純利益*2,250*千円×非支配株主の株式保有割合40%
＝非支配株主に帰属する当期純利益*900*千円
④Ｓ社の配当金*750*千円×Ｐ社の株式保有割合60%＝受取配当金修正額*450*千円
Ｓ社の配当金*750*千円×非支配株主の株式保有割合40%
＝非支配株主持分修正額*300*千円

ア．Ｐ社売上高*242,650*千円＋Ｓ社売上高*76,850*千円＝連結P/L売上高*319,500*千円
イ．②より，のれん償却*150*千円
ウ．③非支配株主持分*900*千円－④非支配株主持分修正額*300*千円
＝非支配株主持分当期変動額*600*千円
エ．当期純利益は連結P/Lの貸借差額から*8,850*千円となる。
当期純利益*8,850*千円－③非支配株主に帰属する当期純利益*900*千円
＝親会社株主に帰属する当期純利益*7,950*千円

1 (小計14点)

(1)

a		b	c
ア	イ	ウ	エ
7	**1**	**4**	**5**
②	②	②	②

(2)

a	b	
ア	イ	ウ
3	**2**	**1**
②	②	②

2 (小計22点)

(1)

ア	***319,500*** 千円 ②	イ	***150*** 千円 ②
ウ	***600*** 千円 ②	エ	***17,750*** 千円 ②

(2)

¥ ***230,000*** ②

(3)

①

ア	イ	ウ
1,700 千円 ②	**101.0** **(101)** % ②	**6.5** % ②

②

エ	オ	カ	キ
30.0 **(30)** %	**2**	**20.0** **(20)** %	**1**

(エ・オで②，カ・キで②)

③

1 ②

P社の利益剰余金当期首残高13,200千円
＋親会社株主に帰属する当期純利益7,950千円－P社の剰余金の配当3,400千円
＝利益剰余金当期末残高17,750千円

(2)(債権金額￥1,520,000－担保処分見込額￥1,060,000)×貸倒見積率50%
＝貸倒見積高￥230,000

(3)

①ア．第3期の当期純利益を，総資本利益率8.0%から求める。このとき，期首と期末の総資本の平均を用いて計算することに注意する。
(第2期の資産合計20,000千円＋第3期の資産合計22,500千円)÷2
＝期首と期末の総資本の平均21,250千円
(当期純利益？千円÷期首と期末の総資本の平均21,250千円)×100
＝総資本利益率8.0%なので，
期首と期末の総資本の平均21,250千円×0.08＝当期純利益1,700千円

イ．資料ⅳの第3期の株主資本等変動計算書から，純資産合計の当期首残高10,000千円が第2期の自己資本の金額となることを読み取ってから，第2期の固定比率を求める。
(固定資産合計10,100千円÷自己資本10,000千円)×100＝固定比率101.0%

ウ．資料ⅲの第1期の期末資産合計を用いて，期首と期末の総資本の平均を計算してから，第2期の総資本利益率を求める。
(第1期の資産合計16,000千円＋第2期の資産合計20,000千円)÷2
＝期首と期末の総資本の平均18,000千円
(当期純利益1,170千円÷期首と期末の総資本の平均18,000千円)×100
＝総資本利益率6.5%

②エ．(売上総利益3,000千円÷売上高10,000千円)×100＝売上高総利益率30.0%

オ．第2期の売上高総利益率は40.0%であるのに対し，第3期の売上高総利益率はエより30.0%であるから，収益性が低くなっている。

カ．(営業利益2,000千円÷売上高10,000千円)×100＝売上高営業利益率20.0%

キ．広告料は販売費及び一般管理費であり，有価証券売却損は営業外費用である。

③1．資料ⅳの第3期の株主資本等変動計算書から，剰余金の配当の取引を推定する。利益準備金が計上されているので，繰越利益剰余金を原資として配当がおこなわれていることがわかる。仕訳を示すと以下のようになる（単位：千円)。

(借) 繰越利益剰余金	770	(貸) 未払配当金	700
		利益準備金	70

繰越利益剰余金の減少額770千円のうち，利益準備金に振り替えた70千円以外の部分は配当に充てられたと考えられるため，配当額は700千円となる。したがって，1の文章は正しい。

2．(ア)剰余金の配当が株式の発行の前におこなわれた場合，
資本金6,300千円×(1/4)－(資本準備金520千円＋利益準備金600千円)
＝455千円＞70千円となるため不適。
(イ)剰余金の配当が株式の発行の後におこなわれた場合，
資本金6,800千円×(1/4)－(資本準備金1,020千円＋利益準備金600千円)
＝80千円＞70千円となるため不適。
したがって，2の文章は誤りである。

3．「払込金額のうち資本金とする額について会社法に規定する原則を適用した」とは，払込金額をすべて資本金に計上したという意味であるが，資料ⅳの第3期の株主資本等変動計算書から，株式の発行により増加した1,000千円のうち，500千円は資本準備金に計上されていることがわかる。したがって，3の文章は誤りである。

3 (小計36点)

(1)

貸借対照表

長野物産株式会社　令和5年3月31日　(単位：円)

資産の部

Ⅰ 流動資産			
1. 現金預金		3,029,000	
2. 受取手形	(**1,260,000**)		
貸倒引当金	(**25,200**)	(**1,234,800**)	
3. 売掛金	(**2,540,000**)		
貸倒引当金	(**50,800**)	(**2,489,200**)	
4.(**有価証券**)		(**2,200,000**) ④	
5.(**商品**)		(**1,871,500**)	
6.(**前払費用**)		(**210,000**)	
流動資産合計			(**11,034,500**)
Ⅱ 固定資産			
(1) 有形固定資産			
1. 建物	24,000,000		
減価償却累計額	(**6,720,000**)	(**17,280,000**)	
2. 備品	2,840,000		
減価償却累計額	(**1,242,500**)	(**1,597,500**)	
3. 土地		9,300,000	
4. 建設仮勘定		1,900,000	
有形固定資産合計		(**30,077,500**)	
(2) 無形固定資産			
1. ソフトウェア		(**560,000**)	
無形固定資産合計		(**560,000**)	
(3) 投資その他の資産			
1.(**投資有価証券**)		(**3,350,000**)	
2.(**長期前払費用**)		(**385,000**) ④	
投資その他の資産合計		(**3,735,000**)	
固定資産合計			(**34,372,500**)
資産合計			(**45,407,000**)

負債の部

Ⅰ 流動負債			
1. 支払手形		720,000	
2. 買掛金		829,000	
3. 短期借入金		380,000	
4.(**未払費用**)		(**9,000**) ④	
5. 未払法人税等		(**402,000**)	
流動負債合計			(**2,340,000**)
Ⅱ 固定負債			
1. 長期借入金		1,600,000	
2.(**退職給付引当金**)		(**4,900,000**) ④	
固定負債合計			(**6,500,000**)
負債合計			(**8,840,000**)

純資産の部

Ⅰ 株主資本			
(1) 資本金			27,000,000
(2) 資本剰余金			
1. 資本準備金		4,280,000	
資本剰余金合計			4,280,000
(3) 利益剰余金			
1. 利益準備金		1,890,000	
2. その他利益剰余金			
① 別途積立金		506,000	
② 繰越利益剰余金		(**2,741,000**) ④	
利益剰余金合計			(**5,137,000**)
株主資本合計			(**36,417,000**)
Ⅱ 評価・換算差額等			
1. その他有価証券評価差額金		(**150,000**) ④	
評価・換算差額等合計			(**150,000**)
純資産合計			(**36,567,000**)
負債及び純資産合計			(**45,407,000**)

(2)

損益計算書

長野物産株式会社　令和4年4月1日から令和5年3月31日まで　(単位：円)

Ⅰ 売上高		27,930,000
Ⅱ 売上原価		
1. 期首商品棚卸高	1,800,000	
2. 当期商品仕入高	17,139,000	
合計	18,939,000	
3. 期末商品棚卸高	(**2,000,000**)	
	(**16,939,000**)	
4. (棚卸減耗損)	(**30,000**) ④	
5. (商品評価損)	(**98,500**)	(**17,067,500**)
売上総利益		(**10,862,500**)
Ⅲ 販売費及び一般管理費		
1. 給料	4,260,000	
2. 発送費	50,000	
3. (貸倒引当金繰入)	(**64,000**)	
4. (減価償却費)	(**1,012,500**) ④	
5. (ソフトウェア償却)	(**140,000**) ④	
6. 退職給付費用	(**1,650,000**)	
7. 保険料	(**204,000**)	
8. 租税公課	28,400	
9. 水道光熱費	506,000	
10. (雑費)	(**9,600**)	(**7,924,500**)
営業利益		(**2,938,000**)

※ⅰ 損益計算書の棚卸減耗損は，棚卸減耗費でもよい。
　ⅱ 損益計算書の貸倒引当金繰入は，貸倒償却でもよい。

ポイント

3

【付記事項の仕訳】

① (借)	退職給付引当金	800,000	(貸) 仮払金	800,000

【決算整理仕訳】

a. (借)	仕入	1,800,000	(貸) 繰越商品	1,800,000
	繰越商品	2,000,000	仕入	2,000,000
	棚卸減耗損	30,000	繰越商品	30,000
	商品評価損	98,500	繰越商品	98,500
	仕入	30,000	棚卸減耗損	30,000
	仕入	98,500	商品評価損	98,500
b. (借)	貸倒引当金繰入	64,000	(貸) 貸倒引当金	64,000
c. (借)	有価証券評価損	100,000	(貸) 売買目的有価証券	100,000
(借)	その他有価証券	150,000	(貸) その他有価証券評価差額金	150,000
d. (借)	減価償却費	1,012,500	(貸) 建物減価償却累計額	480,000
			備品減価償却累計額	532,500
e. (借)	ソフトウェア償却	140,000	(貸) ソフトウェア	140,000
f. (借)	前払保険料	210,000	(貸) 保険料	595,000
	長期前払保険料	385,000		
g. (借)	支払利息	9,000	(貸) 未払利息	9,000
h. (借)	退職給付費用	1,650,000	(貸) 退職給付引当金	1,650,000
i. (借)	法人税等	782,000	(貸) 仮払法人税等	380,000
			未払法人税等	402,000

【考え方・計算式】

a.

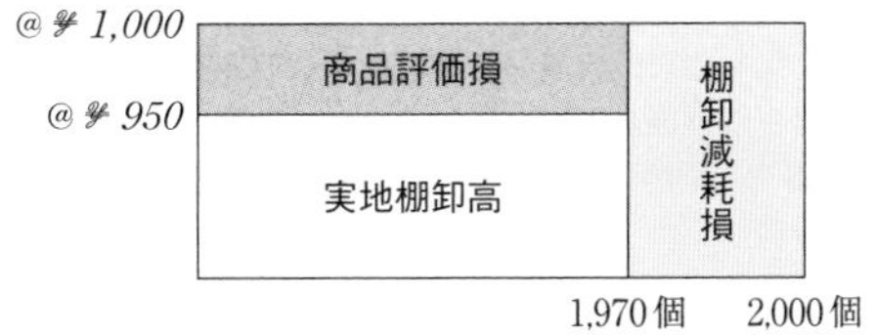

原価@￥1,000×帳簿棚卸数量2,000個＝期末商品棚卸高￥2,000,000
原価@￥1,000×(帳簿棚卸数量2,000個−実地棚卸数量1,970個)＝棚卸減耗損￥30,000
(原価@￥1,000−正味売却価額@￥950)×実地棚卸数量1,970個
＝商品評価損￥98,500

b. 受取手形￥1,260,000＋売掛金￥2,540,000＝売上債権￥3,800,000
売上債権￥3,800,000×貸倒実績率2％＝貸倒見積高￥76,000
貸倒見積高￥76,000−貸倒引当金￥12,000＝貸倒引当金繰入額￥64,000

c. 売買目的有価証券：時価（@￥1,100×株数2,000株）−帳簿価額￥2,300,000
＝有価証券評価損△￥100,000
その他有価証券：時価（@￥6,700×株数500株）−帳簿価額￥3,200,000
＝その他有価証券評価差額金￥150,000

d. 建物：(取得原価￥24,000,000−残存価額￥0)÷耐用年数50年
＝建物の減価償却費￥480,000
備品：(取得原価￥2,840,000−減価償却累計額￥710,000)×償却率25％
＝備品の減価償却費￥532,500
建物の減価償却費￥480,000＋備品の減価償却費￥532,500
＝減価償却費￥1,012,500

e. 取得原価￥700,000÷償却期間5年＝ソフトウェア償却￥140,000

f．3年分の保険料¥ 630,000÷36か月＝1か月あたりの保険料¥ 17,500
令和5年2月1日～令和5年3月31日（2か月）→当期の保険料
1か月あたりの保険料¥ 17,500×2か月＝当期の保険料¥ 35,000
令和5年4月1日～令和6年3月31日（12か月）→前払保険料
1か月あたりの保険料¥ 17,500×12か月＝前払保険料¥ 210,000
令和6年4月1日～令和8年1月31日（22か月）→長期前払保険料
1か月あたりの保険料¥ 17,500×22か月＝長期前払保険料¥ 385,000
i．法人税等¥ 782,000－仮払法人税等¥ 380,000＝未払法人税等¥ 402,000

4

a．社債の額面総額¥ 50,000,000×（¥ 98.00／¥ 100）＋買入手数料¥ 20,000
＝社債の取得価額¥ 49,020,000
社債の取得価額¥ 49,020,000＋端数利息¥ 15,000＝支払額¥ 49,035,000
b．支出総額¥ 6,200,000－資本的支出¥ 5,270,000＝収益的支出¥ 930,000
c．手形が無事に決済されたときは，手形の二次的責任が消滅するため，保証債務を取り崩す処理をおこなう。
手形額面金額¥ 300,000×2％＝保証債務¥ 6,000
d．（取得原価¥ 1,380,000－残存価額¥ 0）÷耐用年数6年
＝1年間の減価償却費¥ 230,000
1年間の減価償却費¥ 230,000×使用年数5年＝減価償却累計額¥ 1,150,000
取得原価¥ 1,380,000－減価償却累計額¥ 1,150,000－評価額¥ 0
＝固定資産除却損¥ 230,000
なお，耐用年数6年の備品を5年間使用しており，定額法で減価償却をおこなっているので，1年間の減価償却費¥ 230,000が評価額＋固定資産除却損になると考えてもよい。
e．東西商会の平均利益額¥ 412,000÷同種企業の平均利益率5％
＝収益還元価値（取得対価）¥ 8,240,000
収益還元価値（取得対価）¥ 8,240,000－東西商会の純資産時価評価額¥ 7,900,000
＝のれんの金額¥ 340,000
f．外貨＄2,000×輸入時の為替相場¥ 145＝買掛金¥ 290,000
g．払込金額@¥ 5,000×発行総数100個＝新株予約権¥ 500,000

4

（小計28点）

	借方		貸方		
a	満期保有目的債券	49,020,000	当座預金	49,035,000	④
	有価証券利息	15,000			
b	建物	5,270,000	当座預金	6,200,000	④
	修繕費	930,000			
c	保証債務	6,000	保証債務取崩益	6,000	④
d	備品減価償却累計額	1,150,000	備品	1,380,000	④
	固定資産除却損	230,000			
e	売掛金	1,670,000	買掛金	800,000	④
	土地	8,530,000	長期借入金	1,500,000	
	のれん	340,000	当座預金	8,240,000	
f	仕入	290,000	買掛金	290,000	④
g	当座預金	500,000	新株予約権	500,000	④

全商簿記実務検定　**模擬試験問題集　１級会計**

解答および採点基準

2024年

東京法令 とうほう

基本練習問題　1　適語選択

ポイント

1

a．正規の簿記の原則の説明である（企業会計原則の一般原則２）。

b．資産の分類方法は，まず営業循環基準を適用して，企業の営業活動の循環過程で発生したものを流動資産とする。それ以外のものについて，次に1年基準を適用して，決算日の翌日から１年以内に回収期限が到来するものや，費用化するものを流動資産とし，それ以外を固定資産とする。

c．繰越利益剰余金を原資として配当する場合のルールである（会社法第445条第４項，会社計算規則第22条第２項）。

d．企業会計は，その処理の原則および手続を毎期継続して適用し，みだりにこれを変更してはならない（企業会計原則の一般原則５）。

e．原価回収基準とは，履行義務を充足するさいに発生する費用のうち，回収することが見込まれる費用の金額で収益を認識する方法をいう（収益認識に関する会計基準第15項）。

2

a．金銭債権の区分のうち，経営破綻の状態には至っていないが，債務の弁済に重大な問題が生じているかまたは生じる可能性の高い債務者に対する債権を貸倒懸念債権という（金融商品に関する会計基準第27項(2)）。貸倒懸念債権は，財務内容評価法またはキャッシュ・フロー見積法により貸倒見積高を計算する（金融商品に関する会計基準第28項(2)）。

b．費用収益対応の原則の説明である（企業会計原則の損益計算書原則１のC）。収益と費用を明確な基準で対応させることを個別的対応というのに対して，収益と費用を明確に対応させることが困難である場合に，一定の期間を基準として対応させることを期間的対応という。

c．単一性の原則の説明である（企業会計原則の一般原則７）。

d．資本的支出を収益的支出とすれば，資産は過小に評価され，その分だけ費用が過大に計上されるので，利益は過小に計上される。

1

ア	イ	ウ	エ	オ	カ	キ	ク	ケ
16	**11**	**4**	**17**	**2**	**6**	**1**	**12**	**9**

2

ア	イ	ウ	エ	オ	カ	キ	ク	ケ
17	**12**	**2**	**8**	**19**	**13**	**18**	**3**	**7**

適語選択問題では，企業会計原則の一般原則は頻出なんだ！
しっかりと押さえておこう！

基本練習問題 2　計　算

ポイント

3
現金預金￥3,620,000＋売掛金￥5,150,000＋商品￥3,080,000＋備品￥4,730,000
＝資産合計￥16,580,000
買掛金￥3,400,000＋長期借入金￥4,000,000＝負債合計￥7,400,000
資産合計￥16,580,000－負債合計￥7,400,000＝純資産額￥9,180,000
純資産額￥9,180,000÷発行済株式総数900株＝1株あたりの実質価額@￥10,200
帳簿価額￥6,860,000÷持株数700株＝1株あたりの帳簿価額@￥9,800
　1株あたりの帳簿価額@￥9,800よりも1株あたりの実質価額@￥10,200の方が大きいので，財政状態に問題があるとはいえず，評価替えをおこなう必要はない。

4
a．資料③より，長田商会の流動比率は200.0%とわかる。
現金預金￥1,230,000＋電子記録債権￥840,000＋売掛金￥1,750,000
＋商品￥980,000＝流動資産￥4,800,000
電子記録債務￥？＋買掛金￥960,000＋短期借入金￥900,000
＝流動負債（電子記録債務￥？＋￥1,860,000）
{流動資産￥4,800,000÷流動負債（電子記録債務￥？＋￥1,860,000）}×100
＝流動比率200.0%なので，
流動資産￥4,800,000÷2.00＝流動負債（電子記録債務￥？＋￥1,860,000）
￥2,400,000－￥1,860,000＝電子記録債務￥540,000
b．長田商会の年平均利益額￥315,000÷同種企業の平均利益率6%
＝収益還元価値￥5,250,000
流動資産￥4,800,000＋備品￥2,700,000－流動負債（￥540,000＋￥1,860,000）
＝純資産額￥5,100,000
収益還元価値￥5,250,000－純資産額￥5,100,000＝のれん￥150,000

5
(取得原価￥130,000,000－残存価額￥0)
×（当期採掘量9,000トン／推定埋蔵量600,000トン）＝償却額￥1,950,000
取得原価￥130,000,000－償却額￥1,950,000＝表示額￥128,050,000

3

1株あたりの実質価額　￥　10,200	評価替えをする	（　　）
	評価替えをしない	（ ○ ）

4

a	￥　540,000	b	￥　150,000

5

￥　128,050,000

1株あたりの実質価額は，
純資産額÷発行済株式総数で計算できるんだ！

ポイント

6

①原価回収基準では，（回収することが見込まれる）当期発生の工事費用の金額
　＝当期の工事収益の金額となる。

よって，当期中の工事原価 ¥ 46,800,000＝当期の工事収益 ¥ 46,800,000

②当期中の工事原価 ¥ 22,862,000÷工事原価総額 ¥ 99,400,000＝進捗度0.23

工事収益総額 ¥ 140,000,000×進捗度0.23＝当期の工事収益 ¥ 32,200,000

7

資料の仕訳は以下のようになる。

ア．仕訳なし（未取付小切手）

イ．（借）当　座　預　金　438,000　（貸）買　　掛　　金　438,000

ウ．仕訳なし（時間外預け入れ）

エ．（借）水　道　光　熱　費　76,000　（貸）当　座　預　金　76,000

決算日における当座預金出納帳の残高 ¥ 5,280,000
　＋（イ）¥ 438,000－（エ）¥ 76,000＝当座預金出納帳の次月繰越高 ¥ 5,642,000

当座勘定残高証明書の金額 ¥ 5,768,000
　－（ア）¥ 576,000＋（ウ）¥ 450,000＝当座預金出納帳の次月繰越高 ¥ 5,642,000

8

原価（¥ 364,000＋¥ 2,316,000）÷売価（¥ 520,000＋¥ 3,480,000）＝原価率0.67

期末商品棚卸高（売価）¥ 490,000×原価率0.67＝期末商品棚卸高（原価）¥ 328,300

期首商品棚卸高（原価）¥ 364,000＋当期商品仕入高（原価）¥ 2,316,000
　－期末商品棚卸高（原価）¥ 328,300＝売上原価 ¥ 2,351,700

当期売上高 ¥ 3,510,000－売上原価 ¥ 2,351,700＝売上総利益 ¥ 1,158,300

6

①	¥ 46,800,000	②	¥ 32,200,000

7

銀　行　勘　定　調　整　表

令和○年３月31日

		当座預金出納帳	銀行残高証明書
	３月31日現在残高	¥ 5,280,000	¥ 5,768,000
（加算）	〔　イ　〕	（ 438,000 ）	（　）
	〔　ウ　〕	（　）	（ 450,000 ）
	計	（ 5,718,000 ）	（ 6,218,000 ）
（減算）	〔　ア　〕	（　）	（ 576,000 ）
	〔　エ　〕	（ 76,000 ）	（　）
	調整後残高	（ 5,642,000 ）	（ 5,642,000 ）

当座預金出納帳 次月繰越高	¥ 5,642,000

8

a	¥ 328,300	b	¥ 1,158,300

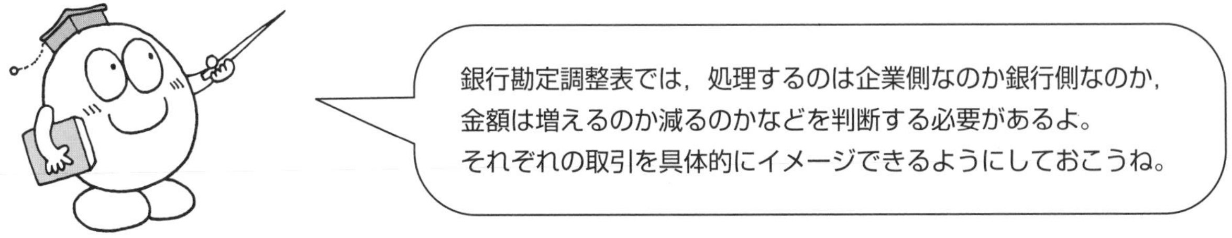
銀行勘定調整表では，処理するのは企業側なのか銀行側なのか，
金額は増えるのか減るのかなどを判断する必要があるよ。
それぞれの取引を具体的にイメージできるようにしておこうね。

基本練習問題　3　／　連結会計

ポイント

9

令和○2年3月31日（連結決算日）における連結仕訳を示すと次のようになる。

①投資と資本の相殺消去仕訳（単位：千円）

（借）	資本金	44,000	（貸）子会社株式	38,000
	利益剰余金当期首残高	9,000	非支配株主持分	15,900
	のれん	900		

②のれんの償却（単位：千円）

（借）	のれん償却	45	（貸）のれん	45

③子会社の当期純利益の配分（単位：千円）

（借）	非支配株主に帰属する当期純利益	1,200	（貸）非支配株主持分	1,200

④配当金の修正（単位：千円）

（借）	受取配当金	1,400	（貸）剰余金の配当	1,400
（借）	非支配株主持分	600	（貸）剰余金の配当	600

①（資本金44,000千円＋利益剰余金9,000千円）×非支配株主の株式保有割合30%
＝非支配株主持分15,900千円

　のれんの金額は仕訳の貸借差額から900千円となる。

②のれん900千円÷償却期間20年＝のれん償却45千円

③S社の当期純利益4,000千円×非支配株主の株式保有割合30%
＝非支配株主に帰属する当期純利益1,200千円

④S社の配当金2,000千円×P社の株式保有割合70%＝受取配当金修正額1,400千円
　S社の配当金2,000千円×非支配株主の株式保有割合30%
＝非支配株主持分修正額600千円

9

連結損益計算書

P社　令和○1年4月1日から令和○2年3月31日まで　（単位：千円）

借方	金額	貸方	金額
売上原価	428,270	売上高	594,460
給料	154,850	受取配当金	（ **400** ）
支払利息	140		
のれん償却	（ **45** ）		
当期純利益	（ 11,555 ）		
	（ **594,860** ）		（ **594,860** ）
非支配株主に帰属する当期純利益	（ **1,200** ）	当期純利益	（ **11,555** ）
親会社株主に帰属する当期純利益	（ 10,355 ）		
	（ **11,555** ）		（ **11,555** ）

※「当期純利益」および「親会社株主に帰属する当期純利益」は，黒記でもよい。

10

連結貸借対照表

P社　令和○2年3月31日　（単位：千円）

借方	金額	貸方	金額
諸資産	372,300	諸負債	217,300
土地	（ **132,000** ）	資本金	（ **210,000** ）
のれん	（ **1,800** ）	利益剰余金	（ **38,000** ）
		非支配株主持分	（ **40,800** ）
	（ **506,100** ）		（ **506,100** ）

連結会計は難しいから，繰り返し問題を解いて
しっかりと流れを理解しよう！

ポイント

連結損益計算書

P社　令和○1年4月1日から令和○2年3月31日まで　(単位：千円)

売上原価	428,270	売上高	594,460
給料	154,850	受取配当金	(**400**)
支払利息	140		
のれん償却	(**45**)		
当期純利益	(*11,555*)		
	(**594,860**)		(**594,860**)
非支配株主に帰属する当期純利益	(**1,200**)	当期純利益	(**11,555**)
親会社株主に帰属する当期純利益	(*10,355*)		
	(**11,555**)		(**11,555**)

連結株主資本等変動計算書

P社　令和○1年4月1日から令和○2年3月31日まで　(単位：千円)

	資本金	利益剰余金	非支配株主持分
当期首残高	(**120,000**)	(**20,000**)	(**15,900**)
当期変動額　剰余金の配当		(**△6,000**)	
親会社株主に帰属する当期純利益		(**10,355**)	
株主資本以外の項目の当期変動額(純額)			(**600**)
当期末残高	(**120,000**)	(**24,355**)	(**16,500**)

連結貸借対照表

P社　令和○2年3月31日　(単位：千円)

諸資産	(**277,400**)	諸負債	(**117,400**)
のれん	(**855**)	資本金	(**120,000**)
		利益剰余金	(**24,355**)
		非支配株主持分	(**16,500**)
	(**278,255**)		(**278,255**)

P社受取配当金*1,800*千円−④受取配当金修正額*1,400*千円
=受取配当金の連結P/L表示額*400*千円

当期純利益は連結P/Lの貸借差額から*11,555*千円となる。

当期純利益*11,555*千円−③非支配株主に帰属する当期純利益*1,200*千円
=親会社株主に帰属する当期純利益*10,355*千円

※または,
P社当期純利益*9,000*千円+S社当期純利益*4,000*千円
−②のれん償却*45*千円−③非支配株主に帰属する当期純利益*1,200*千円
−④受取配当金修正額*1,400*千円
=親会社株主に帰属する当期純利益*10,355*千円と計算することもできる。

P社の利益剰余金当期首残高*20,000*千円
+親会社株主に帰属する当期純利益*10,355*千円−P社の剰余金の配当*6,000*千円
=利益剰余金当期末残高*24,355*千円

※または,
P社の利益剰余金当期末残高*23,000*千円+S社の利益剰余金当期末残高*11,000*千円
−S社の利益剰余金当期首残高*9,000*千円
−②のれん償却*45*千円−③非支配株主に帰属する当期純利益*1,200*千円
−④受取配当金修正額*1,400*千円+④S社の配当金*2,000*千円
=利益剰余金当期末残高*24,355*千円と計算することもできる。

③非支配株主持分*1,200*千円−④非支配株主持分修正額*600*千円
=非支配株主持分当期変動額*600*千円

①非支配株主持分当期首残高*15,900*千円+非支配株主持分当期変動額*600*千円
=非支配株主持分当期末残高*16,500*千円

①のれん*900*千円−②のれん償却*45*千円
=のれんの連結B/S表示額(未償却残高)*855*千円

(参考)タイムテーブルを用いた計算(単位：千円)

令和○1年3月31日 70%					令和○2年3月31日 70%	
資本金	*44,000*				資本金	*44,000*
利益剰余金	*9,000*	P社	*2,800*	*△1,400*	利益剰余金	*11,000*
合計	*53,000*	非支配株主	*1,200*	*△600*	合計	*55,000*
非支配株主持分(30%)	*15,900*				非支配株主持分(30%)	*16,500*
子会社株式	*38,000*					
のれん	*900*		*△45*		のれん	*855*

(非支配株主持分*15,900*千円+子会社株式*38,000*千円)−S社資本合計*53,000*千円
=のれん*900*千円

P社の利益剰余金当期末残高*23,000*千円
+S社当期純利益*4,000*千円×P社の株式保有割合70%
−のれん償却*45*千円−受取配当金修正額*1,400*千円
=利益剰余金当期末残高*24,355*千円

10

令和○2年3月31日(連結決算日)における連結仕訳を示すと次のようになる。

①子会社の資産および負債の評価替えの仕訳(単位：千円)

(借)土地	*2,000*	(貸)評価差額	*2,000*

②投資と資本の相殺消去仕訳(単位：千円)

(借)資本金	*90,000*	(貸)子会社株式	*62,000*
利益剰余金当期首残高	*8,000*	非支配株主持分	*40,000*
評価差額	*2,000*		
のれん	*2,000*		

③のれんの償却(単位：千円)

(借)のれん償却	*200*	(貸)のれん	*200*

④子会社の当期純利益の配分(単位：千円)

(借)非支配株主に帰属する当期純利益	*1,200*	(貸)非支配株主持分	*1,200*

⑤配当金の修正(単位：千円)

(借)受取配当金	*600*	(貸)剰余金の配当	*600*
(借)非支配株主持分	*400*	(貸)剰余金の配当	*400*

①土地の時価43,000千円－土地の帳簿価額41,000千円＝評価差額2,000千円
②（資本金90,000千円＋利益剰余金8,000千円＋評価差額2,000千円）
×非支配株主の株式保有割合40%＝非支配株主持分40,000千円
のれんの金額は仕訳の貸借差額から2,000千円となる。
③のれん2,000千円÷償却期間10年＝のれん償却200千円
④S社の当期純利益3,000千円×非支配株主の株式保有割合40%
＝非支配株主に帰属する当期純利益1,200千円
⑤S社の配当金1,000千円×P社の株式保有割合60%＝受取配当金修正額600千円
S社の配当金1,000千円×非支配株主の株式保有割合40%
＝非支配株主持分修正額400千円

連結損益計算書

P社　令和○1年4月1日から令和○2年3月31日まで　（単位：千円）

売上原価	（ **696,610** ）	売上高	（ **859,720** ）
給料	（ **153,510** ）		
支払利息	（ **200** ）		
のれん償却	（ **200** ）		
当期純利益	（ 9,200 ）		
	（ **859,720** ）		（ **859,720** ）
非支配株主に帰属する当期純利益	（ **1,200** ）	当期純利益	（ **9,200** ）
親会社株主に帰属する当期純利益	（ 8,000 ）		
	（ **9,200** ）		（ **9,200** ）

連結株主資本等変動計算書

P社　令和○1年4月1日から令和○2年3月31日まで　（単位：千円）

	資本金	利益剰余金	非支配株主持分
当期首残高	（ **210,000** ）	（ **35,000** ）	（ **40,000** ）
当期変動額　剰余金の配当		（ **△5,000** ）	
親会社株主に帰属する当期純利益		（ **8,000** ）	
株主資本以外の項目の当期変動額（純額）			（ **800** ）
当期末残高	（ **210,000** ）	（ **38,000** ）	（ **40,800** ）

連結貸借対照表

P社　令和○2年3月31日　（単位：千円）

諸資産	372,300	諸負債	217,300
土地	（ **132,000** ）	資本金	（ **210,000** ）
のれん	（ **1,800** ）	利益剰余金	（ **38,000** ）
		非支配株主持分	（ **40,800** ）
	（ **506,100** ）		（ **506,100** ）

P社受取配当金600千円－⑤受取配当金修正額600千円
＝受取配当金の連結P/L表示額0千円（表示なし）
当期純利益は連結P/Lの貸借差額から9,200千円となる。
当期純利益9,200千円－④非支配株主に帰属する当期純利益1,200千円
＝親会社株主に帰属する当期純利益8,000千円

※または，
P社当期純利益7,000千円＋S社当期純利益3,000千円
－③のれん償却200千円－④非支配株主に帰属する当期純利益1,200千円
－⑤受取配当金修正額600千円
＝親会社株主に帰属する当期純利益8,000千円と計算することもできる。

P社の利益剰余金当期首残高35,000千円
＋親会社株主に帰属する当期純利益8,000千円－P社の剰余金の配当5,000千円
＝利益剰余金当期末残高38,000千円

※または，
P社の利益剰余金当期末残高37,000千円＋S社の利益剰余金当期末残高10,000千円
－S社の利益剰余金当期首残高8,000千円
－③のれん償却200千円－④非支配株主に帰属する当期純利益1,200千円
－⑤受取配当金修正額600千円＋⑤S社の配当金1,000千円
＝利益剰余金当期末残高38,000千円と計算することもできる。

④非支配株主持分1,200千円－⑤非支配株主持分修正額400千円
＝非支配株主持分当期変動額800千円
②非支配株主持分当期首残高40,000千円＋非支配株主持分当期変動額800千円
＝非支配株主持分当期末残高40,800千円
②のれん2,000千円－③のれん償却200千円
＝のれんの連結B/S表示額（未償却残高）1,800千円

（参考）タイムテーブルを用いた計算（単位：千円）

令和○1年3月31日（60%）					令和○2年3月31日（60%）	
資本金	90,000	P社	1,800	△600	資本金	90,000
利益剰余金	8,000	非支配株主	1,200	△400	利益剰余金	10,000
評価差額	2,000				評価差額	2,000
合計	100,000				合計	102,000
非支配株主持分（40%）	40,000				非支配株主持分（40%）	40,800
子会社株式	62,000					
のれん	2,000			△200	のれん	1,800

（非支配株主持分40,000千円＋子会社株式62,000千円）－S社資本合計100,000千円
＝のれん2,000千円
P社の利益剰余金当期末残高37,000千円
＋S社当期純利益3,000千円×P社の株式保有割合60%
－のれん償却200千円－受取配当金修正額600千円
＝利益剰余金当期末残高38,000千円

基本練習問題　4　財務諸表分析

ポイント

11

①ア．営業利益￥ *3,152,000*＋営業外収益￥ *200,000*－営業外費用￥ *104,800*
＝経常利益￥ *3,247,200*

経常利益￥ *3,247,200*＋特別利益￥ *40,000*－特別損失￥ *119,200*
＝税引前当期純利益￥ *3,168,000*

税引前当期純利益￥ *3,168,000*－法人税・住民税及び事業税￥ *1,267,200*
＝当期純利益￥ *1,900,800*

イ．(当期純利益￥ *1,917,600*÷売上高￥ *40,800,000*)×100＝売上高純利益率4.7%

ウ．営業利益￥ *3,304,800*＋営業外収益￥ *203,200*－営業外費用￥ *80,800*
＝経常利益￥ *3,427,200*

(経常利益￥ *3,427,200*÷売上高￥ *40,800,000*)×100＝売上高経常利益率8.4%

エ．(流動資産￥ *36,900,000*＋固定資産￥ *30,000,000*)
－(流動負債￥ *16,400,000*＋固定負債￥ *8,000,000*)＝純資産￥ *42,500,000*

資料ｖより，純資産￥ *42,500,000*＝自己資本￥ *42,500,000*となることがわかる。

売上高￥ *40,800,000*÷自己資本￥ *42,500,000*＝自己資本回転率0.96回

オ．売上高￥ *40,800,000*÷固定資産￥ *30,000,000*＝固定資産回転率1.36回

②まず，第16期の売上高成長率（増収率）を求める。

{(当期売上高￥ *40,800,000*－前期売上高￥ *39,600,000*)÷前期売上高￥ *39,600,000*}
×100≒売上高成長率（増収率）3.03%となるため，1は誤りであることがわかる。

次に，第15期と第16期の固定資産の金額を比較すると，第15期の￥ *24,000,000*から第16期は￥ *30,000,000*に増加しているため，2は誤りであることがわかる。

最後に，第16期の特別損失の金額を求める。

税引前当期純利益￥？－法人税・住民税及び事業税￥ *1,278,400*
＝当期純利益￥ *1,917,600*であるから，税引前当期純利益￥ *3,196,000*

経常利益￥ *3,427,200*＋特別利益￥ *40,800*－特別損失￥？
＝税引前当期純利益￥ *3,196,000*であるから，特別損失￥ *272,000*

第15期と第16期の特別損失の金額を比較すると，第15期の￥ *119,200*から第16期は￥ *272,000*に増加しているため，3が正解となる。

（参考）比較損益計算書を完成させると，次のようになる

比較損益計算書　（単位：円）

項目	第15期	第16期
売上高	*39,600,000*	*40,800,000*
売上原価	*16,632,000*	*17,136,000*
売上総利益	*22,968,000*	*23,664,000*
販売費及び一般管理費	*19,816,000*	*20,359,200*
営業利益	*3,152,000*	*3,304,800*
営業外収益	*200,000*	*203,200*
営業外費用	*104,800*	*80,800*
経常利益	*3,247,200*	*3,427,200*
特別利益	*40,000*	*40,800*
特別損失	*119,200*	*272,000*
税引前当期純利益	*3,168,000*	*3,196,000*
法人税・住民税及び事業税	*1,267,200*	*1,278,400*
当期純利益	*1,900,800*	*1,917,600*

11

①

ア	￥ **1,900,800**	イ	**4.7** %	ウ	**8.4** %
エ	**0.96** 回	オ	**1.36** 回		

②

3

財務諸表分析の問題は，求めたい金額や比率が，
どの情報を使えば求まるのかを逆算して考える必要があるんだ。

12

(1)

a	25,100 千円	b	4,080 千円
c	3,364 千円	d	1,700 千円
e	3,000 千円	f	3,484 千円

(2)

a	12.0 回	b	66.0 %
c	224.0 %		

(3)

9.0 回	短くなった（　　）
	長くなった（ ○ ）

※(2)および(3)の解答は，整数でも正答とする。

12

(1) a．備品2,675千円＋土地14,925千円＋建設仮勘定7,500千円

＝有形固定資産合計25,100千円

b．特許権3,450千円＋のれん630千円＝無形固定資産合計4,080千円

c．資料ⅰより，前払利息勘定の残高のうち64千円は，決算日の翌日から1年を超えて費用になることがわかる。つまりこの64千円は，貸借対照表において長期前払費用として表示される。

関係会社株式600千円＋長期貸付金2,700千円＋長期前払費用64千円

＝投資その他の資産合計3,364千円

d．決算整理後の元帳勘定残高に示されている手形借入金300千円は，貸借対照表において短期借入金として表示される。

また資料ⅱより，借入金勘定の残高のうち4,000千円は，決算日の翌日から1年を超えて支払期限が到来することがわかる。反対に，残りの1,400千円（＝5,400千円－4,000千円）については，決算日の翌日から1年以内に支払期限が到来することがわかる。つまりこの1,400千円は，貸借対照表において短期借入金として表示される。

手形借入金300千円＋借入金1,400千円＝短期借入金1,700千円

e．資本準備金の金額は，貸借対照表の貸借差額で求める。

まず，有価証券の空欄には，決算整理後の元帳勘定残高に示されている売買目的有価証券3,452千円が入ることがわかる。

次に，資料ⅰから前払費用177千円（＝241千円－64千円）と長期前払費用64千円が入ることがわかる。

さらに，dから短期借入金1,700千円と長期借入金4,000千円が入ることがわかる。

したがって，貸借対照表の貸借差額より，資本準備金3,000千円と計算できる。

（参考）貸借対照表を完成させると，次のようになる。

貸　借　対　照　表

津産業株式会社　　令和○年3月31日　　（単位：千円）

資　産	金　額	負債・純資産	金　額
現金預金	3,516	支払手形	3,590
受取手形	4,921	買掛金	4,620
売掛金	5,790	短期借入金	1,700
有価証券	3,452	未払費用	53
商品	6,000	未払法人税等	687
前払費用	177	長期借入金	4,000
備品	2,675	退職給付引当金	4,526
土地	14,925	資本金	20,000
建設仮勘定	7,500	資本準備金	3,000
特許権	3,450	利益準備金	1,000
のれん	630	新築積立金	8,500
関係会社株式	600	繰越利益剰余金	4,724
長期貸付金	2,700		
長期前払費用	64		
	56,400		56,400

f．資料ⅲより，決算整理前の繰越利益剰余金勘定の貸方残高は1,240千円であることがわかる。また，決算整理後の繰越利益剰余金勘定の貸方残高は，貸借対照表から4,724千円であることがわかり，この増加額が税引後当期純利益であると考える。

決算整理後の残高4,724千円－決算整理前の残高1,240千円

＝税引後当期純利益3,484千円

(2) a．（期首商品棚卸高5,800千円＋期末商品棚卸高6,000千円）÷2

＝平均商品棚卸高5,900千円

期首商品棚卸高5,800千円＋当期商品仕入高71,000千円

－期末商品棚卸高6,000千円＝売上原価70,800千円

売上原価70,800千円÷平均商品棚卸高5,900千円＝商品回転率12.0回

b．資本金20,000千円＋資本準備金3,000千円＋利益準備金1,000千円

＋新築積立金8,500千円＋繰越利益剰余金4,724千円＝自己資本37,224千円

（自己資本37,224千円÷総資本56,400千円）×100＝自己資本比率66.0%

c．現金預金3,516千円＋受取手形4,921千円＋売掛金5,790千円＋有価証券3,452千円

＋商品6,000千円＋前払費用177千円＝流動資産23,856千円

支払手形3,590千円＋買掛金4,620千円＋短期借入金1,700千円

＋未払費用53千円＋未払法人税等687千円＝流動負債10,650千円

（流動資産23,856千円÷流動負債10,650千円）×100＝流動比率224.0%

(3) 受取手形4,921千円＋売掛金5,790千円＝売上債権10,711千円

売上高96,399千円÷売上債権10,711千円＝受取勘定（売上債権）回転率9.0回

前期の受取勘定（売上債権）回転率は9.6回であるのに対し，当期の受取勘定（売上債権）回転率は9.0回と低くなっているので，売上債権の回収期間が長くなったことを示している。

基本練習問題 5　決　算

ポイント

13

【決算整理仕訳】

a.（借）仕　　入	4,420,800	（貸）繰越商品	4,420,800
繰越商品	4,480,000	仕　　入	4,480,000
商品評価損	96,000	繰越商品	96,000
仕　　入	96,000	商品評価損	96,000
b.（借）貸倒引当金繰入	47,170	（貸）貸倒引当金	47,170
c.（借）売買目的有価証券	120,000	（貸）有価証券評価益	120,000
d.（借）減価償却費	87,500	（貸）備品減価償却累計額	87,500
e.（借）前払保険料	104,000	（貸）保険料	104,000
f.（借）退職給付費用	486,380	（貸）退職給付引当金	486,380
g.（借）法人税等	1,094,210	（貸）仮払法人税等	433,760
		未払法人税等	660,450

【考え方・計算式】

a.

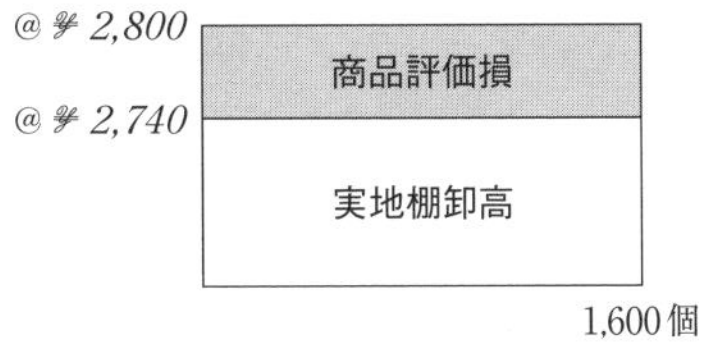

原価@￥2,800×帳簿棚卸数量1,600個＝期末商品棚卸高￥4,480,000

（原価@￥2,800－正味売却価額@￥2,740）×実地棚卸数量1,600個

＝商品評価損￥96,000

期末商品棚卸高￥4,480,000－商品評価損￥96,000

＝貸借対照表の「商品」￥4,384,000

b. 受取手形￥3,971,000＋売掛金￥4,398,000＝売上債権￥8,369,000

売上債権￥8,369,000×貸倒実績率1％＝貸倒見積高￥83,690

貸倒見積高￥83,690－貸倒引当金￥36,520＝貸倒引当金繰入額￥47,170

c. 時価（@￥6,600×株数600株）－帳簿価額￥3,840,000＝有価証券評価益￥120,000

d. （取得原価￥700,000－残存価額￥0）÷耐用年数8年＝減価償却費￥87,500

e. 1年分の保険料￥312,000÷12か月＝1か月あたりの保険料￥26,000

令和○1年8月1日～令和○2年3月31日（8か月）→当期の保険料

1か月あたりの保険料￥26,000×8か月＝当期の保険料￥208,000

令和○2年4月1日～令和○2年7月31日（4か月）→前払保険料

1か月あたりの保険料￥26,000×4か月＝前払保険料￥104,000

g. 法人税等￥1,094,210－仮払法人税等￥433,760＝未払法人税等￥660,450

13

損　益　計　算　書

甲府商事株式会社　　令和○1年4月1日から令和○2年3月31日まで　　（単位：円）

Ⅰ 売上高		（27,894,510）
Ⅱ 売上原価		
1. 期首商品棚卸高	（4,420,800）	
2. 当期商品仕入高	（19,578,220）	
合計	（23,999,020）	
3. 期末商品棚卸高	（4,480,000）	
	（19,519,020）	
4.（商品評価損）	（96,000）	（19,615,020）
売上総利益		（8,279,490）
Ⅲ 販売費及び一般管理費		
1. 給料	（1,914,340）	
2. 発送費	（628,760）	
3.（貸倒引当金繰入）	（47,170）	
4.（減価償却費）	（87,500）	
5.（退職給付費用）	（486,380）	
6. 支払家賃	（1,080,000）	
7. 保険料	（448,000）	
8.（雑費）	（34,970）	4,727,120 ）
営業利益		（3,552,370）
Ⅳ 営業外収益		
1.（受取配当金）	（50,000）	
2.（有価証券評価益）	（120,000）	（170,000）
Ⅴ 営業外費用		
1.（支払利息）	（45,000）	（45,000）
経常利益		（3,677,370）
Ⅵ 特別損失		
1.（固定資産売却損）	（30,000）	（30,000）
税引前当期純利益		（3,647,370）
法人税・住民税及び事業税		（1,094,210）
当期純利益		（2,553,160）

※損益計算書の貸倒引当金繰入は，貸倒償却でもよい。

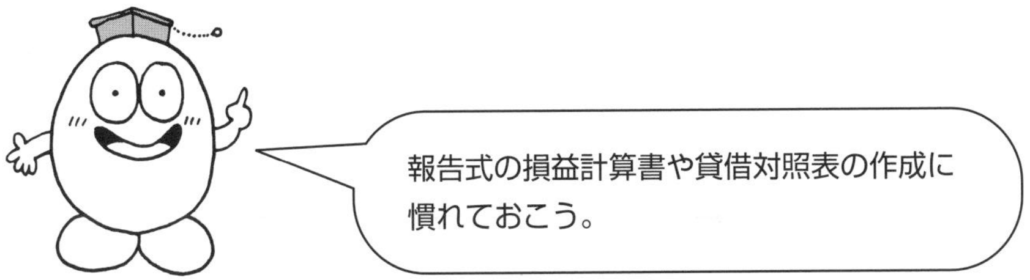

【金額の変動】

損益計算書

区分	前T/Bの科目	変動前金額	変動額	変動後金額	F/S表示科目
売上原価	仕入	¥19,578,220	＋ ¥4,420,800	¥19,615,020	売上原価
			△ ¥4,480,000		
			＋ ¥96,000		
販売費及び一般管理費	—	—	＋ ¥47,170	¥47,170	貸倒引当金繰入
	—	—	＋ ¥87,500	¥87,500	減価償却費
	—	—	＋ ¥486,380	¥486,380	退職給付費用
	保険料	¥552,000	△ ¥104,000	¥448,000	保険料
営業外収益	—	—	＋ ¥120,000	¥120,000	有価証券評価益
税等	—	—	＋ ¥1,094,210	¥1,094,210	法人税・住民税及び事業税

貸借対照表

区分	前T/Bの科目	変動前金額	変動額	変動後金額	F/S表示科目
流動資産	現金	¥3,331,340	—	¥8,815,060	現金預金
	当座預金	¥5,483,720			
	貸倒引当金	¥36,520	＋ ¥47,170	¥83,690	貸倒引当金
	売買目的有価証券	¥3,840,000	＋ ¥120,000	¥3,960,000	有価証券
	繰越商品	¥4,420,800	△ ¥4,420,800	¥4,384,000	商品
			＋ ¥4,480,000		
			△ ¥96,000		
	仮払法人税等	¥433,760	△ ¥433,760	—	—
	—	—	＋ ¥104,000	¥104,000	前払費用
固定資産	備品減価償却累計額	¥175,000	＋ ¥87,500	¥262,500	減価償却累計額
流動負債	—	—	＋ ¥660,450	¥660,450	未払法人税等
固定負債	退職給付引当金	¥1,836,280	＋ ¥486,380	¥2,322,660	退職給付引当金
純資産	繰越利益剰余金	¥233,600	＋ ¥2,553,160	¥2,786,760	繰越利益剰余金

計算ミスを１つするだけで，他の金額にも影響してしまうんだ。
特に，細かい金額を見落とさないように気を付けよう。

貸借対照表

甲府商事株式会社　　令和○2年3月31日　　(単位：円)

資産の部			
Ⅰ 流動資産			
1. 現金預金		(**8,815,060**)	
2. 受取手形	(**3,971,000**)		
貸倒引当金	△(**39,710**)	(**3,931,290**)	
3. 売掛金	(**4,398,000**)		
貸倒引当金	△(**43,980**)	(**4,354,020**)	
4. (**有価証券**)		(**3,960,000**)	
5. (**商品**)		(**4,384,000**)	
6. (**前払費用**)		(**104,000**)	
流動資産合計			(**25,548,370**)
Ⅱ 固定資産			
(1) 有形固定資産			
1. 備品	(**700,000**)		
減価償却累計額	△(**262,500**)	(**437,500**)	
有形固定資産合計		(**437,500**)	
固定資産合計			(**437,500**)
資産合計			(**25,985,870**)
負債の部			
Ⅰ 流動負債			
1. 支払手形		(**2,658,000**)	
2. 買掛金		(**3,458,000**)	
3. (**未払法人税等**)		(**660,450**)	
流動負債合計			(**6,776,450**)
Ⅱ 固定負債			
1. (**長期借入金**)		(**2,500,000**)	
2. (**退職給付引当金**)		(**2,322,660**)	
固定負債合計			(**4,822,660**)
負債合計			(**11,599,110**)
純資産の部			
Ⅰ 株主資本			
(1) 資本金			10,000,000
(2) 資本剰余金			
1. 資本準備金		1,100,000	
資本剰余金合計			1,100,000
(3) 利益剰余金			
1. 利益準備金		500,000	
2. その他利益剰余金			
① 繰越利益剰余金		(**2,786,760**)	
利益剰余金合計			(**3,286,760**)
株主資本合計			(**14,386,760**)
純資産合計			(**14,386,760**)
負債及び純資産合計			(**25,985,870**)

基本練習問題 6　仕　訳

14

	借　　方		貸　　方	
a	研究開発費	3,800,000	当座預金	3,800,000
b	リース資産	450,000	リース債務	450,000
c	減価償却費	500,000	建物減価償却累計額	500,000
	繰延税金資産	37,500	法人税等調整額	37,500
d	関連会社株式評価損	5,080,000	関連会社株式	5,080,000
e	構築物	14,000,000	建設仮勘定	6,000,000
			営業外支払手形	8,000,000
	新築積立金	14,000,000	繰越利益剰余金	14,000,000
f	未収金	1,600,000	未決算	1,800,000
	火災損失	200,000		
g	現金	9,000,000	契約負債	9,000,000

※ f の借方の「未収金」は，「未収入金」でも正答とする。
f の借方の「火災損失」は，「災害損失」でも正答とする。
g の貸方の「契約負債」は，「未成工事受入金」でも正答とする。

15

	借　　方		貸　　方	
a	当座預金	4,980,000	自己株式	5,100,000
	その他資本剰余金	120,000		
b	仕入	5,852,000	買掛金	5,852,000
c	新株予約権	2,100,000	資本金	35,100,000
	当座預金	33,000,000		
d	開発費	7,500,000	当座預金	7,500,000
e	契約資産	20,350,000	工事収益	20,350,000
f	当座預金	120,000	役務収益	120,000
	役務原価	74,300	仕掛品	74,300
g	ソフトウェア	5,600,000	ソフトウェア仮勘定	1,500,000
			当座預金	4,100,000
h	保証債務	5,000,000	保証債務見返	5,000,000

ポイント

14

a．新しい研究・開発に要したすべての原価は，発生時に研究開発費勘定（販売費及び一般管理費または当期製造費用）で処理する。

b．「利子込み法」と指示があるため，リース資産およびリース債務の計上額は，リース料総額とする。
　年間リース料¥90,000×リース期間5年＝リース料総額¥450,000

c．企業会計上：(取得原価¥7,500,000－残存価額¥0)÷経済的耐用年数15年
　＝減価償却費¥500,000
　税　法　上：(取得原価¥7,500,000－残存価額¥0)÷法定耐用年数20年
　＝減価償却費¥375,000
　将来減算一時差異（¥500,000－¥375,000)×法定実効税率30%
　＝繰延税金資産¥37,500

d．(時価@¥10,300－帳簿価額@¥23,000)×株数400株
　＝関連会社株式評価損△¥5,080,000

e．総工事費用¥14,000,000－支払済¥6,000,000＝営業外支払手形¥8,000,000
　新築積立金を取り崩したときは，繰越利益剰余金勘定に振り替える。

f．(取得原価¥6,000,000－残存価額¥0)÷耐用年数50年＝1年間の減価償却費¥120,000
　1年間の減価償却費¥120,000×使用年数35年＝減価償却累計額¥4,200,000
　取得原価¥6,000,000－減価償却累計額¥4,200,000＝未決算¥1,800,000
　保険金¥1,600,000－未決算¥1,800,000＝火災損失△¥200,000

g．工事の完成前に工事代金の一部を受け取ったときは，契約負債勘定で処理する（未成工事受入金勘定で処理することも考えられるが，全商簿記実務検定の勘定科目一覧表には示されていない）。

15

a．自己株式1株あたりの帳簿価額@¥8,500×処分した株数600株
　＝処分した自己株式の帳簿価額¥5,100,000
　自己株式1株あたりの処分価額@¥8,300×処分した株数600株
　＝自己株式の処分価額¥4,980,000
　自己株式の処分価額¥4,980,000－処分した自己株式の帳簿価額¥5,100,000
　＝自己株式処分差損△¥120,000

b．外貨$44,000×為替予約相場¥133＝買掛金¥5,852,000

c．払込金額@¥70,000×権利行使分30個＝発行時の払込金額¥2,100,000
　権利行使価格@¥110,000×株数300株＝権利行使時の払込金額¥33,000,000
　発行時の払込金額¥2,100,000＋権利行使時の払込金額¥33,000,000
　＝払込金額¥35,100,000
　特に指示がないため，払込金額の全額を資本金勘定で処理する（原則処理）。

d．資源開発のために特別に支出した費用は，開発費勘定（売上原価または販売費及び一般管理費）で処理する。

e．工事の進行途中で計上した工事収益は，契約上，まだ対価の支払義務が発生していないため，債権（工事未収金）として計上することはできない。そのため，工事収益を計上したときは契約資産勘定を用いて処理する。

f．サービスの提供の対価は役務収益勘定（営業収益）で処理し，これに対応する費用は役務原価勘定（営業費用）で処理する。問題文に，役務費用は仕掛品勘定に集計されていると指示があるので，仕掛品勘定から役務原価勘定に振り替える。

g．契約代金¥5,600,000－当座預金¥4,100,000＝支払済¥1,500,000

h．債務の保証人となった場合，将来的に債務が発生する可能性があるため，対照勘定を用いて備忘記録をおこなう。そして，保証人としての債務が解消したさいには，さきにおこなった備忘記録の反対仕訳をおこなう。

基本練習問題　7　英文会計

ポイント

16

1. fixed liabilities	固定負債（ク）
2. operating-cycle rule	営業循環基準（ケ）
3. financial accounting	財務会計（ア）
4. stockholder	株主
5. current liabilities	流動負債（キ）
6. disclosure	（会計情報の）開示（ウ）
7. one-year rule	１年基準（コ）
8. stakeholder	利害関係者（イ）
9. current assets	流動資産（オ）
10. management accounting	管理会計
11. cost of goods sold	売上原価（エ）
12. fixed assets	固定資産（カ）

17

1. goodwill	のれん（ア）
2. separate financial statements	個別財務諸表
3. equity ratio	自己資本比率（ケ）
4. operating profit	営業利益（カ）
5. current ratio	流動比率（ク）
6. gross profit	売上総利益（オ）
7. sales discount	売上割引
8. consolidated financial statements	連結財務諸表（コ）
9. provision	引当金（イ）
10. accrual basis	発生主義（キ）
11. purchase discount	仕入割引（エ）
12. treasure shares	自己株式（ウ）

18

1. IASC (International Accounting Standards Committee)	国際会計基準委員会
2. F/S (Financial Statements)	財務諸表
3. ASBJ (Accounting Standards Board of Japan)	企業会計基準委員会（ア）
4. ROI (Return On Investment)	投資収益率
5. B/S (Balance Sheet)	貸借対照表
6. IFRS (International Financial Reporting Standards)	国際財務報告基準（イ）
7. ROE (Return On Equity)	自己資本利益率（エ）
8. CR (Current Rate)	決算時の為替相場（カ）
9. CSR (Corporate Social Responsibility)	企業の社会的責任
10. P/L (Profit and Loss Statement)	損益計算書
11. T/B (Trial Balance)	試算表
12. IASB (International Accounting Standards Board)	国際会計基準審議会
13. HR (Historical Rate)	取引発生時の為替相場
14. ROA (Return On Assets)	総資本利益率（オ）
15. FR (Forward Rate)	先物為替相場
16. S/S (Statement of changes in Shareholders' equity)	株主資本等変動計算書（ウ）

16

ア	イ	ウ	エ	オ	カ	キ	ク	ケ	コ
3	**8**	**6**	**11**	**9**	**12**	**5**	**1**	**2**	**7**

17

ア	イ	ウ	エ	オ	カ	キ	ク	ケ	コ
1	**9**	**12**	**11**	**6**	**4**	**10**	**5**	**3**	**8**

18

ア	イ	ウ	エ	オ	カ
3	**6**	**16**	**7**	**14**	**8**

模擬試験問題　【第　1　回】　1　級

ポイント

1

(1) a．単一性の原則の説明である（企業会計原則の一般原則７）。

b．前払費用や前受収益は次期以降の費用・収益なので，当期の損益計算から除かれる。一方で，未払費用や未収収益は当期の費用・収益なので，当期の損益計算に含める。

c．収益と益金，費用と損金は必ずしも一致しないので，企業会計上の利益（税引前当期純利益）に，必要な調整をおこなって課税所得を計算する。

(2)

1．financial accounting	財務会計（イ）
2．return on assets	総資本利益率
3．one-year rule	１年基準（ア）
4．operating-cycle rule	営業循環基準
5．management accounting	管理会計
6．return on equity	自己資本利益率

(3)

1．F/S（Financial Statements）	財務諸表
2．S/S（Statement of changes in Shareholders' equity）	株主資本等変動計算書（ア）
3．B/S（Balance Sheet）	貸借対照表
4．C/F（Statement of Cash Flows）	キャッシュ・フロー計算書
5．P/L（Profit and Loss Statement）	損益計算書

2

(1)資料の仕訳は以下のようになる。

ア．（借）当座預金　276,000　（貸）買掛金　276,000

イ．仕訳なし（未取付小切手）

ウ．（借）水道光熱費　3,000　（貸）当座預金　3,000

エ．仕訳なし（時間外預け入れ）

決算日における当座預金出納帳の残高¥3,180,000

＋（ア）¥276,000－（ウ）¥3,000＝当座預金出納帳の次月繰越高¥3,453,000

当座勘定残高証明書の金額¥3,540,000

－（イ）¥459,000＋（エ）¥372,000＝当座預金出納帳の次月繰越高¥3,453,000

(2)令和○2年3月31日（連結決算日）における連結仕訳を示すと次のようになる。

①投資と資本の相殺消去仕訳（単位：千円）

（借）	資本金	32,000	（貸）子会社株式	34,000
	利益剰余金当期首残高	8,000	非支配株主持分	8,000
	のれん	2,000		

②のれんの償却（単位：千円）

（借）のれん償却　100　（貸）のれん　100

③子会社の当期純利益の配分（単位：千円）

（借）非支配株主に帰属する当期純利益　800　（貸）非支配株主持分　800

④配当金の修正（単位：千円）

（借）	受取配当金	1,200	（貸）剰余金の配当	1,200
（借）	非支配株主持分	300	（貸）剰余金の配当	300

1　（小計14点）

(1)

ア	イ	ウ	エ
10	5	3	4
②	②	②	②

(2)

ア	イ
3	1
②	②

(3)

ア
2
②

2　（小計22点）

(1)

銀行勘定調整表

令和○年３月31日

		当座預金出納帳	銀行残高証明書	
	３月31日現在残高	¥3,180,000	¥3,540,000	
（加算）	〔ア〕	（276,000）	（　）	①
	〔エ〕	（　）	（372,000）	
	計	（3,456,000）	（3,912,000）	
（減算）	〔イ〕	（　）	（459,000）	①
	〔ウ〕	（3,000）	（　）	①
	調整後残高	（3,453,000）	（3,453,000）	

当座預金出納帳 次月繰越高	¥3,453,000	②

(2)

ア	11,700 千円 ②	イ	10,900 千円 ②	
ウ	1,900 千円 ②	エ	8,500 千円 ②	

(3)

①

a	112.7 % ①	b	153.6 % ①
c	11.6 回 ①		

②

a	207.9 % ①	b	14.7 % ①
c	11.8 回 ①		

③

ア	18.2 % ①	イ	8.0 % ①	ウ	2 ①

※(3)③のイの解答は，整数でも正答とする。

①(資本金32,000千円＋利益剰余金8,000千円)×非支配株主の株式保有割合20%
＝非支配株主持分8,000千円

のれんの金額は仕訳の貸借差額から2,000千円となる。

②のれん2,000千円÷償却期間20年＝のれん償却100千円

③S社の当期純利益4,000千円×非支配株主の株式保有割合20%
＝非支配株主に帰属する当期純利益800千円

④S社の配当金1,500千円×P社の株式保有割合80%＝受取配当金修正額1,200千円
S社の配当金1,500千円×非支配株主の株式保有割合20%
＝非支配株主持分修正額300千円

連結損益計算書

P社　令和○1年4月1日から令和○2年3月31日まで　(単位：千円)

売上原価	324,700	売上高	428,900
給料	92,600	受取配当金	(**500**)
支払利息	300		
のれん償却	(**100**)		
当期純利益	(*11,700*)		
	(**429,400**)		(**429,400**)
非支配株主に帰属する当期純利益	(**800**)	当期純利益	(**11,700**)
親会社株主に帰属する当期純利益	(*10,900*)		
	(**11,700**)		(**11,700**)

連結株主資本等変動計算書

P社　令和○1年4月1日から令和○2年3月31日まで　(単位：千円)

	資本金	利益剰余金	非支配株主持分
当期首残高	94,000	23,000	(**8,000**)
当期変動額　剰余金の配当		△5,000	
親会社株主に帰属する当期純利益		(**10,900**)	
株主資本以外の項目の当期変動額(純額)			(**500**)
当期末残高	94,000	(**28,900**)	(**8,500**)

連結貸借対照表

P社　令和○2年3月31日　(単位：千円)

諸資産	181,600	諸負債	52,100
のれん	(**1,900**)	資本金	(**94,000**)
		利益剰余金	(**28,900**)
		非支配株主持分	(**8,500**)
	(**183,500**)		(**183,500**)

P社受取配当金1,700千円－④受取配当金修正額1,200千円
＝受取配当金の連結P/L表示額500千円

当期純利益は連結P/Lの貸借差額から11,700千円となる。

当期純利益11,700千円－③非支配株主に帰属する当期純利益800千円
＝親会社株主に帰属する当期純利益10,900千円

※または,
P社当期純利益9,000千円＋S社当期純利益4,000千円
－②のれん償却100千円－③非支配株主に帰属する当期純利益800千円
－④受取配当金修正額1,200千円
＝親会社株主に帰属する当期純利益10,900千円と計算することもできる。

P社の利益剰余金当期首残高23,000千円
＋親会社株主に帰属する当期純利益10,900千円－P社の剰余金の配当5,000千円
＝利益剰余金当期末残高28,900千円

※または,
P社の利益剰余金当期末残高27,000千円＋S社の利益剰余金当期末残高10,500千円
－S社の利益剰余金当期首残高8,000千円
－②のれん償却100千円－③非支配株主に帰属する当期純利益800千円
－④受取配当金修正額1,200千円＋④S社の配当金1,500千円
＝利益剰余金当期末残高28,900千円と計算することもできる。

③非支配株主持分800千円－④非支配株主持分修正額300千円
＝非支配株主持分当期変動額500千円

①非支配株主持分当期首残高8,000千円＋非支配株主持分当期変動額500千円
＝非支配株主持分当期末残高8,500千円

①のれん2,000千円－②のれん償却100千円
＝のれんの連結B/S表示額（未償却残高）1,900千円

(参考) タイムテーブルを用いた計算（単位：千円）

令和○1年3月31日 (80%)				令和○2年3月31日 (80%)	
資本金	32,000			資本金	32,000
利益剰余金	8,000	P社 3,200	△1,200	利益剰余金	10,500
合計	40,000	非支配株主 800	△300	合計	42,500
非支配株主持分 (20%)	8,000			非支配株主持分 (20%)	8,500
子会社株式	34,000				
のれん	2,000	△100		のれん	1,900

(非支配株主持分8,000千円＋子会社株式34,000千円)－S社資本合計40,000千円
＝のれん2,000千円

P社の利益剰余金当期末残高27,000千円
＋S社当期純利益4,000千円×P社の株式保有割合80%
－のれん償却100千円－受取配当金修正額1,200千円
＝利益剰余金当期末残高28,900千円

ポイント

(3)

①a．現金預金¥1,749,500＋電子記録債権¥978,600＋売掛金¥1,131,700
＋有価証券¥648,200＝当座資産¥4,508,000
電子記録債務¥1,504,000＋買掛金¥2,115,000＋未払法人税等¥381,000
＝流動負債¥4,000,000
(当座資産¥4,508,000÷流動負債¥4,000,000)×100＝当座比率112.7%

b．建物¥2,530,000＋備品¥853,200＋土地¥2,290,000＋投資有価証券¥890,000
＋関係会社株式¥1,100,000＋長期前払費用¥324,000＝固定資産¥7,987,200
資本金¥3,300,000＋資本準備金¥610,000＋利益準備金¥250,000
＋繰越利益剰余金¥1,070,000＋自己株式△¥90,000
＋その他有価証券評価差額金¥60,000＝自己資本¥5,200,000
(固定資産¥7,987,200÷自己資本¥5,200,000)×100＝固定比率153.6%

c．(期首商品棚卸高¥1,319,200＋期末商品棚卸高¥1,204,800)÷2
＝平均商品棚卸高¥1,262,000
売上原価¥14,639,200÷平均商品棚卸高¥1,262,000＝商品回転率11.6回

②a．現金預金¥367,300＋電子記録債権¥218,000＋売掛金¥294,000
＋有価証券¥140,000＋商品¥409,000＋前払費用¥27,000
＝流動資産¥1,455,300
電子記録債務¥291,400＋買掛金¥348,600＋未払法人税等¥60,000
＝流動負債¥700,000
(流動資産¥1,455,300÷流動負債¥700,000)×100＝流動比率207.9%

b．(期首総資本¥2,800,000＋期末総資本¥3,000,000)÷2＝平均総資本¥2,900,000
(営業利益¥426,300÷平均総資本¥2,900,000)×100＝総資本営業利益率14.7%

c．電子記録債権¥218,000＋売掛金¥294,000＝期末売上債権¥512,000
(期首売上債権¥496,000＋期末売上債権¥512,000)÷2＝平均売上債権¥504,000
売上高¥5,947,200÷平均売上債権¥504,000＝受取勘定（売上債権）回転率11.8回

③ア．(期首自己資本¥4,800,000＋期末自己資本¥5,200,000)÷2
＝平均自己資本¥5,000,000
(当期純利益¥910,000÷平均自己資本¥5,000,000)×100
＝自己資本利益率（鳥取株式会社）18.2%

イ．(当期純利益¥232,000÷平均総資本¥2,900,000)×100
＝総資本利益率（岡山株式会社）8.0%

ウ．鳥取株式会社の当期純利益・自己資本・自己資本利益率は，いずれも岡山株式会社より高いにもかかわらず，総資本利益率については岡山株式会社よりも低くなっている。これは，鳥取株式会社の他人資本の金額が大きいか，岡山株式会社の他人資本の金額が小さいことが原因である。

ここで，鳥取株式会社の総資本に占める他人資本の割合と，総資本に占める自己資本の割合を求めると次のようになる。

(期首総資本¥12,300,000＋期末総資本¥13,700,000)÷2
＝平均総資本¥13,000,000
平均総資本¥13,000,000−平均自己資本¥5,000,000＝平均他人資本¥8,000,000
(平均他人資本¥8,000,000÷平均総資本¥13,000,000)×100
≒総資本に占める他人資本の割合61.5%
(平均自己資本¥5,000,000÷平均総資本¥13,000,000)×100
≒総資本に占める自己資本の割合38.5%

よって，鳥取株式会社の総資本に占める他人資本の割合が高いことがわかり，その結果，総資本利益率が低くなっていることが推測できる。

3　(小計36点)

損益計算書

山口商事株式会社　令和○1年4月1日から令和○2年3月31日まで　(単位：円)

Ⅰ 売上高		(**38,203,780**)	
Ⅱ 売上原価			
1. 期首商品棚卸高	2,947,300		
2. 当期商品仕入高	24,558,770		
合計	27,506,070		
3. 期末商品棚卸高	(**2,860,000**)		
	(**24,646,070**)		
4.(棚卸減耗損)	(**52,000**)		
5. 商品評価損	(**43,200**)	(**24,741,270**)	④
売上総利益		(**13,462,510**)	
Ⅲ 販売費及び一般管理費			
1. 給料	8,378,520		
2. 発送費	761,940		
3. 広告料	(**805,000**)		
4.(貸倒引当金繰入)	(**33,900**)		
5.(減価償却費)	(**333,000**) ④		
6.(退職給付費用)	(**571,200**)		
7. 通信費	(**489,600**)		
8. 消耗品費	(**92,750**)		
9. 保険料	(**381,000**)		
10. 租税公課	(**397,110**)		
11.(雑費)	(**129,160**)	(**12,373,180**)	
営業利益		(**1,089,330**)	
Ⅳ 営業外収益			
1. 受取家賃	780,000		
2. 受取配当金	90,000		
3.(有価証券評価益)	(**110,000**)		
4.(為替差益)	(**2,000**)	(**982,000**)	④
Ⅴ 営業外費用			
1.(支払利息)	(**48,000**)		
2. 手形売却損	18,000	(**66,000**)	
経常利益		(**2,005,330**)	
Ⅵ 特別利益			
1. 固定資産売却益	186,000	186,000	
税引前当期純利益		(**2,191,330**)	④
法人税・住民税及び事業税		657,400	
当期純利益		(**1,533,930**)	

貸借対照表

山口商事株式会社　令和○2年3月31日　(単位：円)

資産の部

Ⅰ 流動資産				
1. 現金預金		7,474,600		
2. 受取手形	(**1,770,000**)			
貸倒引当金	△(**17,700**)	(**1,752,300**)		
3. 売掛金	(**4,000,000**)			
貸倒引当金	△(**40,000**)	(**3,960,000**)		
4.(有価証券)		(**3,440,000**)		
5.(商品)		(**2,764,800**)		
6.(前払費用)		(**324,000**)		
流動資産合計			(**19,715,700**)	④

3

【付記事項の仕訳】

	借方	金額	貸方	金額
①	(借)(長期)リース債務	144,000	(貸)(短期)リース債務	144,000

【決算整理仕訳】

	借方	金額	貸方	金額
a.	(借)仕入	2,947,300	(貸)繰越商品	2,947,300
	繰越商品	2,860,000	仕入	2,860,000
	棚卸減耗損	52,000	繰越商品	52,000
	商品評価損	43,200	繰越商品	43,200
	仕入	52,000	棚卸減耗損	52,000
	仕入	43,200	商品評価損	43,200
b.	(借)売掛金	18,000	(貸)為替差損益	18,000
	(借)為替差損益	16,000	(貸)買掛金	16,000
c.	(借)貸倒引当金繰入	33,900	(貸)貸倒引当金	33,900
d.	(借)売買目的有価証券	110,000	(貸)有価証券評価益	110,000
	(借)その他有価証券	48,000	(貸)その他有価証券評価差額金	48,000
e.	(借)減価償却費	333,000	(貸)建物減価償却累計額	189,000
			リース資産減価償却累計額	144,000
f.	(借)前払保険料	324,000	(貸)保険料	567,000
	長期前払保険料	243,000		
g.	(借)支払利息	4,000	(貸)未払利息	4,000
h.	(借)退職給付費用	571,200	(貸)退職給付引当金	571,200
i.	(借)法人税等	657,400	(貸)仮払法人税等	310,500
			未払法人税等	346,900

【考え方・計算式】

① 決算整理事項eの見積現金購入価額 ¥720,000がリース資産の元帳勘定残高 ¥720,000と一致していることから，利子抜き法（利息相当額を控除する方法）で処理していることを判断する。なお，当期のリース料の支払いは期中の仕訳であり，元帳勘定残高はそれを反映した金額となっているため，リース料の支払いの仕訳は不要である（本問では，そもそも年間リース料が不明である）。

リース債務の元帳勘定残高 ¥432,000のうち，決算日の翌日から1年以内に支払期限が到来する部分は流動負債として表示する必要がある。よって，次期のリース債務減少額は流動負債として表示しなければならない。

リース債務総額（リース資産総額と同じ）¥720,000÷リース期間（耐用年数と同じ）5年
=次期のリース債務減少額（流動負債）¥144,000

リース債務の元帳勘定残高 ¥432,000−流動負債として表示する部分 ¥144,000
=固定負債として表示する部分 ¥288,000

Ⅱ 固定資産				
(1) 有形固定資産				
1. 建物	10,500,000			
減価償却累計額	△(**3,024,000**)	(**7,476,000**)		
2. 土地		(**10,000,000**)		
3. リース資産	(**720,000**)			
減価償却累計額	△(**288,000**)	(**432,000**)		
有形固定資産合計		(**17,908,000**)		
(2) 投資その他の資産				
1.（投資有価証券）		(**2,240,000**)		
2.（長期前払費用）		(**243,000**)		④
投資その他の資産合計		(**2,483,000**)		
固定資産合計			(**20,391,000**)	
資産合計			(**40,106,700**)	
負債の部				
Ⅰ 流動負債				
1. 支払手形		(**1,148,000**)		
2. 買掛金		(**2,783,100**)		
3. リース債務		(**144,000**)		④
4. 未払費用		(**4,000**)		
5. 未払法人税等		(**346,900**)		
流動負債合計			(**4,426,000**)	
Ⅱ 固定負債				
1. 長期借入金		4,000,000		
2. リース債務		(**288,000**)		
3. 退職給付引当金		(**6,946,470**)		
固定負債合計			(**11,234,470**)	
負債合計			(**15,660,470**)	④
純資産の部				
Ⅰ 株主資本				
(1) 資本金			18,000,000	
(2) 資本剰余金				
1. 資本準備金		2,130,000		
資本剰余金合計			2,130,000	
(3) 利益剰余金				
1. 利益準備金		1,020,000		
2. その他利益剰余金				
① 別途積立金		800,000		
② 繰越利益剰余金		(**2,448,230**)		④
利益剰余金合計			(**4,268,230**)	
株主資本合計			(**24,398,230**)	
Ⅱ 評価・換算差額等				
1. その他有価証券評価差額金		(**48,000**)		
評価・換算差額等合計			(**48,000**)	
純資産合計			(**24,446,230**)	
負債及び純資産合計			40,106,700	

※ i 損益計算書の棚卸減耗損は，棚卸減耗費でもよい。
ii 損益計算書の貸倒引当金繰入は，貸倒償却でもよい。

ポイント

a.

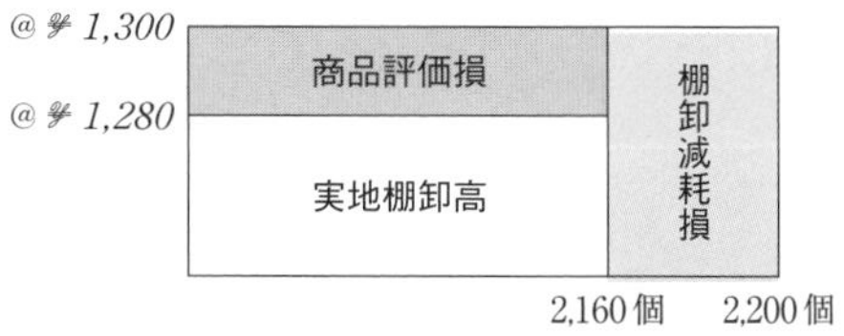

原価@¥ 1,300×帳簿棚卸数量2,200個＝期末商品棚卸高¥ 2,860,000
原価@¥ 1,300×(帳簿棚卸数量2,200個－実地棚卸数量2,160個)＝棚卸減耗損¥ 52,000
(原価@¥ 1,300－正味売却価額@¥ 1,280)×実地棚卸数量2,160個
＝商品評価損¥ 43,200
期末商品棚卸高¥ 2,860,000－棚卸減耗損¥ 52,000－商品評価損¥ 43,200
＝貸借対照表の「商品」¥ 2,764,800

b. 売掛金：外貨$ 9,000×販売時の為替相場¥ 112＝売掛金¥ 1,008,000
外貨$ 9,000×決算時の為替相場¥ 114＝換算額¥ 1,026,000
換算額¥ 1,026,000－売掛金¥ 1,008,000＝為替差益¥ 18,000
買掛金：外貨$ 4,000×仕入時の為替相場¥ 110＝買掛金¥ 440,000
外貨$ 4,000×決算時の為替相場¥ 114＝換算額¥ 456,000
買掛金¥ 440,000－換算額¥ 456,000＝為替差損△¥ 16,000
為替差損益：為替差益¥ 18,000＋為替差損△¥ 16,000＝為替差益¥ 2,000

c. 受取手形¥ 1,770,000＋売掛金(¥ 3,982,000＋¥ 18,000)＝売上債権¥ 5,770,000
売上債権¥ 5,770,000×貸倒実績率１％＝貸倒見積高¥ 57,700
貸倒見積高¥ 57,700－貸倒引当金¥ 23,800＝貸倒引当金繰入額¥ 33,900

d. 売買目的有価証券：各銘柄について，それぞれ評価損益を求める。
香川商事株式会社　(時価@¥ 4,900－帳簿価額@¥ 4,500)×株数500株
＝有価証券評価益¥ 200,000
南西商事株式会社　(時価@¥ 3,300－帳簿価額@¥ 3,600)×株数300株
＝有価証券評価損△¥ 90,000
有価証券評価益¥ 200,000＋有価証券評価損△¥ 90,000
＝有価証券評価益¥ 110,000
その他有価証券：(時価@¥ 2,800－帳簿価額@¥ 2,740)×株数800株
＝その他有価証券評価差額金¥ 48,000

e. 建物：(取得原価¥ 10,500,000－残存価額¥ 10,500,000×10％)÷耐用年数50年
＝建物の減価償却費¥ 189,000
リース資産：(リース資産総額¥ 720,000－残存価額¥ 0)÷耐用年数５年
＝リース資産の減価償却費¥ 144,000
建物の減価償却費¥ 189,000＋リース資産の減価償却費¥ 144,000
＝減価償却費¥ 333,000

f. ２年分の保険料¥ 648,000÷24か月＝１か月あたりの保険料¥ 27,000
令和○2年１月１日～令和○2年３月31日（３か月）→当期の保険料
１か月あたりの保険料¥ 27,000×３か月＝当期の保険料¥ 81,000
令和○2年４月１日～令和○3年３月31日（12か月）→前払保険料
１か月あたりの保険料¥ 27,000×12か月＝前払保険料¥ 324,000
令和○3年４月１日～令和○3年12月31日（９か月）→長期前払保険料
１か月あたりの保険料¥ 27,000×９か月＝長期前払保険料¥ 243,000

i. 法人税等¥ 657,400－仮払法人税等¥ 310,500＝未払法人税等¥ 346,900

【金額の変動】
損益計算書

区分	前T/Bの科目	変動前金額	変動額	変動後金額	F/S表示科目
売上原価	仕入	¥ 24,558,770	＋¥ 2,947,300	¥ 24,741,270	売上原価
			△¥ 2,860,000		
			＋¥ 52,000		
			＋¥ 43,200		
販売費及び一般管理費	―	―	＋¥ 33,900	¥ 33,900	貸倒引当金繰入
	―	―	＋¥ 189,000	¥ 333,000	減価償却費
			＋¥ 144,000		
	―	―	＋¥ 571,200	¥ 571,200	退職給付費用
	保険料	¥ 948,000	△¥ 324,000	¥ 381,000	保険料
			△¥ 243,000		
営業外収益	―	―	＋¥ 200,000	¥ 110,000	有価証券評価益
			△¥ 90,000		
	―	―	＋¥ 18,000	¥ 2,000	為替差益
			△¥ 16,000		
営業外費用	支払利息	¥ 44,000	＋¥ 4,000	¥ 48,000	支払利息
税等	―	―	＋¥ 657,400	¥ 657,400	法人税・住民税及び事業税

貸借対照表

区分	前T/Bの科目	変動前金額	変動額	変動後金額	F/S表示科目
流動資産	現金	¥ 2,986,270	―	¥ 7,474,600	現金預金
	当座預金	¥ 4,488,330			
	売掛金	¥ 3,982,000	＋¥ 18,000	¥ 4,000,000	売掛金
	貸倒引当金	¥ 23,800	＋¥ 33,900	¥ 57,700	貸倒引当金
	売買目的有価証券	¥ 3,330,000	＋¥ 200,000	¥ 3,440,000	有価証券
			△¥ 90,000		
	繰越商品	¥ 2,947,300	△¥ 2,947,300	¥ 2,764,800	商品
			＋¥ 2,860,000		
			△¥ 52,000		
			△¥ 43,200		
	仮払法人税等	¥ 310,500	△¥ 310,500	―	―
	―	―	＋¥ 324,000	¥ 324,000	前払費用
固定資産	建物減価償却累計額	¥ 2,835,000	＋¥ 189,000	¥ 3,024,000	減価償却累計額
	リース資産減価償却累計額	¥ 144,000	＋¥ 144,000	¥ 288,000	減価償却累計額
	その他有価証券	¥ 2,192,000	＋¥ 48,000	¥ 2,240,000	投資有価証券
	―	―	＋¥ 243,000	¥ 243,000	長期前払費用
流動負債	買掛金	¥ 2,767,100	＋¥ 16,000	¥ 2,783,100	買掛金
	―	―	＋¥ 144,000	¥ 144,000	リース債務
	―	―	＋¥ 4,000	¥ 4,000	未払費用
	―	―	＋¥ 346,900	¥ 346,900	未払法人税等
固定負債	リース債務	¥ 432,000	△¥ 144,000	¥ 288,000	リース債務
	退職給付引当金	¥ 6,375,270	＋¥ 571,200	¥ 6,946,470	退職給付引当金
純資産	繰越利益剰余金	¥ 914,300	＋¥ 1,533,930	¥ 2,448,230	繰越利益剰余金
	―	―	＋¥ 48,000	¥ 48,000	その他有価証券評価差額金

4 （小計28点）

	借方		貸方		
a	新株予約権 当座預金	***3,600,000*** ***28,000,000***	資本金 資本準備金	***15,800,000*** ***15,800,000***	④
b	買掛金	***650,000***	当座預金 仕入割引	***637,000*** ***13,000***	④
c	減価償却費 繰延税金資産	***160,000*** ***9,600***	備品減価償却累計額 法人税等調整額	***160,000*** ***9,600***	④
d	当座預金 有価証券売却損	***6,999,000*** ***42,000***	売買目的有価証券 有価証券利息	***6,895,000*** ***146,000***	④
e	不渡手形 保証債務	***802,000*** ***8,000***	当座預金 保証債務取崩益	***802,000*** ***8,000***	④
f	役務原価	***436,800***	現金	***436,800***	④
g	その他資本剰余金 繰越利益剰余金	***3,960,000*** ***5,060,000***	資本準備金 利益準備金 未払配当金	***360,000*** ***460,000*** ***8,200,000***	④

新株予約権や税効果会計，サービス業における費用の
計上など，新しい論点がたくさん入っているよ。
繰り返し問題を解いて，マスターしておこう！

4

a．払込金額@*¥ 90,000*×権利行使分40個＝発行時の払込金額*¥ 3,600,000*
権利行使価格@*¥ 140,000*×株数200株＝権利行使時の払込金額*¥ 28,000,000*
発行時の払込金額*¥ 3,600,000*＋権利行使時の払込金額*¥ 28,000,000*
＝払込金額*¥ 31,600,000*
「会社法に規定する最高限度額」とは，払込金額の２分の１であるため，
払込金額*¥ 31,600,000*×(1/2)＝資本準備金*¥ 15,800,000*
払込金額*¥ 31,600,000*－資本準備金*¥ 15,800,000*＝資本金*¥ 15,800,000*

b．買掛金*¥ 650,000*×割引率２％＝仕入割引*¥ 13,000*
買掛金*¥ 650,000*－仕入割引*¥ 13,000*＝支払額*¥ 637,000*

c．企業会計上：(取得原価*¥ 1,280,000*－残存価額*¥ 0*)÷経済的耐用年数８年
＝減価償却費*¥ 160,000*
税　法　上：(取得原価*¥ 1,280,000*－残存価額*¥ 0*)÷法定耐用年数10年
＝減価償却費*¥ 128,000*
将来減算一時差異（*¥ 160,000*－*¥ 128,000*)×法定実効税率30％
＝繰延税金資産*¥ 9,600*

d．社債の額面総額*¥ 10,000,000*×(*¥ 98.20*／*¥ 100*)＋買入手数料*¥ 30,000*
＝社債の取得価額*¥ 9,850,000*
社債の取得価額*¥ 9,850,000*×(*¥ 7,000,000*／*¥ 10,000,000*)
＝売却した社債の帳簿価額*¥ 6,895,000*
売却した社債の額面金額*¥ 7,000,000*×(*¥ 97.90*／*¥ 100*)
＝社債の売却価額*¥ 6,853,000*
社債の売却価額*¥ 6,853,000*－売却した社債の帳簿価額*¥ 6,895,000*
＝有価証券売却損△*¥ 42,000*
社債の売却価額*¥ 6,853,000*＋端数利息*¥ 146,000*＝受取額*¥ 6,999,000*

e．手形額面金額*¥ 800,000*＋期日以後の利息*¥ 2,000*＝不渡手形*¥ 802,000*
手形額面金額*¥ 800,000*×１％＝保証債務*¥ 8,000*
支払人に代わって代金を支払ったときは，手形の二次的責任が消滅するため，保証債務を取り崩す処理をおこなう。

f．サービスの提供と同時に支払った費用は，仕掛品勘定を経由せず，直接，役務原価勘定に振り替える。

g．その他資本剰余金による配当額*¥ 3,600,000*＋繰越利益剰余金による配当額*¥ 4,600,000*
＝配当金*¥ 8,200,000*
資本準備金計上額*¥ 360,000*＋その他資本剰余金による配当額*¥ 3,600,000*
＝その他資本剰余金減少額*¥ 3,960,000*
利益準備金計上額*¥ 460,000*＋繰越利益剰余金による配当額*¥ 4,600,000*
＝繰越利益剰余金減少額*¥ 5,060,000*

模擬試験問題　【第　2　回】　1　級

ポイント

1

(1)a．自己株式の取得，処分および消却に関する付随費用は，損益計算書の営業外費用に計上する（自己株式及び準備金の額の減少等に関する会計基準第14項）。

b．ファイナンス・リース取引の説明である（リース取引に関する会計基準第5項）。リース期間の途中で解約することができないことをノン・キャンセラブル，リース物件の使用のために生じるコストを借手が負担することをフルペイアウトという。

c．正規の簿記の原則の説明である（企業会計原則の一般原則2）。

(2)

1．fixed assets	固定資産
2．current assets	流動資産
3．fixed liabilities	固定負債（イ）
4．return on assets	総資本利益率（ア）
5．return on equity	自己資本利益率
6．current liabilities	流動負債

(3)

1．EDINET （Electronic Disclosure for Investors' NETwork）	金融商品取引法に基づく有価証券報告書等の開示書類に関する電子開示システム
2．IASB（International Accounting Standards Board）	国際会計基準審議会
3．CSR（Corporate Social Responsibility）	企業の社会的責任
4．ASBJ（Accounting Standards Board of Japan）	企業会計基準委員会
5．IFRS（International Financial Reporting Standards）	国際財務報告基準（ア）

2

(1)原価（￥295,000＋￥1,222,000）÷売価（￥440,000＋￥1,610,000）＝原価率0.74

期末商品棚卸高（売価）￥350,000×原価率0.74＝期末商品棚卸高（原価）￥259,000

期首商品棚卸高（原価）￥295,000＋当期商品仕入高（原価）￥1,222,000

－期末商品棚卸高（原価）￥259,000＝売上原価￥1,258,000

当期売上高￥1,700,000－売上原価￥1,258,000＝売上総利益￥442,000

(2)令和○6年3月31日（連結決算日）における連結仕訳を示すと次のようになる。

①子会社の資産および負債の評価替えの仕訳（単位：千円）

（借）	土　　地	5,000	（貸）	評価差額	5,000

②投資と資本の相殺消去仕訳（単位：千円）

（借）	資本金	60,000	（貸）	子会社株式	58,000
	利益剰余金当期首残高	15,000		非支配株主持分	24,000
	評価差額	5,000			
	のれん	2,000			

③のれんの償却（単位：千円）

（借）	のれん償却	200	（貸）	のれん	200

④子会社の当期純利益の配分（単位：千円）

（借）	非支配株主に帰属する当期純利益	2,100	（貸）	非支配株主持分	2,100

⑤配当金の修正（単位：千円）

（借）	受取配当金	2,100	（貸）	剰余金の配当	2,100
（借）	非支配株主持分	900	（貸）	剰余金の配当	900

1　（小計14点）

(1)

ア	イ	ウ	エ
4 ②	9 ②	1 ②	2 ②

(2)

ア	イ
4 ②	3 ②

(3)

ア
5 ②

2　（小計22点）

(1)

a	￥259,000 ②	b	￥442,000 ②

(2)

ア	400 千円 ②	イ	2,100 千円 ②
ウ	41,600 千円 ②	エ	1,800 千円 ②

(3)

①

a	25,000 千円 ②	b	3,030 千円 ②

②

ア	2.1 % ①	イ	1 ①
ウ	50.0 % ①	エ	2 ①
オ	2.1 回 ①	カ	1 ①

※(3)②のウの解答は，整数でも正答とする。

①土地の時価*42,000*千円－土地の帳簿価額*37,000*千円＝評価差額*5,000*千円
②（資本金*60,000*千円＋利益剰余金*15,000*千円＋評価差額*5,000*千円）
×非支配株主の株式保有割合30％＝非支配株主持分*24,000*千円
のれんの金額は仕訳の貸借差額から*2,000*千円となる。
③のれん*2,000*千円÷償却期間10年＝のれん償却*200*千円
④Ｓ社の当期純利益*7,000*千円×非支配株主の株式保有割合30％
＝非支配株主に帰属する当期純利益*2,100*千円
⑤Ｓ社の配当金*3,000*千円×Ｐ社の株式保有割合70％＝受取配当金修正額*2,100*千円
Ｓ社の配当金*3,000*千円×非支配株主の株式保有割合30％
＝非支配株主持分修正額*900*千円

連結損益計算書

Ｐ社　令和○5年4月1日から令和○6年3月31日まで　（単位：千円）

売上原価	744,120	売上高	942,100
給料	180,000	受取配当金	（ **400** ）
支払利息	480		
のれん償却	（ **200** ）		
当期純利益	（ 17,700 ）		
	（ **942,500** ）		（ **942,500** ）
非支配株主に帰属する当期純利益	（ **2,100** ）	当期純利益	（ **17,700** ）
親会社株主に帰属する当期純利益	（ 15,600 ）		
	（ **17,700** ）		（ **17,700** ）

連結株主資本等変動計算書

Ｐ社　令和○5年4月1日から令和○6年3月31日まで　（単位：千円）

	資本金	利益剰余金	非支配株主持分
当期首残高	230,000	34,000	（ **24,000** ）
当期変動額　剰余金の配当		△8,000	
親会社株主に帰属する当期純利益		（ **15,600** ）	
株主資本以外の項目の当期変動額（純額）			（ **1,200** ）
当期末残高	230,000	（ **41,600** ）	（ **25,200** ）

連結貸借対照表

Ｐ社　令和○6年3月31日　（単位：千円）

諸資産	455,000	諸負債	285,000
土地	（ **125,000** ）	資本金	（ **230,000** ）
のれん	（ **1,800** ）	利益剰余金	（ **41,600** ）
		非支配株主持分	（ **25,200** ）
	（ **581,800** ）		（ **581,800** ）

Ｐ社受取配当金*2,500*千円－⑤受取配当金修正額*2,100*千円
＝受取配当金の連結P/L表示額*400*千円
当期純利益は連結P/Lの貸借差額から*17,700*千円となる。
当期純利益*17,700*千円－④非支配株主に帰属する当期純利益*2,100*千円
＝親会社株主に帰属する当期純利益*15,600*千円

※または，
Ｐ社当期純利益*13,000*千円＋Ｓ社当期純利益*7,000*千円
－③のれん償却*200*千円－④非支配株主に帰属する当期純利益*2,100*千円
－⑤受取配当金修正額*2,100*千円
＝親会社株主に帰属する当期純利益*15,600*千円と計算することもできる。

Ｐ社の利益剰余金当期首残高*34,000*千円
＋親会社株主に帰属する当期純利益*15,600*千円－Ｐ社の剰余金の配当*8,000*千円
＝利益剰余金当期末残高*41,600*千円

※または，
Ｐ社の利益剰余金当期末残高*39,000*千円＋Ｓ社の利益剰余金当期末残高*19,000*千円
－Ｓ社の利益剰余金当期首残高*15,000*千円
－③のれん償却*200*千円－④非支配株主に帰属する当期純利益*2,100*千円
－⑤受取配当金修正額*2,100*千円＋⑤Ｓ社の配当金*3,000*千円
＝利益剰余金当期末残高*41,600*千円と計算することもできる。

④非支配株主持分*2,100*千円－⑤非支配株主持分修正額*900*千円
＝非支配株主持分当期変動額*1,200*千円
②非支配株主持分当期首残高*24,000*千円＋非支配株主持分当期変動額*1,200*千円
＝非支配株主持分当期末残高*25,200*千円
②のれん*2,000*千円－③のれん償却*200*千円
＝のれんの連結B/S表示額（未償却残高）*1,800*千円

（参考）タイムテーブルを用いた計算（単位：千円）

令和○5年3月31日（70％）		期中		令和○6年3月31日（70％）	
資本金	60,000			資本金	60,000
利益剰余金	15,000	Ｐ社 4,900	△2,100	利益剰余金	19,000
評価差額	5,000	非支配株主 2,100	△900	評価差額	5,000
合計	80,000			合計	84,000
非支配株主持分（30％）	24,000			非支配株主持分（30％）	25,200
子会社株式	58,000				
のれん	2,000	△200		のれん	1,800

（非支配株主持分*24,000*千円＋子会社株式*58,000*千円）－Ｓ社資本合計*80,000*千円
＝のれん*2,000*千円
Ｐ社の利益剰余金当期末残高*39,000*千円
＋Ｓ社当期純利益*7,000*千円×Ｐ社の株式保有割合70％
－のれん償却*200*千円－受取配当金修正額*2,100*千円
＝利益剰余金当期末残高*41,600*千円

ポイント

(3)

①a．まず，資料ivの第20期の株主資本等変動計算書の当期首残高の行から，資本金の当期首残高（第19期の資本金の金額）を求める。

純資産合計*25,000*千円－資本剰余金合計*2,000*千円－利益剰余金合計*3,000*千円
＝資本金（当期首残高）*20,000*千円

この金額に資本金の当期変動額を考慮して，第20期の資本金の金額を求める。

資本金当期首残高*20,000*千円＋資本金当期変動額*5,000*千円
＝資本金当期末残高（第20期の資本金の金額）*25,000*千円

b．資料iiの純資産の変動に関する情報から，繰越利益剰余金の配当および処分に関する仕訳を推定する。

資本金*20,000*千円×(1/4)－(資本準備金*2,000*千円＋利益準備金*930*千円)
＝*2,070*千円……①

配当金*600*千円×(1/10)＝*60*千円……②

①＞②より，利益準備金積立額は②の*60*千円となる。

（借）	繰越利益剰余金	*1,020*	（貸）利益準備金	*60*
			未払配当金	*600*
			新築積立金	*360*

また，資料iiiから第20期の当期純利益の計上に関する仕訳を推定する。

（借）	損益	*630*	（貸）繰越利益剰余金	*630*

これらの仕訳を資料ivの第20期の株主資本等変動計算書に記入し，第20期の利益剰余金合計を求める。完成した株主資本等変動計算書を示すと次のようになる。

（第20期）株主資本等変動計算書

鹿児島産業株式会社　令和○5年4月1日から令和○6年3月31日まで　（単位：千円）

	資本金	資本剰余金：資本準備金	資本剰余金：資本剰余金合計	利益剰余金：利益準備金	利益剰余金：その他利益剰余金：新築積立金	利益剰余金：その他利益剰余金：繰越利益剰余金	利益剰余金：利益剰余金合計	自己株式	純資産合計
当期首残高	*20,000*	2,000	2,000	930	760	1,310	3,000	――	25,000
当期変動額									
新株の発行	*5,000*								*5,000*
剰余金の配当				*60*		*△660*	*△600*		*△600*
新築積立金の積立					*360*	*△360*	――		――
当期純利益						*630*	*630*		*630*
自己株式の取得								*△30*	*△30*
当期変動額合計	*5,000*	――	――	*60*	*360*	*△390*	*30*	*△30*	*5,000*
当期末残高	*25,000*	*2,000*	*2,000*	*990*	*1,120*	*920*	*3,030*	*△30*	*30,000*

②ア．（当期純利益*630*千円÷自己資本*30,000*千円）×100＝自己資本利益率2.1%

イ．自己資本利益率は，自己資本の収益性を判断する財務指標である。

ウ．総資本は資産総額と同額であるため，資料iiiから*60,000*千円と判断する。
（自己資本*30,000*千円÷総資本*60,000*千円）×100＝自己資本比率50.0%

エ．自己資本比率は，企業の安全性を判断する財務指標である。

オ．売上高*63,000*千円÷自己資本*30,000*千円＝自己資本回転率2.1回

カ．自己資本回転率が高いほど，自己資本を効率的に活用していることを示す。第19期よりも第20期の方が自己資本回転率が低いので，自己資本を非効率的に活用しているといえる。

3 （小計36点）

損益計算書

宮崎物産株式会社　令和○5年4月1日から令和○6年3月31日まで　（単位：円）

Ⅰ 売上高			(**47,204,840**)	
Ⅱ 売上原価				
1. 期首商品棚卸高	*2,502,400*			
2. 当期商品仕入高	*29,837,210*			
合計	*32,339,610*			
3. 期末商品棚卸高	(**2,880,000**)			
	(**29,459,610**)			
4.（棚卸減耗損）	(**48,000**)	④		
5. 商品評価損	(**141,600**)		(**29,649,210**)	
売上総利益			(**17,555,630**)	
Ⅲ 販売費及び一般管理費				
1. 給料	*9,133,240*			
2. 発送費	*675,180*			
3. 広告料	(**942,200**)			
4.（貸倒引当金繰入）	(**135,000**)			
5.（減価償却費）	(**312,500**)			
6.（退職給付費用）	(**660,300**)			
7. 支払家賃	(**540,000**)			
8. 消耗品費	(**73,480**)			
9. 保険料	(**1,199,000**)			
10. 租税公課	(**296,380**)			
11.（雑費）	(**126,050**)		(**14,093,330**)	④
営業利益			(**3,462,300**)	
Ⅳ 営業外収益				
1. 受取配当金	*87,000*			
2. 受取利息	(**9,600**)		(**96,600**)	
Ⅴ 営業外費用				
1. 電子記録債権売却損	*63,500*			
2.（有価証券評価損）	(**20,000**)		(**83,500**)	
経常利益			(**3,475,400**)	④
Ⅵ 特別利益				
1. 固定資産売却益	(**132,000**)		(**132,000**)	
Ⅶ 特別損失				
1. 固定資産除却損	(**58,000**)		(**58,000**)	
税引前当期純利益			(**3,549,400**)	
法人税・住民税及び事業税	(**1,088,070**)			
法人税等調整額	△(**23,250**)		(**1,064,820**)	④
当期純利益			(**2,484,580**)	

貸借対照表

宮崎物産株式会社　令和○6年3月31日　（単位：円）

資産の部

Ⅰ 流動資産				
1. 現金預金		*8,173,450*		
2. 電子記録債権	(**2,714,000**)			
貸倒引当金	△(**54,280**)	(**2,659,720**)		
3. 売掛金	(**4,886,000**)			
貸倒引当金	△(**97,720**)	(**4,788,280**)		
4.（有価証券）		(**6,010,000**)		
5.（商品）		(**2,690,400**)	④	
6.（前払費用）		(**348,000**)		
7.（未収収益）		(**2,400**)		
流動資産合計			(**24,672,250**)	

3

【決算整理仕訳】

a．(借)	仕　　　入	2,502,400	(貸) 繰越商品	2,502,400
	繰越商品	2,880,000	仕　　　入	2,880,000
	棚卸減耗損	48,000	繰越商品	48,000
	商品評価損	141,600	繰越商品	141,600
	仕　　　入	48,000	棚卸減耗損	48,000
	仕　　　入	141,600	商品評価損	141,600
b．(借)	貸倒引当金繰入	135,000	(貸) 貸倒引当金	135,000
(借)	繰延税金資産	4,500	(貸) 法人税等調整額	4,500
c．(借)	有価証券評価損	20,000	(貸) 売買目的有価証券	20,000
(借)	その他有価証券	90,000	(貸) その他有価証券評価差額金	90,000
(借)	その他有価証券評価差額金	27,000	(貸) 繰延税金負債	27,000
d．(借)	減価償却費	312,500	(貸) 備品減価償却累計額	312,500
(借)	繰延税金資産	18,750	(貸) 法人税等調整額	18,750
e．(借)	前払保険料	348,000	(貸) 保険料	725,000
	長期前払保険料	377,000		
f．(借)	未収利息	2,400	(貸) 受取利息	2,400
g．(借)	退職給付費用	660,300	(貸) 退職給付引当金	660,300
h．(借)	法人税等	1,088,070	(貸) 仮払法人税等	439,400
			未払法人税等	648,670

Ⅱ 固定資産			
(1) 有形固定資産			
1．備品	2,500,000		
減価償却累計額	△（ **625,000** ）	（ **1,875,000** ）	
2．土地		（ **9,170,000** ）	
3．建設仮勘定		（ **4,380,000** ）	
有形固定資産合計		（ **15,425,000** ）	
(2) 投資その他の資産			
1．（ 投資有価証券 ）		（ **3,970,000** ）	
2．（ 長期貸付金 ）		（ **4,000,000** ）	
3．（ 長期前払費用 ）		（ **377,000** ）	
4．（ 繰延税金資産 ）		（ **15,000** ）	
投資その他の資産合計		（ **8,362,000** ）	
固定資産合計			（ **23,787,000** ）④
資産合計			（ **48,459,250** ）
負債の部			
Ⅰ 流動負債			
1．電子記録債務		（ **1,893,400** ）	
2．買掛金		（ **3,059,200** ）	
3．未払法人税等		（ **648,670** ）	
流動負債合計			（ **5,601,270** ）
Ⅱ 固定負債			
1．退職給付引当金		（ **6,157,600** ）④	
固定負債合計			（ **6,157,600** ）
負債合計			（ **11,758,870** ）
純資産の部			
Ⅰ 株主資本			
(1) 資本金			27,000,000
(2) 資本剰余金			
1．資本準備金		3,500,000	
資本剰余金合計			3,500,000
(3) 利益剰余金			
1．利益準備金		2,200,000	
2．その他利益剰余金			
① 別途積立金		800,000	
② 繰越利益剰余金		（ **3,137,380** ）④	
利益剰余金合計			（ **6,137,380** ）
株主資本合計			（ **36,637,380** ）
Ⅱ 評価・換算差額等			
1．その他有価証券評価差額金		（ **63,000** ）	
評価・換算差額等合計			（ **63,000** ）
純資産合計			（ **36,700,380** ）
負債及び純資産合計			（ **48,459,250** ）④

※ i　損益計算書の棚卸減耗損は，棚卸減耗費でもよい。
ii　損益計算書の貸倒引当金繰入は，貸倒償却でもよい。

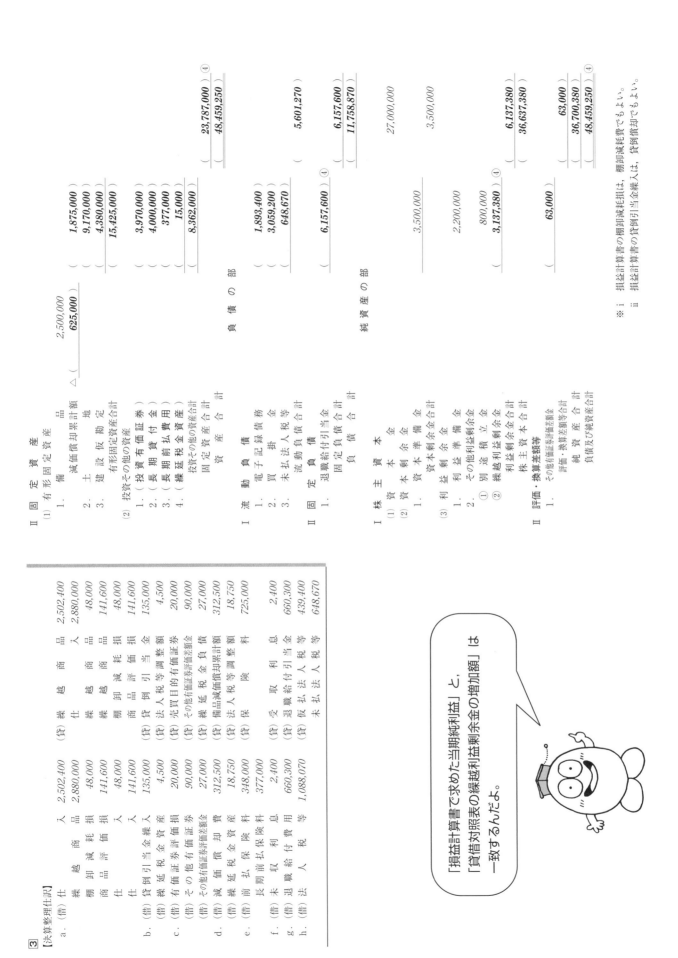

ポイント

【考え方・計算式】

a.

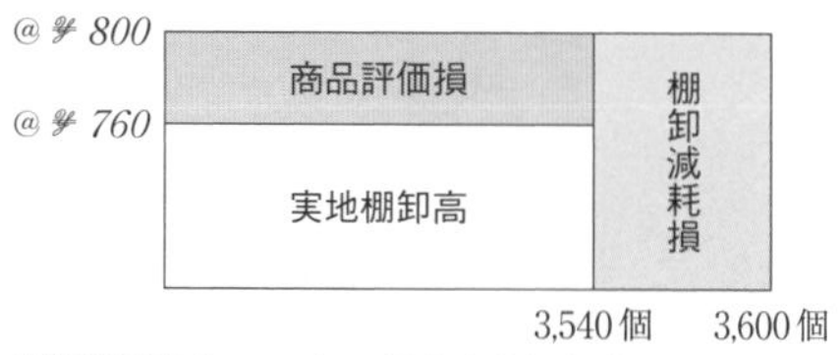

原価@¥800×帳簿棚卸数量3,600個＝期末商品棚卸高¥2,880,000

原価@¥800×(帳簿棚卸数量3,600個－実地棚卸数量3,540個)＝棚卸減耗損¥48,000

(原価@¥800－正味売却価額@¥760)×実地棚卸数量3,540個

＝商品評価損¥141,600

期末商品棚卸高¥2,880,000－棚卸減耗損¥48,000－商品評価損¥141,600

＝貸借対照表の「商品」¥2,690,400

b. 電子記録債権¥2,714,000＋売掛金¥4,886,000＝売上債権¥7,600,000

売上債権¥7,600,000×貸倒実績率２％＝貸倒見積高¥152,000

貸倒見積高¥152,000－貸倒引当金¥17,000＝貸倒引当金繰入額¥135,000

将来減算一時差異（¥135,000－¥120,000)×法定実効税率30％

＝繰延税金資産¥4,500

c. 売買目的有価証券：各銘柄について，それぞれ評価損益を求める。

大分通信株式会社　(時価@¥6,300－帳簿価額@¥6,100)×株数700株

＝有価証券評価益¥140,000

北西電機株式会社　(時価@¥4,000－帳簿価額@¥4,400)×株数400株

＝有価証券評価損△¥160,000

有価証券評価益¥140,000＋有価証券評価損△¥160,000

＝有価証券評価損△¥20,000

その他有価証券：(時価@¥3,970－帳簿価額@¥3,880)×株数1,000株

＝その他有価証券評価差額金¥90,000

将来加算一時差異¥90,000×法定実効税率30％＝繰延税金負債¥27,000

d. 企業会計上：(取得原価¥2,500,000－残存価額¥0)÷経済的耐用年数８年

＝減価償却費¥312,500

税　法　上：(取得原価¥2,500,000－残存価額¥0)÷法定耐用年数10年

＝減価償却費¥250,000

将来減算一時差異（¥312,500－¥250,000)×法定実効税率30％

＝繰延税金資産¥18,750

e. ３年分の保険料¥1,044,000÷36か月＝１か月あたりの保険料¥29,000

令和○5年５月１日～令和○6年３月31日（11か月)→当期の保険料

１か月あたりの保険料¥29,000×11か月＝当期の保険料¥319,000

令和○6年４月１日～令和○7年３月31日（12か月)→前払保険料

１か月あたりの保険料¥29,000×12か月＝前払保険料¥348,000

令和○7年４月１日～令和○8年４月30日（13か月)→長期前払保険料

１か月あたりの保険料¥29,000×13か月＝長期前払保険料¥377,000

h. 法人税等¥1,088,070－仮払法人税等¥439,400＝未払法人税等¥648,670

【金額の変動】

損益計算書

区分	前T/Bの科目	変動前金額	変動額	変動後金額	F/S表示科目
売上原価	仕　入	¥29,837,210	＋ ¥2,502,400	¥29,649,210	売上原価
			△ ¥2,880,000		
			＋ ¥48,000		
			＋ ¥141,600		
販売費及び一般管理費	—	—	＋ ¥135,000	¥135,000	貸倒引当金繰入
	—	—	＋ ¥312,500	¥312,500	減価償却費
	—	—	＋ ¥660,300	¥660,300	退職給付費用
	保険料	¥1,924,000	△ ¥348,000	¥1,199,000	保険料
			△ ¥377,000		
営業外収益	受取利息	¥7,200	＋ ¥2,400	¥9,600	受取利息
営業外費用	—	—	△ ¥140,000	¥20,000	有価証券評価損
			＋ ¥160,000		
税等	—	—	＋ ¥1,088,070	¥1,064,820	法人税・住民税及び事業税
			△ ¥4,500		
			△ ¥18,750		

貸借対照表

区分	前T/Bの科目	変動前金額	変動額	変動後金額	F/S表示科目
流動資産	現　金	¥2,898,290	—	¥8,173,450	現金預金
	当座預金	¥5,275,160			
	貸倒引当金	¥17,000	＋ ¥135,000	¥152,000	貸倒引当金
	売買目的有価証券	¥6,030,000	＋ ¥140,000	¥6,010,000	有価証券
			△ ¥160,000		
	繰越商品	¥2,502,400	△ ¥2,502,400	¥2,690,400	商　品
			＋ ¥2,880,000		
			△ ¥48,000		
			△ ¥141,600		
	仮払法人税等	¥439,400	△ ¥439,400	—	—
	—	—	＋ ¥348,000	¥348,000	前払費用
	—	—	＋ ¥2,400	¥2,400	未収収益
固定資産	備品減価償却累計額	¥312,500	＋ ¥312,500	¥625,000	減価償却累計額
	その他有価証券	¥3,880,000	＋ ¥90,000	¥3,970,000	投資有価証券
	—	—	＋ ¥377,000	¥377,000	長期前払費用
	繰延税金資産	¥18,750	＋ ¥4,500	¥15,000	繰延税金資産
			＋ ¥18,750		
			△ ¥27,000		
流動負債	—	—	＋ ¥648,670	¥648,670	未払法人税等
固定負債	退職給付引当金	¥5,497,300	＋ ¥660,300	¥6,157,600	退職給付引当金
純資産	繰越利益剰余金	¥652,800	＋ ¥2,484,580	¥3,137,380	繰越利益剰余金
	—	—	＋ ¥90,000	¥63,000	その他有価証券評価差額金
			△ ¥27,000		

※繰延税金資産と繰延税金負債は，相殺して純額で表示する。

4 (小計28点)

	借方		貸方		
a	当座預金	4,080,000	売買目的有価証券 有価証券売却益	4,014,000 66,000	④
b	ソフトウェア	6,500,000	ソフトウェア仮勘定 営業外支払手形	3,900,000 2,600,000	④
c	車両運搬具 車両運搬具減価償却累計額 固定資産売却損	4,280,000 3,154,000 16,000	車両運搬具 未払金	3,800,000 3,650,000	④
d	子会社株式評価損	33,480,000	子会社株式	33,480,000	④
e	支払リース料	150,000	現金	150,000	④
f	当座預金	6,720,000	自己株式 その他資本剰余金	6,360,000 360,000	④
g	当座預金 為替差損益	545,000 20,000	売掛金	565,000	④

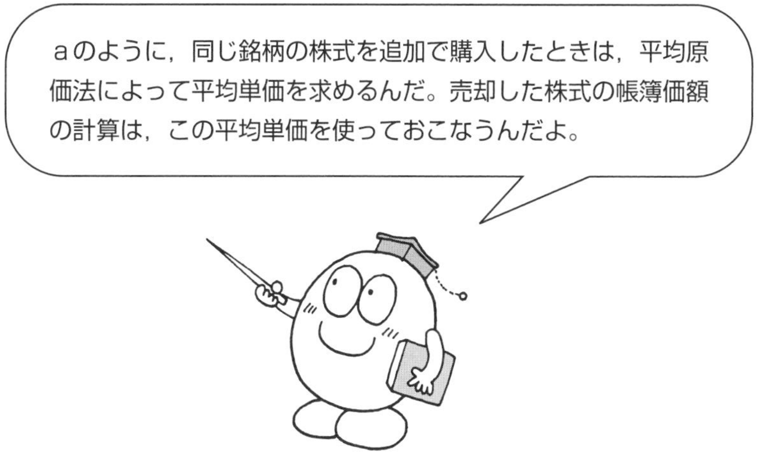
aのように，同じ銘柄の株式を追加で購入したときは，平均原価法によって平均単価を求めるんだ。売却した株式の帳簿価額の計算は，この平均単価を使っておこなうんだよ。

4

a．1株あたりの取得価額@¥3,380×株数900株
=当期中に追加購入した株式の帳簿価額¥3,042,000
帳簿価額合計（¥2,310,000＋¥3,042,000）÷株数合計（700株＋900株）
=平均単価@¥3,345
平均単価@¥3,345×売却した株数1,200株=売却した株式の帳簿価額¥4,014,000
売却単価@¥3,400×売却した株数1,200株=売却した株式の売却価額¥4,080,000
売却価額¥4,080,000−帳簿価額¥4,014,000=有価証券売却益¥66,000

b．契約代金¥6,500,000−営業外支払手形¥2,600,000=支払済¥3,900,000

c．(旧車両の取得原価¥3,800,000−残存価額¥0)
×(実際走行距離124,500km／予測総走行距離150,000km)
=車両運搬具減価償却累計額¥3,154,000
売却価額¥630,000−(旧車両の取得原価¥3,800,000−減価償却累計額¥3,154,000)
=固定資産売却損△¥16,000
新車両の取得原価¥4,280,000−旧車両の売却価額¥630,000=未払金¥3,650,000

d．資産総額¥69,700,000−負債総額¥44,900,000=純資産額¥24,800,000
純資産額¥24,800,000÷発行済株式総数1,000株=1株あたりの実質価額@¥24,800
(実質価額@¥24,800−帳簿価額@¥62,000)×持株数900株
=子会社株式評価損△¥33,480,000

e．オペレーティング・リース取引であるため，支払ったリース料¥150,000は全額，支払リース料勘定（販売費及び一般管理費）で処理する。

f．自己株式1株あたりの帳簿価額@¥5,300×処分した株数1,200株
=処分した自己株式の帳簿価額¥6,360,000
自己株式1株あたりの処分価額@¥5,600×処分した株数1,200株
=自己株式の処分価額¥6,720,000
自己株式の処分価額¥6,720,000−処分した自己株式の帳簿価額¥6,360,000
=自己株式処分差益¥360,000

g．外貨＄5,000×輸出時の為替相場¥113=売掛金¥565,000
外貨＄5,000×決済時の為替相場¥109=受取額¥545,000
受取額¥545,000−売掛金¥565,000=為替差損△¥20,000

模擬試験問題　【第　3　回】　1　級

1　(小計14点)

(1)

ア	イ	ウ	エ
5 ②	10 ②	4 ②	8 ②

(2)

ア	イ
6 ②	2 ②

(3)

ア
4 ②

2　(小計22点)

(1)

①	B　社　①	②	A　社　①
③	D　社　①		

(2)

ア	*13,170*　千円　②	イ	*22,000*　千円　②
ウ	*200*　千円　②	エ	*2,470*　千円　②

(3)

①

ア	12.0　%　①	イ	*50,000*　千円　①
ウ	85.0　%　①	エ	4.2　%　①
オ	0.6　回　①		

② 3　②

③ 総資本回転率　②

④ 2　②

※(3)①のアおよびウの解答は，整数でも正答とする。

ポイント

1

(1) a．負債の分類方法は，まず営業循環基準を適用して，企業の営業活動の循環過程で発生したものを流動負債とする。それ以外のものについて，次に1年基準を適用して，決算日の翌日から1年以内に支払期限が到来するものを流動負債とし，それ以外を固定負債とする。

b．貸借対照表における総額主義の原則の説明である（企業会計原則の貸借対照表原則1のB）。なお，損益計算書の費用と収益に対しても，総額主義の原則が別途示されている。

c．資本的支出を収益的支出とすれば，資産は過小に評価され，その分だけ費用が過大に計上されるので，利益は過小に計上される。

(2)

1．disclosure	（会計情報の）開示
2．stakeholder	利害関係者（イ）
3．merger	（吸収）合併
4．stockholder	株主
5．accountability	説明責任
6．goodwill	のれん（ア）

(3)

1．ROA（Return On Assets）	総資本利益率
2．PBR（Price Book-value Ratio）	株価純資産倍率
3．PER（Price Earnings Ratio）	株価収益率
4．ROE（Return On Equity）	自己資本利益率（ア）
5．ROI（Return On Investment）	投資収益率

2

(1)①流動比率を「(流動資産÷流動負債)×100」で求める。

②自己資本比率を「{(総資本－流動負債－固定負債)÷総資本}×100」で求める。自己資本の金額は，総資本の金額から負債の金額を差し引いて算出する。

③負債比率を「{(流動負債＋固定負債)÷(総資本－流動負債－固定負債)}×100」で求める。なお，負債比率は低いほど良好であるため注意が必要である。

	A社	B社	C社	D社
①流動比率	90.00%（4位）	210.00%（1位）	207.00%（2位）	180.00%（3位）
②自己資本比率	74.36%（1位）	42.00%（3位）	39.11%（4位）	66.60%（2位）
③負債比率	34.48%（1位）	138.10%（3位）	155.69%（4位）	50.15%（2位）

(2)令和○4年3月31日（連結決算日）における連結仕訳を示すと次のようになる。

①子会社の資産および負債の評価替えの仕訳（単位：千円）

(借) 土地	*3,000*	(貸) 評価差額	*3,000*

②投資と資本の相殺消去仕訳（単位：千円）

(借) 資本金	*50,000*	(貸) 子会社株式	*62,000*
利益剰余金当期首残高	*13,000*	非支配株主持分	*6,600*
評価差額	*3,000*		
のれん	*2,600*		

③のれんの償却（単位：千円）

(借) のれん償却	*130*	(貸) のれん	*130*

④子会社の当期純利益の配分（単位：千円）

（借）非支配株主に帰属する当期純利益	500	（貸）非支配株主持分	500

⑤配当金の修正（単位：千円）

（借）受取配当金	2,700	（貸）剰余金の配当	2,700
（借）非支配株主持分	300	（貸）剰余金の配当	300

①土地の時価27,000千円－土地の帳簿価額24,000千円＝評価差額3,000千円

②（資本金50,000千円＋利益剰余金13,000千円＋評価差額3,000千円）

×非支配株主の株式保有割合10％＝非支配株主持分6,600千円

のれんの金額は仕訳の貸借差額から2,600千円となる。

③のれん2,600千円÷償却期間20年＝のれん償却130千円

④Ｓ社の当期純利益5,000千円×非支配株主の株式保有割合10％

＝非支配株主に帰属する当期純利益500千円

⑤Ｓ社の配当金3,000千円×Ｐ社の株式保有割合90％＝受取配当金修正額2,700千円

Ｓ社の配当金3,000千円×非支配株主の株式保有割合10％

＝非支配株主持分修正額300千円

連結損益計算書

Ｐ社　令和○3年4月1日から令和○4年3月31日まで　（単位：千円）

借方	金額	貸方	金額
売上原価	（446,800）	売上高	（649,600）
給料	（189,500）		
のれん償却	（130）		
当期純利益	（13,170）		
	（649,600）		（649,600）
非支配株主に帰属する当期純利益	（500）	当期純利益	（13,170）
親会社株主に帰属する当期純利益	（12,670）		
	（13,170）		（13,170）

連結株主資本等変動計算書

Ｐ社　令和○3年4月1日から令和○4年3月31日まで　（単位：千円）

	資本金	利益剰余金	非支配株主持分
当期首残高	（175,000）	（22,000）	（6,600）
当期変動額　剰余金の配当		（△7,000）	
親会社株主に帰属する当期純利益		（12,670）	
株主資本以外の項目の当期変動額（純額）			（200）
当期末残高	（175,000）	（27,670）	（6,800）

連結貸借対照表

Ｐ社　令和○4年3月31日　（単位：千円）

借方	金額	貸方	金額
諸資産	（307,000）	諸負債	（192,000）
土地	（92,000）	資本金	（175,000）
のれん	（2,470）	利益剰余金	（27,670）
		非支配株主持分	（6,800）
	（401,470）		（401,470）

Ｐ社受取配当金2,700千円－⑤受取配当金修正額2,700千円

＝受取配当金の連結P/L表示額0千円（表示なし）

当期純利益は連結P/Lの貸借差額から13,170千円となる。

当期純利益13,170千円－④非支配株主に帰属する当期純利益500千円

＝親会社株主に帰属する当期純利益12,670千円

※または，

Ｐ社当期純利益11,000千円＋Ｓ社当期純利益5,000千円

－③のれん償却130千円－④非支配株主に帰属する当期純利益500千円

－⑤受取配当金修正額2,700千円

＝親会社株主に帰属する当期純利益12,670千円と計算することもできる。

Ｐ社の利益剰余金当期首残高22,000千円

＋親会社株主に帰属する当期純利益12,670千円－Ｐ社の剰余金の配当7,000千円

＝利益剰余金当期末残高27,670千円

※または，

Ｐ社の利益剰余金当期末残高26,000千円＋Ｓ社の利益剰余金当期末残高15,000千円

－Ｓ社の利益剰余金当期首残高13,000千円

－③のれん償却130千円－④非支配株主に帰属する当期純利益500千円

－⑤受取配当金修正額2,700千円＋⑤Ｓ社の配当金3,000千円

＝利益剰余金当期末残高27,670千円と計算することもできる。

④非支配株主持分500千円－⑤非支配株主持分修正額300千円

＝非支配株主持分当期変動額200千円

②非支配株主持分当期首残高6,600千円＋非支配株主持分当期変動額200千円

＝非支配株主持分当期末残高6,800千円

②のれん2,600千円－③のれん償却130千円

＝のれんの連結B/S表示額（未償却残高）2,470千円

（参考）タイムテーブルを用いた計算（単位：千円）

令和○3年3月31日（90%）					令和○4年3月31日（90%）	
資本金	50,000				資本金	50,000
利益剰余金	13,000	Ｐ社	4,500	△2,700	利益剰余金	15,000
評価差額	3,000	非支配株主	500	△300	評価差額	3,000
合計	66,000				合計	68,000
非支配株主持分（10%）	6,600				非支配株主持分（10%）	6,800
子会社株式	62,000					
のれん	2,600		△130		のれん	2,470

（非支配株主持分6,600千円＋子会社株式62,000千円）－Ｓ社資本合計66,000千円

＝のれん2,600千円

Ｐ社の利益剰余金当期末残高26,000千円

＋Ｓ社当期純利益5,000千円×Ｐ社の株式保有割合90％

－のれん償却130千円－受取配当金修正額2,700千円

＝利益剰余金当期末残高27,670千円

ポイント

(3)

①ア．売上原価率＋売上高総利益率＝100.0％であるから，
100.0％－売上原価率88.0％＝売上高総利益率12.0％

イ．第11期の株主資本等変動計算書の当期首残高より，
資本金*41,000*千円＋資本剰余金合計*4,500*千円＋利益剰余金合計*4,500*千円
＝純資産合計当期首残高（第10期の自己資本の金額）*50,000*千円

ウ．（売上原価*71,400*千円÷売上高*84,000*千円）×100＝売上原価率85.0％

エ．（当期純利益*2,100*千円÷自己資本*50,000*千円）×100＝自己資本利益率4.2％

オ．まず総資本利益率が1.5％であることから総資本の金額を求め，次に総資本回転率を求める。
（当期純利益*2,100*千円÷総資本？千円）×100＝総資本利益率1.5％なので，
当期純利益*2,100*千円÷0.015＝総資本*140,000*千円
売上高*84,000*千円÷総資本*140,000*千円＝総資本回転率0.6回

② 1の「保険差益」は，特別利益に属する収益の項目である。2の「未収利息」は，流動資産に属する資産の項目である。3の「仕入割引」は，営業外収益に属する収益の項目である。4の「役務収益」は，営業収益に属する収益の項目である。したがって，3が正解となる。

③ 空欄の部分は，問題用紙に示された等式の「売上高÷総資本」の部分と対応することがわかる。「売上高÷総資本」で算定できるのは，総資本回転率である。

④ 現時点では，第10期の売上高や総資本の金額がわからないので，資料の財務指標から正誤判定に必要な金額を算定する。まず，売上高総利益率12.0％，売上総利益*16,800*千円から第10期の売上高を求める。
（売上総利益*16,800*千円÷売上高？千円）×100＝売上総利益率12.0％なので，
売上総利益*16,800*千円÷0.12＝売上高*140,000*千円
第11期の売上高は*84,000*千円に減少しているため，1は誤りであることがわかる。次に，総資本回転率1.0回から第10期の総資本の金額を求める。
売上高*140,000*千円÷総資本？千円＝総資本回転率1.0回なので，
売上高*140,000*千円÷総資本回転率1.0回＝総資本*140,000*千円
第11期の総資本は第10期と同じく*140,000*千円であるため，3と4は誤りであることがわかる。したがって，2が正解となる。

参考までに，第10期と第11期の財務比率や金額を示すと以下のようになる。

	第10期	第11期		第10期	第11期
売上原価率	88.0％	85.0％	総資本	*140,000*千円	*140,000*千円
売上高総利益率	12.0％	15.0％	自己資本	*50,000*千円	*50,000*千円
総資本利益率	1.5％	1.5％	売上高	*140,000*千円	*84,000*千円
自己資本利益率	4.2％	4.2％	売上原価	*123,200*千円	*71,400*千円
売上高純利益率	1.5％	2.5％	売上総利益	*16,800*千円	*12,600*千円
総資本回転率	1.0回	0.6回	当期純利益	*2,100*千円	*2,100*千円

3 （小計36点）

損益計算書

群馬商事株式会社　令和○3年4月1日から令和○4年3月31日まで　（単位：円）

Ⅰ 売上高		（ **44,900,800** ）	
Ⅱ 売上原価			
1．期首商品棚卸高	*2,492,700*		
2．当期商品仕入高	*31,146,570*		
合計	*33,639,270*		
3．期末商品棚卸高	（ **2,520,000** ）		
	（ **31,119,270** ）		
4．（商品評価損）	（ **76,000** ）	（ **31,195,270** ）	
売上総利益		（ **13,705,530** ）	④
Ⅲ 販売費及び一般管理費			
1．給料	*5,790,340*		
2．発送費	*756,760*		
3．広告料	（ **823,940** ）		
4．（貸倒引当金繰入）	（ **74,500** ）④		
5．（減価償却費）	（ **101,250** ）		
6．（特許権償却）	（ **120,000** ）		
7．（退職給付費用）	（ **421,800** ）		
8．支払家賃	（ **1,080,000** ）		
9．支払リース料	（ **150,000** ）		
10．研究開発費	（ **486,000** ）		
11．水道光熱費	（ **301,700** ）		
12．（雑費）	（ **53,790** ）	（ **10,160,080** ）	
営業利益		（ **3,545,450** ）	
Ⅳ 営業外収益			
1．（受取配当金）	（ **48,000** ）		
2．（有価証券売却益）	（ **60,000** ）		
3．（有価証券評価益）	（ **52,000** ）		
4．（仕入割引）	（ **14,100** ）	（ **174,100** ）	
Ⅴ 営業外費用			
1．支払利息	*22,000*		
2．（電子記録債権売却損）	（ **34,000** ）		
3．（棚卸減耗損）	（ **240,000** ）	（ **296,000** ）	④
経常利益		（ **3,423,550** ）	
Ⅵ 特別損失			
1．固定資産売却損	（ **180,000** ）	（ **180,000** ）	
税引前当期純利益		（ **3,243,550** ）	
法人税・住民税及び事業税		（ **1,283,400** ）	
当期純利益		（ **1,960,150** ）	④

貸借対照表

群馬商事株式会社　令和○4年3月31日　（単位：円）

資産の部

Ⅰ 流動資産			
1．現金預金		（ **8,636,710** ）④	
2．電子記録債権	（ **3,786,000** ）		
貸倒引当金	△（ **37,860** ）	（ **3,748,140** ）	
3．売掛金	（ **6,144,000** ）		
貸倒引当金	△（ **61,440** ）	（ **6,082,560** ）	
4．（有価証券）		（ **2,388,000** ）	
5．（商品）		（ **2,204,000** ）	
6．（前払費用）		（ **180,000** ）	
流動資産合計			（ **23,239,410** ）

3

【付記事項の仕訳】

①	(借) 現金	48,000	(貸) 受取配当金	48,000

【決算整理仕訳】

a.(借) 仕入	2,492,700	(貸) 繰越商品	2,492,700
繰越商品	2,520,000	仕入	2,520,000
棚卸減耗損	240,000	繰越商品	240,000
商品評価損	76,000	繰越商品	76,000
仕入	76,000	商品評価損	76,000
b.(借) 貸倒引当金繰入	74,500	(貸) 貸倒引当金	74,500
c.(借) 売買目的有価証券	52,000	(貸) 有価証券評価益	52,000
d.(借) 減価償却費	101,250	(貸) 備品減価償却累計額	101,250
e.(借) 特許権償却	120,000	(貸) 特許権	120,000
f.(借) 前払家賃	180,000	(貸) 支払家賃	180,000
g.(借) 支払リース料	37,500	(貸) 未払リース料	37,500
h.(借) 退職給付費用	421,800	(貸) 退職給付引当金	421,800
i.(借) 法人税等	1,283,400	(貸) 仮払法人税等	528,900
		未払法人税等	754,500

Ⅱ 固定資産			
(1) 有形固定資産			
1. 備品	720,000		
減価償却累計額	△(**416,250**)	(**303,750**) ④	
2.(土地)		(**9,520,000**)	
有形固定資産合計		(**9,823,750**)	
(2) 無形固定資産			
1.(特許権)		(**720,000**)	
無形固定資産合計		(**720,000**)	
固定資産合計			(**10,543,750**)
資産合計			(**33,783,160**) ④
負債の部			
Ⅰ 流動負債			
1. 電子記録債務		(**2,232,890**)	
2. 買掛金		(**3,002,540**)	
3. 未払費用		(**37,500**)	
4.(未払法人税等)		(**754,500**)	
流動負債合計			(**6,027,430**)
Ⅱ 固定負債			
1.(長期借入金)		(**2,000,000**)	
2.(退職給付引当金)		(**1,688,780**) ④	
固定負債合計			(**3,688,780**)
負債合計			(**9,716,210**)
純資産の部			
Ⅰ 株主資本			
(1) 資本金			18,000,000
(2) 資本剰余金			
1. 資本準備金		2,000,000	
資本剰余金合計			2,000,000
(3) 利益剰余金			
1. 利益準備金		1,080,000	
2. その他利益剰余金			
① 新築積立金		800,000	
② 繰越利益剰余金		(**2,186,950**)	
利益剰余金合計			(**4,066,950**) ④
株主資本合計			(**24,066,950**)
純資産合計			(**24,066,950**)
負債及び純資産合計			(**33,783,160**)

※ⅰ 損益計算書の貸倒引当金繰入は，貸倒償却でもよい。
ⅱ 損益計算書の棚卸減耗損は，棚卸減耗費でもよい。

決算の問題は配点が高いので，
しっかり点数が取れるようにしておこうね！

ポイント

【考え方・計算式】

①配当金領収証を受け取ったときは受取配当金を認識し，現金を増加させる。

a．

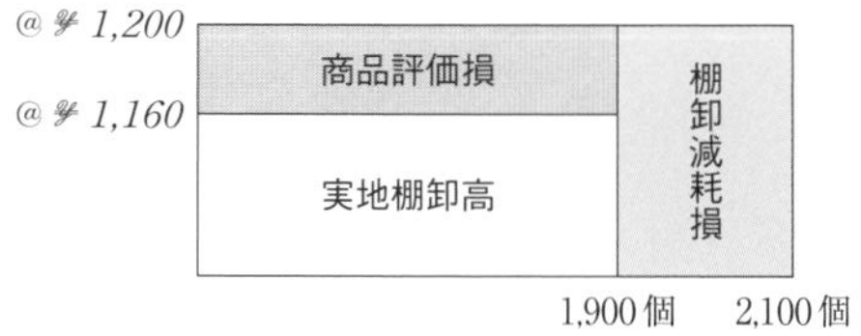

原価@¥1,200×帳簿棚卸数量2,100個＝期末商品棚卸高¥2,520,000

原価@¥1,200×(帳簿棚卸数量2,100個－実地棚卸数量1,900個)

＝棚卸減耗損¥240,000

(原価@¥1,200－正味売却価額@¥1,160)×実地棚卸数量1,900個

＝商品評価損¥76,000

期末商品棚卸高¥2,520,000－棚卸減耗損¥240,000－商品評価損¥76,000

＝貸借対照表の「商品」¥2,204,000

b．電子記録債権¥3,786,000＋売掛金¥4,297,000＋クレジット売掛金¥1,847,000

＝売上債権¥9,930,000

売上債権¥9,930,000×貸倒実績率1％＝貸倒見積高¥99,300

貸倒見積高¥99,300－貸倒引当金¥24,800＝貸倒引当金繰入額¥74,500

c．(時価@¥5,970－帳簿価額@¥5,840)×株数400株＝有価証券評価益¥52,000

d．(取得原価¥720,000－減価償却累計額¥315,000)×償却率25%

＝減価償却費¥101,250

f．6か月分の支払家賃¥540,000÷6か月＝1か月あたりの支払家賃¥90,000

令和○3年12月1日～令和○4年3月31日（4か月）→当期の支払家賃

1か月あたりの支払家賃¥90,000×4か月＝当期の支払家賃¥360,000

令和○4年4月1日～令和○4年5月31日（2か月）→前払家賃

1か月あたりの支払家賃¥90,000×2か月＝前払家賃¥180,000

i．法人税等¥1,283,400－仮払法人税等¥528,900＝未払法人税等¥754,500

【金額の変動】

損益計算書

区分	前T/Bの科目	変動前金額	変動額	変動後金額	F/S表示科目
売上原価	仕入	¥31,146,570	＋ ¥2,492,700	¥31,195,270	売上原価
			△ ¥2,520,000		
			＋ ¥76,000		
販売費及び一般管理費	—	—	＋ ¥74,500	¥74,500	貸倒引当金繰入
	—	—	＋ ¥101,250	¥101,250	減価償却費
	—	—	＋ ¥120,000	¥120,000	特許権償却
	—	—	＋ ¥421,800	¥421,800	退職給付費用
	支払家賃	¥1,260,000	△ ¥180,000	¥1,080,000	支払家賃
	支払リース料	¥112,500	＋ ¥37,500	¥150,000	支払リース料
営業外収益	—	—	＋ ¥48,000	¥48,000	受取配当金
	—	—	＋ ¥52,000	¥52,000	有価証券評価益
営業外費用	—	—	＋ ¥240,000	¥240,000	棚卸減耗損
税等	—	—	＋ ¥1,283,400	¥1,283,400	法人税・住民税及び事業税

貸借対照表

区分	前T/Bの科目	変動前金額	変動額	変動後金額	F/S表示科目
流動資産	現金	¥2,975,720	＋ ¥48,000	¥8,636,710	現金預金
	当座預金	¥5,612,990	—		
	売掛金	¥4,297,000	—	¥6,144,000	売掛金
	クレジット売掛金	¥1,847,000			
	貸倒引当金	¥24,800	＋ ¥74,500	¥99,300	貸倒引当金
	売買目的有価証券	¥2,336,000	＋ ¥52,000	¥2,388,000	有価証券
	繰越商品	¥2,492,700	△ ¥2,492,700	¥2,204,000	商品
			＋ ¥2,520,000		
			△ ¥240,000		
			△ ¥76,000		
	仮払法人税等	¥528,900	△ ¥528,900	—	—
	—	—	＋ ¥180,000	¥180,000	前払費用
固定資産	備品減価償却累計額	¥315,000	＋ ¥101,250	¥416,250	減価償却累計額
	特許権	¥840,000	△ ¥120,000	¥720,000	特許権
流動負債	—	—	＋ ¥37,500	¥37,500	未払費用
	—	—	＋ ¥754,500	¥754,500	未払法人税等
固定負債	退職給付引当金	¥1,266,980	＋ ¥421,800	¥1,688,780	退職給付引当金
純資産	繰越利益剰余金	¥226,800	＋ ¥1,960,150	¥2,186,950	繰越利益剰余金

4 （小計28点）

	借方		貸方		
a	新築積立金	1,500,000	繰越利益剰余金	2,060,000	④
	別途積立金	560,000			
b	その他有価証券	176,000	その他有価証券評価差額金	176,000	④
	その他有価証券評価差額金	52,800	繰延税金負債	52,800	
c	機械装置	4,710,000	当座預金	2,300,000	④
			未払金	2,300,000	
			現金	110,000	
d	当座預金	320,000	役務収益	320,000	④
	役務原価	222,000	仕掛品	222,000	
e	売掛金	3,910,000	買掛金	1,800,000	④
	繰越商品	3,890,000	長期借入金	2,000,000	
	のれん	100,000	当座預金	4,100,000	
f	満期保有目的債券	5,890,000	当座預金	5,910,000	④
	有価証券利息	20,000			
g	保証債務	9,600	保証債務取崩益	9,600	④

【別解】

	借方		貸方	
b	その他有価証券	176,000	その他有価証券評価差額金	123,200
			繰延税金負債	52,800

4

a．繰越利益剰余金勘定が借方残高の場合は，原則として株主総会の決議によって任意積立金を取り崩しててん補するのが普通である。

b．（時価@￥1,410－帳簿価額@￥1,330）×株数2,200株＝評価差額￥176,000
　将来加算一時差異￥176,000×法定実効税率30%＝繰延税金負債￥52,800

c．機械装置の購入代価￥4,600,000×(1/2)＝当座預金￥2,300,000
　機械装置の購入代価￥4,600,000－当座預金￥2,300,000＝未払金￥2,300,000
　据付費￥40,000＋試運転費￥70,000＝現金￥110,000
　機械装置の購入代価￥4,600,000＋据付費￥40,000＋試運転費￥70,000
　＝機械装置の取得原価￥4,710,000

d．サービスの提供の対価は役務収益勘定（営業収益）で処理し，これに対応する費用は役務原価勘定（営業費用）で処理する。問題文に，役務費用は仕掛品勘定に集計されていると指示があるので，仕掛品勘定から役務原価勘定に振り替える。

e．東西商会の平均利益額￥287,000÷同種企業の平均利益率７％
　＝収益還元価値（取得対価）￥4,100,000
　収益還元価値（取得対価）￥4,100,000－東西商会の純資産時価評価額￥4,000,000
　＝のれんの金額￥100,000
　貸借対照表上の「商品」は，仕訳では繰越商品勘定で処理することに注意する。

f．社債の額面総額￥6,000,000×(￥97.70／￥100)＋買入手数料￥28,000
　＝社債の取得価額￥5,890,000
　社債の取得価額￥5,890,000＋端数利息￥20,000＝支払額￥5,910,000

g．手形が無事に決済されたときは，保証債務を取り崩す処理をおこなう。

bの仕訳は，その他有価証券評価差額金を相殺して
このように解答しても正解だよ。

模擬試験問題　【第　4　回】　1　級

ポイント

1

(1)a．継続性の原則の説明である（企業会計原則の一般原則５）。

b．費用収益対応の原則の説明である（企業会計原則の損益計算書原則１のC）。収益と費用を明確な基準で対応させることを個別的対応というのに対して，収益と費用を明確に対応させることが困難である場合に，一定の期間を基準として対応させることを期間的対応という。

c．「市場価格のない株式等以外のもの」について時価が著しく下落したときは，原則として時価をもって貸借対照表価額とする（金融商品に関する会計基準第20項）。一方で「市場価格のない株式等」について実質価額が著しく低下したときは，相当の減額をなし，評価差額は当期の損失として処理する（金融商品に関する会計基準第21項）。

(2)

1．purchase discount	仕入割引（イ）
2．current assets	流動資産（ア）
3．sales discount	売上割引
4．fixed liabilities	固定負債
5．current liabilities	流動負債
6．fixed assets	固定資産

(3)

1．IFRS（International Financial Reporting Standards）	国際財務報告基準
2．IASB（International Accounting Standards Board）	国際会計基準審議会
3．IASC（International Accounting Standards Committee）	国際会計基準委員会
4．ASBJ（Accounting Standards Board of Japan）	企業会計基準委員会（ア）
5．GAAP（Generally Accepted Accounting Principles）	一般に公正妥当と認められた会計原則

2

(1)①期首商品棚卸高 ¥ *3,240,000*＋当期商品仕入高 ¥ *46,308,000*

－期末商品棚卸高 ¥ *3,120,000*＝売上原価 ¥ *46,428,000*

（期首商品棚卸高 ¥ *3,240,000*＋期末商品棚卸高 ¥ *3,120,000*）÷2

＝平均商品棚卸高 ¥ *3,180,000*

売上原価 ¥ *46,428,000*÷平均商品棚卸高 ¥ *3,180,000*＝商品回転率14.6回

②365日÷商品回転率14.6回＝商品の平均在庫日数25日

(2)令和○6年3月31日（連結決算日）における連結仕訳を示すと次のようになる。

①投資と資本の相殺消去仕訳（単位：千円）

（借）	資本金	*52,000*	（貸）	子会社株式	*40,000*
	利益剰余金当期首残高	*10,000*		非支配株主持分	*24,800*
	のれん	*2,800*			

②のれんの償却（単位：千円）

（借）	のれん償却	*140*	（貸）	のれん	*140*

③子会社の当期純利益の配分（単位：千円）

（借）	非支配株主に帰属する当期純利益	*2,000*	（貸）	非支配株主持分	*2,000*

④配当金の修正（単位：千円）

（借）	受取配当金	*1,200*	（貸）	剰余金の配当	*1,200*
（借）	非支配株主持分	*800*	（貸）	剰余金の配当	*800*

1（小計14点）

(1)

ア	イ	ウ	エ
1	3	8	5
②	②	②	②

(2)

ア	イ
2	1
②	②

(3)

ア
4
②

2（小計22点）

(1)

①	14.6　回　②	②	25　日　②

(2)

ア	*300*　千円　②	イ	*2,000*　千円　②
ウ	*2,660*　千円　②	エ	*35,660*　千円　②

(3)

ア	¥ *10,836,000*　①	イ	¥ *50,000*　①		
ウ	1　①	エ	250.0　%　①	オ	3　①
カ	5.2　回　①	キ	5.0　回　①		
ク	2　①	ケ	6.3　回　①	コ	4　①

※(3)のエおよびキの解答は，整数でも正答とする。

①（資本金*52,000*千円＋利益剰余金*10,000*千円）×非支配株主の株式保有割合40％
=非支配株主持分*24,800*千円

のれんの金額は仕訳の貸借差額から*2,800*千円となる。

②のれん*2,800*千円÷償却期間20年＝のれん償却*140*千円

③Ｓ社の当期純利益*5,000*千円×非支配株主の株式保有割合40％
=非支配株主に帰属する当期純利益*2,000*千円

④Ｓ社の配当金*2,000*千円×Ｐ社の株式保有割合60％＝受取配当金修正額*1,200*千円
Ｓ社の配当金*2,000*千円×非支配株主の株式保有割合40％
=非支配株主持分修正額*800*千円

連結損益計算書

Ｐ社　令和○5年4月1日から令和○6年3月31日まで　（単位：千円）

売上原価	（ **263,100** ）	売上高	（ **379,000** ）
給料	（ **104,000** ）	受取配当金	（ **300** ）
支払利息	（ **400** ）		
のれん償却	（ **140** ）		
当期純利益	（ *11,660* ）		
	（ **379,300** ）		（ **379,300** ）
非支配株主に帰属する当期純利益	（ **2,000** ）	当期純利益	（ **11,660** ）
親会社株主に帰属する当期純利益	（ *9,660* ）		
	（ **11,660** ）		（ **11,660** ）

連結株主資本等変動計算書

Ｐ社　令和○5年4月1日から令和○6年3月31日まで　（単位：千円）

	資本金	利益剰余金	非支配株主持分
当期首残高	（ **120,000** ）	（ **30,000** ）	（ **24,800** ）
当期変動額　剰余金の配当		（ **△4,000** ）	
親会社株主に帰属する当期純利益		（ **9,660** ）	
株主資本以外の項目の当期変動額（純額）			（ **1,200** ）
当期末残高	（ **120,000** ）	（ **35,660** ）	（ **26,000** ）

連結貸借対照表

Ｐ社　令和○6年3月31日　（単位：千円）

諸資産	（ **236,000** ）	諸負債	（ **57,000** ）
のれん	（ **2,660** ）	資本金	（ **120,000** ）
		利益剰余金	（ **35,660** ）
		非支配株主持分	（ **26,000** ）
	（ **238,660** ）		（ **238,660** ）

Ｐ社受取配当金*1,500*千円−④受取配当金修正額*1,200*千円
=受取配当金の連結P/L表示額*300*千円

当期純利益は連結P/Lの貸借差額から*11,660*千円となる。

当期純利益*11,660*千円−③非支配株主に帰属する当期純利益*2,000*千円
=親会社株主に帰属する当期純利益*9,660*千円

※または，
Ｐ社当期純利益*8,000*千円＋Ｓ社当期純利益*5,000*千円
−②のれん償却*140*千円−③非支配株主に帰属する当期純利益*2,000*千円
−④受取配当金修正額*1,200*千円
=親会社株主に帰属する当期純利益*9,660*千円と計算することもできる。

Ｐ社の利益剰余金当期首残高*30,000*千円
＋親会社株主に帰属する当期純利益*9,660*千円−Ｐ社の剰余金の配当*4,000*千円
=利益剰余金当期末残高*35,660*千円

※または，
Ｐ社の利益剰余金当期末残高*34,000*千円＋Ｓ社の利益剰余金当期末残高*13,000*千円
−Ｓ社の利益剰余金当期首残高*10,000*千円
−②のれん償却*140*千円−③非支配株主に帰属する当期純利益*2,000*千円
−④受取配当金修正額*1,200*千円＋④Ｓ社の配当金*2,000*千円
=利益剰余金当期末残高*35,660*千円と計算することもできる。

③非支配株主持分*2,000*千円−④非支配株主持分修正額*800*千円
=非支配株主持分当期変動額*1,200*千円

①非支配株主持分当期首残高*24,800*千円＋非支配株主持分当期変動額*1,200*千円
=非支配株主持分当期末残高*26,000*千円

①のれん*2,800*千円−②のれん償却*140*千円
=のれんの連結B/S表示額（未償却残高）*2,660*千円

（参考）タイムテーブルを用いた計算（単位：千円）

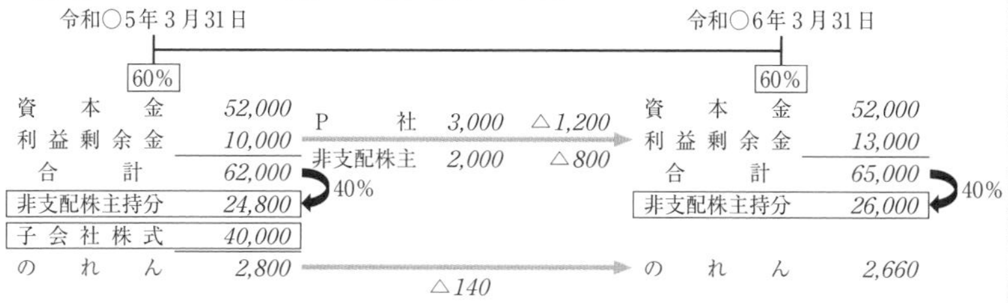

（非支配株主持分*24,800*千円＋子会社株式*40,000*千円）−Ｓ社資本合計*62,000*千円
=のれん*2,800*千円

Ｐ社の利益剰余金当期末残高*34,000*千円
＋Ｓ社当期純利益*5,000*千円×Ｐ社の株式保有割合60％
−のれん償却*140*千円−受取配当金修正額*1,200*千円
=利益剰余金当期末残高*35,660*千円

ポイント

(3)

ア．資料iiより，第8期の売上高純利益率は2.5%とわかる。

　(当期純利益¥*270,900*÷売上高¥？)×100＝売上高純利益率2.5%なので，

　当期純利益¥*270,900*÷0.025＝売上高¥*10,836,000*

イ．資料iiより，第8期の当座比率は150.0%とわかる。

　現金預金¥*809,000*＋電子記録債権¥*489,000*＋売掛金¥*1,231,000*

　＋有価証券¥*492,000*＝当座資産¥*3,021,000*

　電子記録債務¥*626,000*＋買掛金¥*898,000*＋未払費用¥？＋未払法人税等¥*440,000*

　＝流動負債（¥*1,964,000*＋未払費用¥？）

　{当座資産¥*3,021,000*÷流動負債（¥*1,964,000*＋未払費用¥？)}×100

　＝当座比率150.0%なので，

　当座資産¥*3,021,000*÷1.5＝流動負債（¥*1,964,000*＋未払費用¥？）

　¥*2,014,000*－¥*1,964,000*＝未払費用¥*50,000*

ウ．第7期の売上高は¥*9,700,000*であるのに対し，第8期の売上高はアより¥*10,836,000*であるから，売上高は増加している。

エ．第8期の未払費用はイより¥*50,000*であるから，第8期の貸借対照表の貸借差額より第8期の前払費用は¥*80,000*であることが判明する。

　当座資産¥*3,021,000*＋商品¥*1,934,000*＋前払費用¥*80,000*＝流動資産¥*5,035,000*

　流動負債（¥*1,964,000*＋未払費用¥*50,000*)＝流動負債¥*2,014,000*

　(流動資産¥*5,035,000*÷流動負債¥*2,014,000*)×100＝流動比率250.0%

オ．第7期の流動比率は255.0%であるのに対し，第8期の流動比率はエより250.0%であるから，短期の支払能力は減少している。

カ．まず，第7期の損益計算書の売上原価を求める。売上原価を求めるためには，売上総利益も求める必要がある。

　売上総利益¥？－販売費及び一般管理費¥*1,813,000*＝営業利益¥*997,000*なので，

　販売費及び一般管理費¥*1,813,000*＋営業利益¥*997,000*＝売上総利益¥*2,810,000*

　また，売上高¥*9,700,000*－売上原価¥？＝売上総利益¥*2,810,000*なので，

　売上高¥*9,700,000*－売上総利益¥*2,810,000*＝売上原価¥*6,890,000*

　資料iより，第7期の期首商品棚卸高は¥*1,248,000*とわかる。

　(期首商品棚卸高¥*1,248,000*＋期末商品棚卸高¥*1,402,000*)÷2

　＝平均商品棚卸高¥*1,325,000*

　売上原価¥*6,890,000*÷平均商品棚卸高¥*1,325,000*＝商品回転率（第7期）5.2回

キ．(期首商品棚卸高¥*1,402,000*＋期末商品棚卸高¥*1,934,000*)÷2

　＝平均商品棚卸高¥*1,668,000*

　売上原価¥*8,340,000*÷平均商品棚卸高¥*1,668,000*＝商品回転率（第8期）5.0回

ク．第7期の商品回転率はカより5.2回であるのに対し，第8期の商品回転率はキより5.0回であるから，商品の平均在庫期間が長くなっている。

ケ．電子記録債権¥*489,000*＋売掛金¥*1,231,000*＝受取勘定¥*1,720,000*

　売上高¥*10,836,000*÷受取勘定¥*1,720,000*＝受取勘定（売上債権）回転率6.3回

コ．第7期の受取勘定（売上債権）回転率は5.0回であるのに対し，第8期の受取勘定（売上債権）回転率はケより6.3回であるから，売上債権の回収期間が短くなっている。

3 (小計36点)

損益計算書

和歌山物産株式会社　　令和○5年4月1日から令和○6年3月31日まで　　(単位：円)

Ⅰ 売上高		(***30,412,630***)	
Ⅱ 売上原価			
1. 期首商品棚卸高	*1,127,800*		
2. 当期商品仕入高	*13,217,390*		
合計	*14,345,190*		
3. 期末商品棚卸高	(***1,650,000***)		
	(***12,695,190***)		
4. (棚卸減耗損)	(***15,000***)		
5. (商品評価損)	(***20,000***)	(***12,730,190***)	
売上総利益		(***17,682,440***)	④
Ⅲ 販売費及び一般管理費			
1. 給料	*9,385,270*		
2. 発送費	*527,800*		
3. 広告料	(***656,380***)		
4. (貸倒引当金繰入)	(***47,600***)		
5. (減価償却費)	(***273,400***)		
6. (退職給付費用)	(***567,380***)		
7. 支払地代	(***840,000***)		
8. 保険料	(***320,000***) ④		
9. 租税公課	(***72,540***)		
10. (雑費)	(***39,180***)	(***12,729,550***)	
営業利益		(***4,952,890***)	
Ⅳ 営業外収益			
1. (受取配当金)	(***76,000***)		
2. (有価証券評価益)	(***144,000***)	(***220,000***)	
Ⅴ 営業外費用			
1. 支払利息	(***48,000***)		
2. (手形売却損)	(***12,300***)	(***60,300***)	
経常利益		(***5,112,590***)	
Ⅵ 特別利益			
1. (固定資産売却益)	(***130,000***)	(***130,000***)	
Ⅶ 特別損失			
1. 投資有価証券売却損	(***80,000***)		
2. (関係会社株式評価損)	(***2,832,000***) ④	(***2,912,000***)	
税引前当期純利益		(***2,330,590***)	
法人税・住民税及び事業税		(***949,200***)	
当期純利益		(***1,381,390***)	④

貸借対照表

和歌山物産株式会社　　令和○6年3月31日　　(単位：円)

資産の部

Ⅰ 流動資産				
1. 現金預金		(***5,034,290***)		
2. 受取手形	(***3,302,000***)			
貸倒引当金	△(***33,020***)	(***3,268,980***)		
3. 売掛金	(***4,638,000***)			
貸倒引当金	△(***46,380***)	(***4,591,620***)		
4. (有価証券)		(***2,312,000***)		
5. (商品)		(***1,615,000***)		
6. (前払費用)		(***192,000***)		
流動資産合計			(***17,013,890***)	④

3

【付記事項の仕訳】

①	(借) 建物	150,000	(貸) 支払手数料	150,000

【決算整理仕訳】

a.	(借) 仕入	1,127,800	(貸) 繰越商品	1,127,800
	繰越商品	1,650,000	仕入	1,650,000
	棚卸減耗損	15,000	繰越商品	15,000
	商品評価損	20,000	繰越商品	20,000
	仕入	15,000	棚卸減耗損	15,000
	仕入	20,000	商品評価損	20,000
b.	(借) 貸倒引当金繰入	47,600	(貸) 貸倒引当金	47,600
c.	(借) 売買目的有価証券	144,000	(貸) 有価証券評価益	144,000
	(借) その他有価証券	288,000	(貸) その他有価証券評価差額金	288,000
	(借) 子会社株式評価損	2,832,000	(貸) 子会社株式	2,832,000
d.	(借) 減価償却費	273,400	(貸) 建物減価償却累計額	123,000
			備品減価償却累計額	150,400
e.	(借) 前払保険料	192,000	(貸) 保険料	224,000
	長期前払保険料	32,000		
f.	(借) 支払利息	12,000	(貸) 未払利息	12,000
g.	(借) 退職給付費用	567,380	(貸) 退職給付引当金	567,380
h.	(借) 法人税等	949,200	(貸) 仮払法人税等	403,270
			未払法人税等	545,930

子会社株式は，
貸借対照表には
「関係会社株式」
と表示するんだ！

Ⅱ 固定資産				
(1) 有形固定資産				
1. 建物	(6,150,000)			
減価償却累計額	△(123,000)	(6,027,000)		
2. 備品	(940,000)			
減価償却累計額	△(338,400)	(601,600)		
有形固定資産合計		(6,628,600)		
(2) 投資その他の資産				
1.（投資有価証券）		(5,244,000)		
2.（関係会社株式）		(2,168,000)		
3.（長期前払費用）		(32,000)		④
投資その他の資産合計		(7,444,000)		
固定資産合計			(14,072,600)	
資産合計			(31,086,490)	
負債の部				
Ⅰ 流動負債				
1. 支払手形		(2,006,420)		
2. 買掛金		(3,145,040)		
3. 未払費用		(12,000)		
4.（未払法人税等）		(545,930)		
流動負債合計			(5,709,390)	④
Ⅱ 固定負債				
1.（長期借入金）		(4,000,000)		
2.（退職給付引当金）		(2,463,010)		④
固定負債合計			(6,463,010)	
負債合計			(12,172,400)	
純資産の部				
Ⅰ 株主資本				
(1) 資本金			14,000,000	
(2) 資本剰余金				
1. 資本準備金		2,000,000		
資本剰余金合計			2,000,000	
(3) 利益剰余金				
1. 利益準備金		880,000		
2. その他利益剰余金				
① 繰越利益剰余金		(1,746,090)		
利益剰余金合計			(2,626,090)	
株主資本合計			(18,626,090)	
Ⅱ 評価・換算差額等				
1. その他有価証券評価差額金		(288,000)		
評価・換算差額等合計			(288,000)	
純資産合計			(18,914,090)	④
負債及び純資産合計			(31,086,490)	

※ i　損益計算書の棚卸減耗損は，棚卸減耗費でもよい。
ii　損益計算書の貸倒引当金繰入は，貸倒償却でもよい。

ポイント

【考え方・計算式】

① 買入手数料は固定資産の取得原価に含めるため，支払手数料勘定から建物勘定に振り替える。

a．

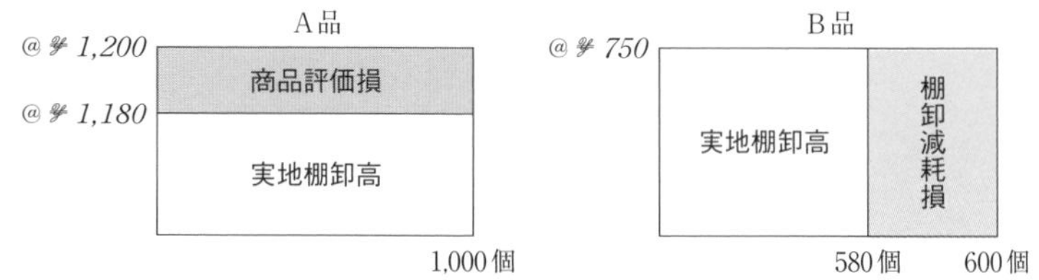

B品のように，原価よりも正味売却価額の方が上回っている場合には，原価のままで評価する（評価益を計上しない）ことに注意する。

A品（原価@¥ 1,200×帳簿棚卸数量1,000個）

＋B品（原価@¥ 750×帳簿棚卸数量600個）＝期末商品棚卸高¥ 1,650,000

B品原価@¥ 750×（帳簿棚卸数量600個－実地棚卸数量580個）

＝棚卸減耗損¥ 15,000

A品（原価@¥ 1,200－正味売却価額@¥ 1,180）×実地棚卸数量1,000個

＝商品評価損¥ 20,000

期末商品棚卸高¥ 1,650,000－棚卸減耗損¥ 15,000－商品評価損¥ 20,000

＝貸借対照表の「商品」¥ 1,615,000

b．受取手形¥ 3,302,000＋売掛金¥ 4,638,000＝売上債権¥ 7,940,000

売上債権¥ 7,940,000×貸倒実績率1％＝貸倒見積高¥ 79,400

貸倒見積高¥ 79,400－貸倒引当金¥ 31,800＝貸倒引当金繰入額¥ 47,600

c．売買目的有価証券：（時価@¥ 5,780－帳簿価額@¥ 5,420）×株数400株

＝有価証券評価益¥ 144,000

その他有価証券：（時価@¥ 4,370－帳簿価額@¥ 4,130）×株数1,200株

＝その他有価証券評価差額金¥ 288,000

子会社株式：（時価@¥ 2,710－帳簿価額@¥ 6,250）×株数800株

＝子会社株式評価損△¥ 2,832,000

d．建物：{取得原価（¥ 6,000,000＋¥ 150,000）－残存価額¥ 0}÷耐用年数50年

＝建物の減価償却費¥ 123,000

備品：（取得原価¥ 940,000－減価償却累計額¥ 188,000）×償却率20％

＝備品の減価償却費¥ 150,400

建物の減価償却費¥ 123,000＋備品の減価償却費¥ 150,400＝減価償却費¥ 273,400

e．2年分の保険料¥ 384,000÷24か月＝1か月あたりの保険料¥ 16,000

令和○5年6月1日～令和○6年3月31日（10か月）→当期の保険料

1か月あたりの保険料¥ 16,000×10か月＝当期の保険料¥ 160,000

令和○6年4月1日～令和○7年3月31日（12か月）→前払保険料

1か月あたりの保険料¥ 16,000×12か月＝前払保険料¥ 192,000

令和○7年4月1日～令和○7年5月31日（2か月）→長期前払保険料

1か月あたりの保険料¥ 16,000×2か月＝長期前払保険料¥ 32,000

f．長期借入金¥ 4,000,000×年利率1.2％×（1/2）＝6か月分の利息¥ 24,000

令和○6年1月1日～令和○6年6月30日の6か月分の利息のうち，

令和○6年1月1日～令和○6年3月31日の3か月分は当期に帰属するので，

6か月分の利息¥ 24,000×（3か月／6か月）＝未払利息¥ 12,000

h．法人税等¥ 949,200－仮払法人税等¥ 403,270＝未払法人税等¥ 545,930

【金額の変動】

損益計算書

区分	前T/Bの科目	変動前金額	変動額	変動後金額	F/S表示科目
売上原価	仕入	¥ 13,217,390	＋ ¥ 1,127,800 △ ¥ 1,650,000 ＋ ¥ 15,000 ＋ ¥ 20,000	¥ 12,730,190	売上原価
販売費及び一般管理費	—	—	＋ ¥ 47,600	¥ 47,600	貸倒引当金繰入
	—	—	＋ ¥ 123,000 ＋ ¥ 150,400	¥ 273,400	減価償却費
	—	—	＋ ¥ 567,380	¥ 567,380	退職給付費用
	支払手数料	¥ 150,000	△ ¥ 150,000	—	—
	保険料	¥ 544,000	△ ¥ 192,000 △ ¥ 32,000	¥ 320,000	保険料
営業外収益	—	—	＋ ¥ 144,000	¥ 144,000	有価証券評価益
営業外費用	支払利息	¥ 36,000	＋ ¥ 12,000	¥ 48,000	支払利息
特別損失	—	—	＋ ¥ 2,832,000	¥ 2,832,000	関係会社株式評価損
税等	—	—	＋ ¥ 949,200	¥ 949,200	法人税・住民税及び事業税

貸借対照表

区分	前T/Bの科目	変動前金額	変動額	変動後金額	F/S表示科目
流動資産	現金	¥ 1,377,750	—	¥ 5,034,290	現金預金
	当座預金	¥ 3,656,540			
	貸倒引当金	¥ 31,800	＋ ¥ 47,600	¥ 79,400	貸倒引当金
	売買目的有価証券	¥ 2,168,000	＋ ¥ 144,000	¥ 2,312,000	有価証券
	繰越商品	¥ 1,127,800	△ ¥ 1,127,800 ＋ ¥ 1,650,000 △ ¥ 15,000 △ ¥ 20,000	¥ 1,615,000	商品
	仮払法人税等	¥ 403,270	△ ¥ 403,270	—	—
	—	—	＋ ¥ 192,000	¥ 192,000	前払費用
固定資産	建物	¥ 6,000,000	＋ ¥ 150,000	¥ 6,150,000	建物
	—	—	＋ ¥ 123,000	¥ 123,000	減価償却累計額
	備品減価償却累計額	¥ 188,000	＋ ¥ 150,400	¥ 338,400	減価償却累計額
	その他有価証券	¥ 4,956,000	＋ ¥ 288,000	¥ 5,244,000	投資有価証券
	子会社株式	¥ 5,000,000	△ ¥ 2,832,000	¥ 2,168,000	関係会社株式
	—	—	＋ ¥ 32,000	¥ 32,000	長期前払費用
流動負債	—	—	＋ ¥ 12,000	¥ 12,000	未払費用
	—	—	＋ ¥ 545,930	¥ 545,930	未払法人税等
固定負債	退職給付引当金	¥ 1,895,630	＋ ¥ 567,380	¥ 2,463,010	退職給付引当金
純資産	繰越利益剰余金	¥ 364,700	＋ ¥ 1,381,390	¥ 1,746,090	繰越利益剰余金
	—	—	＋ ¥ 288,000	¥ 288,000	その他有価証券評価差額金

4

a．買掛金¥930,000－受取手形¥580,000＝当座預金¥350,000
　手形額面金額¥580,000×１％＝保証債務¥5,800
　手形の裏書譲渡をおこなったときは，二次的責任である保証債務を時価で評価した金額を計上する。

b．社債の額面総額¥5,000,000×（¥97.30／¥100）＋買入手数料¥28,000
　＝社債の取得価額¥4,893,000
　社債の取得価額¥4,893,000×（¥3,000,000／¥5,000,000）
　＝売却した社債の帳簿価額¥2,935,800
　売却した社債の額面金額¥3,000,000×（¥98.60／¥100）
　＝社債の売却価額¥2,958,000
　社債の売却価額¥2,958,000－売却した社債の帳簿価額¥2,935,800
　＝有価証券売却益¥22,200
　社債の売却価額¥2,958,000＋端数利息¥50,000＝受取額¥3,008,000

c．（取得原価¥5,000,000－残存価額¥5,000,000×10%）÷耐用年数30年
　＝１年間の減価償却費¥150,000
　１年間の減価償却費¥150,000×使用年数15年＝減価償却累計額¥2,250,000
　取得原価¥5,000,000－減価償却累計額¥2,250,000＝未決算¥2,750,000
　保険金¥2,700,000－未決算¥2,750,000＝火災損失△¥50,000

d．払込金額@¥48,000×株数2,000株＝当座預金¥96,000,000
　「会社法が規定する原則を適用する」とあるので，払込金額の全額を資本金勘定で処理する。
　また，会社設立後の株式発行にかかる諸費用は株式交付費勘定で処理する。

e．自己株式１株あたりの帳簿価額@¥38,000×消却した株数200株
　＝消却した自己株式の帳簿価額¥7,600,000

f．（取得原価¥100,000,000－残存価額¥0）
　×（当期採掘量26万トン／推定埋蔵量500万トン）＝償却額¥5,200,000

g．外貨＄3,000×仕入時の為替相場¥118＝買掛金¥354,000
　外貨＄3,000×決済時の為替相場¥114＝支払額¥342,000
　買掛金¥354,000－支払額¥342,000＝為替差益¥12,000

4 （小計28点）

	借方		貸方		
a	買掛金	**930,000**	受取手形	**580,000**	
			当座預金	**350,000**	④
	保証債務費用	**5,800**	保証債務	**5,800**	
b	現金	**3,008,000**	売買目的有価証券	**2,935,800**	
			有価証券売却益	**22,200**	④
			有価証券利息	**50,000**	
c	未収金	**2,700,000**	未決算	**2,750,000**	④
	火災損失	**50,000**			
d	当座預金	**96,000,000**	資本金	**96,000,000**	④
	株式交付費	**680,000**	当座預金	**680,000**	
e	その他資本剰余金	**7,600,000**	自己株式	**7,600,000**	④
f	鉱業権償却	**5,200,000**	鉱業権	**5,200,000**	④
g	買掛金	**354,000**	当座預金	**342,000**	④
			為替差損益	**12,000**	

自己株式を消却したときの相手勘定科目は
「その他資本剰余金」で処理するんだ！

模擬試験問題　【第　5　回】　1　級

ポイント

1

(1)a．金銭債権の区分のうち，経営破綻，あるいは実質的に経営破綻している債務者に対する債権を破産更生債権等という（金融商品に関する会計基準第27項(3)）。破産更生債権等は，財務内容評価法により貸倒見積高を計算する（金融商品に関する会計基準第28項(3)）。

b．財務諸表分析のうち，株主や債権者の立場からおこなうものを外部分析という。一方で，経営者の立場からおこなうものを内部分析という。

c．その他資本剰余金を原資として配当する場合のルールである（会社法第445条第4項，会社計算規則第22条第1項）。

(2)

1．depreciation	減価償却
2．gross profit	売上総利益
3．stakeholder	利害関係者
4．cost of goods sold	売上原価（イ）
5．disclosure	（会計情報の）開示（ア）
6．operating profit	営業利益

(3)

1．AR（Average Rate）	期中平均の為替相場
2．HR（Historical Rate）	取引発生時の為替相場
3．FR（Forward Rate）	先物為替相場
4．CR（Current Rate）	決算時の為替相場（ア）

2

(1)①原価回収基準では，（回収することが見込まれる）当期発生の工事費用の金額
＝当期の工事収益の金額となる。

よって，当期中の工事原価￥28,800,000＝当期の工事収益￥28,800,000

②当期中の工事原価￥26,325,000÷工事原価総額￥97,500,000＝進捗度0.27

工事収益総額￥130,000,000×進捗度0.27＝当期の工事収益￥35,100,000

(2)令和○3年3月31日（連結決算日）における連結仕訳を示すと次のようになる。

①投資と資本の相殺消去仕訳（単位：千円）

（借）	資本金	48,000	（貸）	子会社株式	53,000
	利益剰余金当期首残高	14,000		非支配株主持分	18,600
	のれん	9,600			

②のれんの償却（単位：千円）

（借）	のれん償却	480	（貸）	のれん	480

③子会社の当期純利益の配分（単位：千円）

（借）	非支配株主に帰属する当期純利益	660	（貸）	非支配株主持分	660

④配当金の修正（単位：千円）

（借）	受取配当金	980	（貸）	剰余金の配当	980
（借）	非支配株主持分	420	（貸）	剰余金の配当	420

1 （小計14点）

(1)

ア	イ	ウ	エ
8	6	9	1
②	②	②	②

(2)

ア	イ
5	4
②	②

(3)

ア
4
②

2 （小計22点）

(1)

①	￥28,800,000	②	②	￥35,100,000	②

(2)

ア	480 千円	②	イ	340 千円	②
ウ	4,580 千円	②	エ	18,840 千円	②

(3)

①

a	6,910 千円	②	b	1,242 千円	②

②

ア	140.0 %	①	イ	1	①
ウ	64.0 %	①	エ	2	①
オ	8.0 回	①	カ	1	①

※(3)②のア・ウ・オの解答は，整数でも正答とする。

①(資本金48,000千円＋利益剰余金14,000千円)×非支配株主の株式保有割合30%
＝非支配株主持分18,600千円

のれんの金額は仕訳の貸借差額から9,600千円となる。

②のれん9,600千円÷償却期間20年＝のれん償却480千円

③S社の当期純利益2,200千円×非支配株主の株式保有割合30%
＝非支配株主に帰属する当期純利益660千円

④S社の配当金1,400千円×P社の株式保有割合70%＝受取配当金修正額980千円
S社の配当金1,400千円×非支配株主の株式保有割合30%
＝非支配株主持分修正額420千円

連結損益計算書

P社　令和○2年4月1日から令和○3年3月31日まで　(単位：千円)

売上原価	(214,970)	売上高	(324,800)
給料	(103,950)	受取配当金	(340)
支払利息	(500)		
のれん償却	(480)		
当期純利益	(5,240)		
	(325,140)		(325,140)
非支配株主に帰属する当期純利益	(660)	当期純利益	(5,240)
親会社株主に帰属する当期純利益	(4,580)		
	(5,240)		(5,240)

連結株主資本等変動計算書

P社　令和○2年4月1日から令和○3年3月31日まで　(単位：千円)

	資本金	利益剰余金	非支配株主持分
当期首残高	(138,000)	(44,000)	(18,600)
当期変動額　剰余金の配当		(△3,000)	
親会社株主に帰属する当期純利益		(4,580)	
株主資本以外の項目の当期変動額(純額)			(240)
当期末残高	(138,000)	(45,580)	(18,840)

連結貸借対照表

P社　令和○3年3月31日　(単位：千円)

諸資産	(393,400)	諸負債	(200,100)
のれん	(9,120)	資本金	(138,000)
		利益剰余金	(45,580)
		非支配株主持分	(18,840)
	(402,520)		(402,520)

P社受取配当金1,320千円－④受取配当金修正額980千円
＝受取配当金の連結P/L表示額340千円

当期純利益は連結P/Lの貸借差額から5,240千円となる。

当期純利益5,240千円－③非支配株主に帰属する当期純利益660千円
＝親会社株主に帰属する当期純利益4,580千円

※または，
P社当期純利益4,500千円＋S社当期純利益2,200千円
－②のれん償却480千円－③非支配株主に帰属する当期純利益660千円
－④受取配当金修正額980千円
＝親会社株主に帰属する当期純利益4,580千円と計算することもできる。

P社の利益剰余金当期首残高44,000千円
＋親会社株主に帰属する当期純利益4,580千円－P社の剰余金の配当3,000千円
＝利益剰余金当期末残高45,580千円

※または，
P社の利益剰余金当期末残高45,500千円＋S社の利益剰余金当期末残高14,800千円
－S社の利益剰余金当期首残高14,000千円
－②のれん償却480千円－③非支配株主に帰属する当期純利益660千円
－④受取配当金修正額980千円＋④S社の配当金1,400千円
＝利益剰余金当期末残高45,580千円と計算することもできる。

③非支配株主持分660千円－④非支配株主持分修正額420千円
＝非支配株主持分当期変動額240千円

①非支配株主持分当期首残高18,600千円＋非支配株主持分当期変動額240千円
＝非支配株主持分当期末残高18,840千円

①のれん9,600千円－②のれん償却480千円
＝のれんの連結B/S表示額（未償却残高）9,120千円

(参考) タイムテーブルを用いた計算（単位：千円）

令和○2年3月31日 (70%)				令和○3年3月31日 (70%)	
資本金	48,000			資本金	48,000
利益剰余金	14,000	P社 1,540	△980	利益剰余金	14,800
合計	62,000	非支配株主 660	△420	合計	62,800
非支配株主持分	18,600 (30%)			非支配株主持分	18,840 (30%)
子会社株式	53,000				
のれん	9,600	△480		のれん	9,120

(非支配株主持分18,600千円＋子会社株式53,000千円)－S社資本合計62,000千円
＝のれん9,600千円

P社の利益剰余金当期末残高45,500千円
＋S社当期純利益2,200千円×P社の株式保有割合70%
－のれん償却480千円－受取配当金修正額980千円
＝利益剰余金当期末残高45,580千円

ポイント

(3)

①a．流動資産合計を求めるために，まずは前払費用の金額を求める。

資料ⅰより，前払利息*90*千円のうち*30*千円は長期前払費用となるので，

前払利息*90*千円－長期前払費用*30*千円＝前払費用*60*千円となる。よって，

現金預金*807*千円＋受取手形*654*千円＋売掛金*2,058*千円＋有価証券*1,500*千円＋商品*1,804*千円＋消耗品*27*千円＋前払費用*60*千円＝流動資産合計*6,910*千円

b．貸借対照表および株主資本等変動計算書によれば，繰越利益剰余金の当期の変動は以下のようになる。

当期首残高*2,474*千円－剰余金の配当*1,650*千円－別途積立金の積立*80*千円＋当期純利益？千円＝当期末残高*1,986*千円

当期末残高*1,986*千円－（当期首残高*2,474*千円－剰余金の配当*1,650*千円－別途積立金の積立*80*千円）＝当期純利益*1,242*千円

②ア．当座比率を求めるために，まずは短期借入金の金額を求める。

資料ⅱより，借入金*3,250*千円のうち*250*千円が短期借入金に計上され，

借入金*250*千円＋手形借入金*300*千円＝短期借入金*550*千円となる。よって，

現金預金*807*千円＋受取手形*654*千円＋売掛金*2,058*千円＋有価証券*1,500*千円＝当座資産*5,019*千円

支払手形*1,280*千円＋買掛金*1,260*千円＋短期借入金*550*千円＋前受金*200*千円＋未払費用*35*千円＋未払法人税等*260*千円＝流動負債*3,585*千円

（当座資産*5,019*千円÷流動負債*3,585*千円）×100＝当座比率140.0%

イ．当座比率は，短期（即座）の支払能力を判断する財務指標である。

ウ．自己資本比率を求めるために，自己資本の金額と総資本の金額を求める。

株主資本等変動計算書より，株主資本等の当期末残高を算出する。

資本準備金は，当期の変動はないので当期首残高*400*千円＝当期末残高*400*千円

利益準備金は，当期首残高*350*千円＋当期変動額*150*千円＝当期末残高*500*千円

別途積立金は，当期首残高*120*千円＋当期変動額*80*千円＝当期末残高*200*千円

よって，資本金*10,000*千円＋資本準備金*400*千円＋利益準備金*500*千円＋別途積立金*200*千円＋繰越利益剰余金*1,986*千円＋自己株式△*30*千円＝自己資本*13,056*千円

また資料ⅱより，借入金*3,250*千円のうち*3,000*千円は長期借入金となるので，

流動負債*3,585*千円＋長期借入金*3,000*千円＋退職給付引当金*759*千円＋自己資本*13,056*千円＝総資本*20,400*千円

（自己資本*13,056*千円÷総資本*20,400*千円）×100＝自己資本比率64.0%

エ．自己資本比率は，企業の安全性を判断する財務指標である。

オ．受取手形*654*千円＋売掛金*2,058*千円＝売上債権*2,712*千円

売上高*21,696*千円÷売上債権*2,712*千円＝受取勘定（売上債権）回転率8.0回

カ．受取勘定（売上債権）回転率が高いほど，売上債権の回収期間は短くなる。前期の受取勘定（売上債権）回転率は7.4回，当期の受取勘定（売上債権）回転率はオより8.0回なので，売上債権の回収期間が短くなったと判断する。

3 （小計36点）

損　益　計　算　書

福井商事株式会社　　令和○2年4月1日から令和○3年3月31日まで　　（単位：円）

Ⅰ 売　上　高		(**40,586,870**)
Ⅱ 売　上　原　価		
1．期首商品棚卸高	(**4,336,700**)	
2．当期商品仕入高	(**20,730,100**)	
合　　計	(**25,066,800**)	
3．期末商品棚卸高	(**4,214,000**)	
	(**20,852,800**)	
4．(棚卸減耗損)	(**86,000**)	
5．(商品評価損)	(**115,200**)	(**21,054,000**)
売上総利益		(**19,532,870**) ④
Ⅲ 販売費及び一般管理費		
1．給　　料	(**10,093,590**)	
2．発　送　費	(**714,860**)	
3．広　告　料	(**863,540**)	
4．(貸倒引当金繰入)	(**31,700**)	
5．(減価償却費)	(**213,750**)	
6．(ソフトウェア償却)	(**138,000**)	
7．(退職給付費用)	(**613,990**)	
8．(修　繕　費)	(**180,000**) ④	
9．支払家賃	(**1,008,000**)	
10．保　険　料	(**376,000**)	
11．(雑　　費)	(**36,200**)	(**14,269,630**)
営業利益		(**5,263,240**)
Ⅳ 営業外収益		
1．(受取手数料)	(**83,000**)	
2．(仕入割引)	(**25,000**)	(**108,000**)
Ⅴ 営業外費用		
1．(支払利息)	(**22,000**)	
2．(電子記録債権売却損)	(**34,000**)	
3．(有価証券評価損)	(**80,000**)	
4．(為替差損)	(**5,000**)	(**141,000**) ④
経常利益		(**5,230,240**)
Ⅵ 特別利益		
1．(投資有価証券売却益)	(**100,000**)	(**100,000**)
Ⅶ 特別損失		
1．(火災損失)	(**550,000**)	(**550,000**)
税引前当期純利益		(**4,780,240**) ④
法人税・住民税及び事業税		(**1,434,250**)
当期純利益		(**3,345,990**)

貸　借　対　照　表

福井商事株式会社　　令和○3年3月31日　　（単位：円）

資　産　の　部

Ⅰ 流動資産			
1．現金預金		(**10,200,240**)	
2．電子記録債権	(**3,286,000**)		
貸倒引当金	△(**32,860**)	(**3,253,140**)	
3．売　掛　金	(**5,234,000**)		
貸倒引当金	△(**52,340**)	(**5,181,660**)	
4．(有価証券)		(**1,880,000**)	
5．(商　　品)		(**4,012,800**)	
6．(前払費用)		(**420,000**) ④	
流動資産合計			(**24,947,840**)

（参考）貸借対照表および株主資本等変動計算書を完成させると，次のようになる。

貸借対照表

新潟商事株式会社　　令和○3年3月31日　　（単位：千円）

資産	金額	負債・純資産	金額
現金預金	*807*	支払手形	*1,280*
受取手形	*654*	買掛金	*1,260*
売掛金	*2,058*	短期借入金	*550*
有価証券	*1,500*	前受金	*200*
商品	*1,804*	未払費用	*35*
消耗品	*27*	未払法人税等	*260*
前払費用	*60*	長期借入金	*3,000*
建物	*2,500*	退職給付引当金	*759*
備品	*385*	資本金	*10,000*
土地	*6,000*	資本準備金	*400*
建設仮勘定	*500*	利益準備金	*500*
のれん	*600*	別途積立金	*200*
投資有価証券	*1,410*	繰越利益剰余金	*1,986*
長期貸付金	*2,065*	自己株式	*△ 30*
長期前払費用	*30*		
	20,400		*20,400*

株主資本等変動計算書（一部）

新潟商事株式会社　　令和○2年4月1日から令和○3年3月31日まで　　（単位：千円）

	資本金	資本剰余金		利益剰余金				自己株式
		資本準備金	資本剰余金合計	利益準備金	その他利益剰余金		利益剰余金合計	
					別途積立金	繰越利益剰余金		
当期首残高	*10,000*	*400*	*400*	*350*	*120*	*2,474*	*2,944*	——
当期変動額								
剰余金の配当				*150*		*△ 1,650*	*△ 1,500*	
別途積立金の積立					*80*	*△ 80*	——	
当期純利益						*1,242*	*1,242*	
自己株式の取得								*△ 30*
当期変動額合計	——	——	——	*150*	*80*	*△ 488*	*△ 258*	*△ 30*
当期末残高	*10,000*	*400*	*400*	*500*	*200*	*1,986*	*2,686*	*△ 30*

3

【付記事項の仕訳】

①	（借）修繕費	*180,000*	（貸）備品	*180,000*

【決算整理仕訳】

a.	（借）仕入	*4,336,700*	（貸）繰越商品	*4,336,700*
	繰越商品	*4,214,000*	仕入	*4,214,000*
	棚卸減耗損	*86,000*	繰越商品	*86,000*
	商品評価損	*115,200*	繰越商品	*115,200*
	仕入	*86,000*	棚卸減耗損	*86,000*
	仕入	*115,200*	商品評価損	*115,200*
b.	（借）売掛金	*60,000*	（貸）為替差損益	*60,000*
	（借）為替差損益	*65,000*	（貸）買掛金	*65,000*
c.	（借）貸倒引当金繰入	*31,700*	（貸）貸倒引当金	*31,700*
d.	（借）有価証券評価損	*80,000*	（貸）売買目的有価証券	*80,000*
e.	（借）減価償却費	*213,750*	（貸）備品減価償却累計額	*213,750*
f.	（借）ソフトウェア償却	*138,000*	（貸）ソフトウェア	*138,000*
g.	（借）前払家賃	*420,000*	（貸）支払家賃	*420,000*
h.	（借）退職給付費用	*613,990*	（貸）退職給付引当金	*613,990*
i.	（借）法人税等	*1,434,250*	（貸）仮払法人税等	*697,360*
			未払法人税等	*736,890*

Ⅱ　固定資産			
(1) 有形固定資産			
1．備品	（ **1,140,000** ）		
減価償却累計額	△（ **498,750** ）	（ **641,250** ）	
2．建設仮勘定		（ **5,270,000** ）	
有形固定資産合計		（ **5,911,250** ）	
(2) 無形固定資産			
1．（ソフトウェア）		（ **414,000** ）④	
無形固定資産合計		（ **414,000** ）	
(3) 投資その他の資産			
1．（関係会社株式）		（ **4,760,000** ）	
投資その他の資産合計		（ **4,760,000** ）	
固定資産合計			（ **11,085,250** ）
資産合計			（ **36,033,090** ）④
負債の部			
Ⅰ　流動負債			
1．電子記録債務		（ **1,574,900** ）	
2．買掛金		（ **3,446,300** ）	
3．（未払法人税等）		（ **736,890** ）	
流動負債合計			（ **5,758,090** ）④
Ⅱ　固定負債			
1．（長期借入金）		（ **2,000,000** ）	
2．（退職給付引当金）		（ **1,842,620** ）	
固定負債合計			（ **3,842,620** ）
負債合計			（ **9,600,710** ）
純資産の部			
Ⅰ　株主資本			
(1) 資本金			*18,000,000*
(2) 資本剰余金			
1．資本準備金		*2,000,000*	
2．その他資本剰余金		*570,000*	
資本剰余金合計			*2,570,000*
(3) 利益剰余金			
1．利益準備金		*1,200,000*	
2．その他利益剰余金			
① 新築積立金		（ **800,000** ）	
② 繰越利益剰余金		（ **3,862,380** ）④	
利益剰余金合計			（ **5,862,380** ）
株主資本合計			（ **26,432,380** ）
純資産合計			（ **26,432,380** ）
負債及び純資産合計			（ **36,033,090** ）

※ⅰ　損益計算書の棚卸減耗損は，棚卸減耗費でもよい。
ⅱ　損益計算書の貸倒引当金繰入は，貸倒償却でもよい。

ポイント

【考え方・計算式】

① 固定資産の現状を維持するために要した支出は収益的支出であるから，備品勘定ではなく修繕費勘定で処理する。

a.

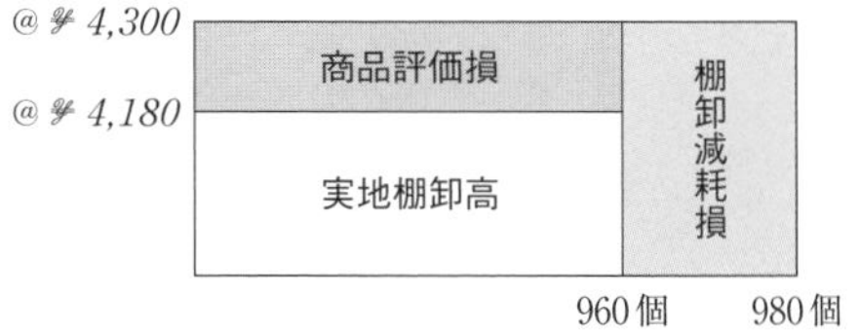

原価@¥4,300×帳簿棚卸数量980個＝期末商品棚卸高¥4,214,000

原価@¥4,300×(帳簿棚卸数量980個－実地棚卸数量960個)＝棚卸減耗損¥86,000

(原価@¥4,300－正味売却価額@¥4,180)×実地棚卸数量960個

＝商品評価損¥115,200

期末商品棚卸高¥4,214,000－棚卸減耗損¥86,000－商品評価損¥115,200

＝貸借対照表の「商品」¥4,012,800

b. 売掛金：外貨$20,000×販売時の為替相場¥122＝売掛金¥2,440,000

外貨$20,000×決算時の為替相場¥125＝換算額¥2,500,000

換算額¥2,500,000－売掛金¥2,440,000＝為替差益¥60,000

買掛金：外貨$13,000×仕入時の為替相場¥120＝買掛金¥1,560,000

外貨$13,000×決算時の為替相場¥125＝換算額¥1,625,000

買掛金¥1,560,000－換算額¥1,625,000＝為替差損△¥65,000

為替差損益：為替差益¥60,000＋為替差損△¥65,000＝為替差損△¥5,000

c. 電子記録債権¥3,286,000＋売掛金(¥5,174,000＋¥60,000)＝売上債権¥8,520,000

売上債権¥8,520,000×貸倒実績率1％＝貸倒見積高¥85,200

貸倒見積高¥85,200－貸倒引当金¥53,500＝貸倒引当金繰入額¥31,700

d. (時価@¥4,700－帳簿価額@¥4,900)×株数400株＝有価証券評価損△¥80,000

e. {取得原価（¥1,320,000－¥180,000)－減価償却累計額¥285,000}×償却率25%

＝減価償却費¥213,750

g. 6か月分の支払家賃¥504,000÷6か月＝1か月あたりの支払家賃¥84,000

令和○3年3月1日～令和○3年3月31日（1か月)→当期の支払家賃

1か月あたりの支払家賃¥84,000×1か月＝当期の支払家賃¥84,000

令和○3年4月1日～令和○3年8月31日（5か月)→前払家賃

1か月あたりの支払家賃¥84,000×5か月＝前払家賃¥420,000

i. 法人税等¥1,434,250－仮払法人税等¥697,360＝未払法人税等¥736,890

【金額の変動】

損益計算書

区分	前T/Bの科目	変動前金額	変動額	変動後金額	F/S表示科目
売上原価	仕　入	¥20,730,100	＋ ¥4,336,700	¥21,054,000	売上原価
			△ ¥4,214,000		
			＋ ¥86,000		
			＋ ¥115,200		
販売費及び一般管理費	—	—	＋ ¥31,700	¥31,700	貸倒引当金繰入
	—	—	＋ ¥213,750	¥213,750	減価償却費
	—	—	＋ ¥138,000	¥138,000	ソフトウェア償却
	—	—	＋ ¥613,990	¥613,990	退職給付費用
	—	—	＋ ¥180,000	¥180,000	修繕費
	支払家賃	¥1,428,000	△ ¥420,000	¥1,008,000	支払家賃
営業外費用	—	—	＋ ¥80,000	¥80,000	有価証券評価損
	—	—	△ ¥60,000	¥5,000	為替差損
			＋ ¥65,000		
税等	—	—	＋ ¥1,434,250	¥1,434,250	法人税・住民税及び事業税

貸借対照表

区分	前T/Bの科目	変動前金額	変動額	変動後金額	F/S表示科目
流動資産	現金	¥3,930,760	—	¥10,200,240	現金預金
	当座預金	¥6,269,480			
	売掛金	¥5,174,000	＋ ¥60,000	¥5,234,000	売掛金
	貸倒引当金	¥53,500	＋ ¥31,700	¥85,200	貸倒引当金
	売買目的有価証券	¥1,960,000	△ ¥80,000	¥1,880,000	有価証券
	繰越商品	¥4,336,700	△ ¥4,336,700	¥4,012,800	商品
			＋ ¥4,214,000		
			△ ¥86,000		
			△ ¥115,200		
	仮払法人税等	¥697,360	△ ¥697,360	—	—
	—	—	＋ ¥420,000	¥420,000	前払費用
固定資産	備品	¥1,320,000	△ ¥180,000	¥1,140,000	備品
	備品減価償却累計額	¥285,000	＋ ¥213,750	¥498,750	減価償却累計額
	ソフトウェア	¥552,000	△ ¥138,000	¥414,000	ソフトウェア
流動負債	買掛金	¥3,381,300	＋ ¥65,000	¥3,446,300	買掛金
	—	—	＋ ¥736,890	¥736,890	未払法人税等
固定負債	退職給付引当金	¥1,228,630	＋ ¥613,990	¥1,842,620	退職給付引当金
純資産	繰越利益剰余金	¥516,390	＋ ¥3,345,990	¥3,862,380	繰越利益剰余金

4

a．「利子抜き法」と指示があるため，リース資産およびリース債務の計上額は，見積現金購入価額とする。

リース債務総額￥6,000,000÷リース期間５年＝当期のリース債務減少額￥1,200,000
年間リース料￥1,300,000－当期のリース債務減少額￥1,200,000＝支払利息￥100,000

b．(時価@￥6,800－帳簿価額@￥16,600)×株数900株
＝子会社株式評価損△￥8,820,000

c．売掛金￥980,000－受取額￥950,600＝売上割引￥29,400
問題文の条件より，売上割引￥29,400は売上勘定から直接減額する。

d．工事の完成前に工事代金の一部を受け取ったときは，契約負債勘定で処理する。

e．資本金勘定からいったんその他資本剰余金勘定に振り替え，その他資本剰余金勘定から繰越利益剰余金勘定に振り替えることに注意する。

f．払込金額@￥60,000×発行総数80個＝新株予約権￥4,800,000

g．(旧備品の取得原価￥420,000－残存価額￥0)÷耐用年数８年
＝１年間の減価償却費￥52,500
１年間の減価償却費￥52,500×使用年数６年＝減価償却累計額￥315,000
売却価額￥87,000－(旧備品の取得原価￥420,000－減価償却累計額￥315,000)
＝固定資産売却損△￥18,000
新備品の取得原価￥550,000－旧備品の売却価額￥87,000＝営業外支払手形￥463,000

4

(小計28点)

	借方		貸方		
a	リース債務	***1,200,000***	現金	***1,300,000***	④
	支払利息	***100,000***			
b	子会社株式評価損	***8,820,000***	子会社株式	***8,820,000***	④
c	現金	***950,600***	売掛金	***980,000***	④
	売上	***29,400***			
d	現金	***8,000,000***	契約負債	***8,000,000***	④
e	資本金	***4,400,000***	その他資本剰余金	***4,400,000***	④
	その他資本剰余金	***4,400,000***	繰越利益剰余金	***4,400,000***	
f	当座預金	***4,800,000***	新株予約権	***4,800,000***	④
g	備品	***550,000***	備品	***420,000***	④
	備品減価償却累計額	***315,000***	営業外支払手形	***463,000***	
	固定資産売却損	***18,000***			

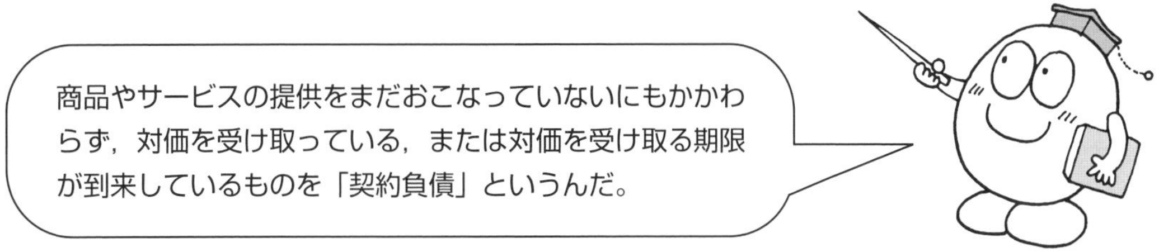
商品やサービスの提供をまだおこなっていないにもかかわらず，対価を受け取っている，または対価を受け取る期限が到来しているものを「契約負債」というんだ。

模擬試験問題　【第　6　回】　1　級

ポイント

1

(1) a．明瞭性の原則の説明である（企業会計原則の一般原則４）。

b．重要性の原則の説明である（企業会計原則注解１）。

c．個別貸借対照表において，純資産は大きく①株主資本，②評価・換算差額等，③株式引受権（出題範囲外），④新株予約権の４つに分けられるが，このうち①と②を合計すれば自己資本の金額となる。新株予約権は，自己資本に含まれないことに注意する。

(2)

1．current ratio	流動比率
2．parent company	親会社
3．quick ratio	当座比率
4．subsidiary company	子会社（イ）
5．equity ratio	自己資本比率（ア）
6．debt ratio	負債比率

2

(1) a．資料③より，甲府商会の流動比率は215.0％とわかる。

現金預金￥600,000＋電子記録債権￥900,000＋売掛金￥1,800,000＋商品￥？
＝流動資産（￥3,300,000＋商品￥？）

電子記録債務￥500,000＋買掛金￥1,000,000＋短期借入金￥500,000
＝流動負債￥2,000,000

{流動資産（￥3,300,000＋商品￥？）÷流動負債￥2,000,000}×100
＝流動比率215.0％なので，

流動負債￥2,000,000×2.15＝流動資産（￥3,300,000＋商品￥？）

￥4,300,000－￥3,300,000＝商品￥1,000,000

b．甲府商会の年平均利益額￥294,000÷同種企業の平均利益率８％
＝収益還元価値￥3,675,000

流動資産（￥3,300,000＋￥1,000,000）＋備品￥1,200,000－流動負債￥2,000,000
＝純資産額￥3,500,000

収益還元価値￥3,675,000－純資産額￥3,500,000＝のれん￥175,000

(2)令和○8年３月31日（連結決算日）における連結仕訳を示すと次のようになる。

①子会社の資産および負債の評価替えの仕訳（単位：千円）

（借）	土　地	2,000	（貸）評価差額	2,000

②投資と資本の相殺消去仕訳（単位：千円）

（借）	資本金	80,000	（貸）子会社株式	72,000
	利益剰余金当期首残高	6,500	非支配株主持分	17,700
	評価差額	2,000		
	のれん	1,200		

③のれんの償却（単位：千円）

（借）	のれん償却	120	（貸）のれん	120

④子会社の当期純利益の配分（単位：千円）

（借）	非支配株主に帰属する当期純利益	900	（貸）非支配株主持分	900

⑤配当金の修正（単位：千円）

（借）	受取配当金	1,600	（貸）剰余金の配当	1,600
（借）	非支配株主持分	400	（貸）剰余金の配当	400

1　（小計14点）

(1)

ア	イ	ウ	エ	オ
2	6	3	8	1
②	②	②	②	②

(2)

ア	イ
5	4
②	②

2　（小計22点）

(1)

a	￥ **1,000,000** ②	b	￥ **175,000** ②

(2)

ア	**120** 千円 ②	イ	**9,880** 千円 ②
ウ	**500** 千円 ②	エ	**84,000** 千円 ②

(3)

①

a	￥ **200,000** ②	b	￥ **228,000** ②

②

ア	**18.0** ％ ①	イ	**1** ①
ウ	**5.0** 回 ①	エ	**2** ①
オ	**7.5** ％ ①	カ	**1** ①

※(3)②のア・ウの解答は，整数でも正答とする。

①土地の時価*35,000*千円－土地の帳簿価額*33,000*千円＝評価差額*2,000*千円
②(資本金*80,000*千円＋利益剰余金*6,500*千円＋評価差額*2,000*千円)
×非支配株主の株式保有割合20％＝非支配株主持分*17,700*千円
のれんの金額は仕訳の貸借差額から*1,200*千円となる。
③のれん*1,200*千円÷償却期間10年＝のれん償却*120*千円
④Ｓ社の当期純利益*4,500*千円×非支配株主の株式保有割合20％
＝非支配株主に帰属する当期純利益*900*千円
⑤Ｓ社の配当金*2,000*千円×Ｐ社の株式保有割合80％＝受取配当金修正額*1,600*千円
Ｓ社の配当金*2,000*千円×非支配株主の株式保有割合20％
＝非支配株主持分修正額*400*千円

連結損益計算書

Ｐ社　令和○7年4月1日から令和○8年3月31日まで　(単位：千円)

売上原価	818,080	売上高	1,027,720
給料	198,320	受取配当金	(**300**)
支払利息	720		
のれん償却	(**120**)		
当期純利益	(10,780)		
	(**1,028,020**)		(**1,028,020**)
非支配株主に帰属する当期純利益	(**900**)	当期純利益	(**10,780**)
親会社株主に帰属する当期純利益	(9,880)		
	(**10,780**)		(**10,780**)

連結株主資本等変動計算書

Ｐ社　令和○7年4月1日から令和○8年3月31日まで　(単位：千円)

	資本金	利益剰余金	非支配株主持分
当期首残高	250,000	10,000	(**17,700**)
当期変動額　剰余金の配当		△5,000	
親会社株主に帰属する当期純利益		(**9,880**)	
株主資本以外の項目の当期変動額(純額)			(**500**)
当期末残高	(**250,000**)	(**14,880**)	(**18,200**)

連結貸借対照表

Ｐ社　令和○8年3月31日　(単位：千円)

諸資産	393,900	諸負債	195,900
土地	(**84,000**)	資本金	(**250,000**)
のれん	(**1,080**)	利益剰余金	(**14,880**)
		非支配株主持分	(**18,200**)
	(**478,980**)		(**478,980**)

Ｐ社受取配当金*1,900*千円－⑤受取配当金修正額*1,600*千円
＝受取配当金の連結P/L表示額*300*千円
当期純利益は連結P/Lの貸借差額から*10,780*千円となる。
当期純利益*10,780*千円－④非支配株主に帰属する当期純利益*900*千円
＝親会社株主に帰属する当期純利益*9,880*千円

※または，
Ｐ社当期純利益*8,000*千円＋Ｓ社当期純利益*4,500*千円
－③のれん償却*120*千円－④非支配株主に帰属する当期純利益*900*千円
－⑤受取配当金修正額*1,600*千円
＝親会社株主に帰属する当期純利益*9,880*千円と計算することもできる。

Ｐ社の利益剰余金当期首残高*10,000*千円
＋親会社株主に帰属する当期純利益*9,880*千円－Ｐ社の剰余金の配当*5,000*千円
＝利益剰余金当期末残高*14,880*千円

※または，
Ｐ社の利益剰余金当期末残高*13,000*千円＋Ｓ社の利益剰余金当期末残高*9,000*千円
－Ｓ社の利益剰余金当期首残高*6,500*千円
－③のれん償却*120*千円－④非支配株主に帰属する当期純利益*900*千円
－⑤受取配当金修正額*1,600*千円＋⑤Ｓ社の配当金*2,000*千円
＝利益剰余金当期末残高*14,880*千円と計算することもできる。

④非支配株主持分*900*千円－⑤非支配株主持分修正額*400*千円
＝非支配株主持分当期変動額*500*千円
②非支配株主持分当期首残高*17,700*千円＋非支配株主持分当期変動額*500*千円
＝非支配株主持分当期末残高*18,200*千円
②のれん*1,200*千円－③のれん償却*120*千円
＝のれんの連結B/S表示額（未償却残高）*1,080*千円

(参考) タイムテーブルを用いた計算（単位：千円）

令和○7年3月31日　80%

資本金	80,000
利益剰余金	6,500
評価差額	2,000
合計	88,500
非支配株主持分	17,700 (20%)
子会社株式	72,000
のれん	1,200

Ｐ社　3,600　△1,600
非支配株主　900　△400
のれん　△120

令和○8年3月31日　80%

資本金	80,000
利益剰余金	9,000
評価差額	2,000
合計	91,000
非支配株主持分	18,200 (20%)
のれん	1,080

(非支配株主持分*17,700*千円＋子会社株式*72,000*千円)－Ｓ社資本合計*88,500*千円
＝のれん*1,200*千円
Ｐ社の利益剰余金当期末残高*13,000*千円
＋Ｓ社当期純利益*4,500*千円×Ｐ社の株式保有割合80％
－のれん償却*120*千円－受取配当金修正額*1,600*千円
＝利益剰余金当期末残高*14,880*千円

ポイント

(3)

①a．第14期の損益計算書より，

売上総利益 ¥ 333,000 − 販売費及び一般管理費 ¥ 133,000 = 営業利益 ¥ 200,000

b．資料ⅲより，営業外収益と営業外費用を算出し，営業利益に加減して求める。

有価証券売却益 ¥ 21,000 + 受取配当金 ¥ 17,000 + 受取利息 ¥ 5,000 + 仕入割引 ¥ 2,000 = 営業外収益 ¥ 45,000

株式交付費 ¥ 8,000 + 電子記録債権売却損 ¥ 7,000 + 支払利息 ¥ 2,000 = 営業外費用 ¥ 17,000

営業利益 ¥ 200,000 + 営業外収益 ¥ 45,000 − 営業外費用 ¥ 17,000 = 経常利益 ¥ 228,000

別解 または，第14期の損益計算書より，

経常利益 ¥ ? + 特別利益 ¥ 43,000 − 特別損失 ¥ 49,000 = 税引前当期純利益 ¥ 222,000 なので，

税引前当期純利益 ¥ 222,000 − 特別利益 ¥ 43,000 + 特別損失 ¥ 49,000 = 経常利益 ¥ 228,000

②ア．(売上総利益 ¥ 333,000 ÷ 売上高 ¥ 1,850,000) × 100 = 売上高総利益率18.0%

イ．売上高総利益率は，企業の収益性を判断する財務指標である。

ウ．(期首商品棚卸高 ¥ 400,000 + 期末商品棚卸高 ¥ 206,800) ÷ 2 = 平均商品棚卸高 ¥ 303,400

売上原価 ¥ 1,517,000 ÷ 平均商品棚卸高 ¥ 303,400 = 商品回転率5.0回

エ．第13期の商品回転率は4.5回であるのに対し，第14期の商品回転率はウより5.0回と高くなっているので，商品の在庫期間が短く販売効率が良くなっている。

オ．{(当期売上高 ¥ 1,850,000 − 前期売上高 ¥ 2,000,000) ÷ 前期売上高 ¥ 2,000,000} × 100 = 売上高成長率（増収率）△7.5%

よって，売上高成長率（増収率）は7.5%の減少である。

カ．売上高成長率（増収率）が減少しているので，市場の縮小やシェアの縮小が発生したことがわかる。

（参考）第13期および第14期の損益計算書を完成させると，次のようになる。

(第13期) 損益計算書 (単位：円)
愛知物産株式会社 令和○6年4月1日から令和○7年3月31日まで

Ⅰ 売上高		2,000,000
Ⅱ 売上原価		
1．期首商品棚卸高	320,000	
2．当期商品仕入高	1,700,000	
合計	2,020,000	
3．期末商品棚卸高	400,000	1,620,000
売上総利益		380,000
Ⅲ 販売費及び一般管理費		124,000
営業利益		256,000
Ⅳ 営業外収益		37,200
Ⅴ 営業外費用		18,600
経常利益		274,600
Ⅵ 特別利益		24,000
Ⅶ 特別損失		98,600
税引前当期純利益		200,000
法人税・住民税及び事業税		70,000
当期純利益		130,000

(第14期) 損益計算書 (単位：円)
愛知物産株式会社 令和○7年4月1日から令和○8年3月31日まで

Ⅰ 売上高		1,850,000
Ⅱ 売上原価		
1．期首商品棚卸高	400,000	
2．当期商品仕入高	1,323,800	
合計	1,723,800	
3．期末商品棚卸高	206,800	1,517,000
売上総利益		333,000
Ⅲ 販売費及び一般管理費		133,000
営業利益		200,000
Ⅳ 営業外収益		45,000
Ⅴ 営業外費用		17,000
経常利益		228,000
Ⅵ 特別利益		43,000
Ⅶ 特別損失		49,000
税引前当期純利益		222,000
法人税・住民税及び事業税		92,500
当期純利益		129,500

3 (小計36点)

損益計算書

岐阜商事株式会社 令和○7年4月1日から令和○8年3月31日まで (単位：円)

Ⅰ 売上高		(45,806,700)	
Ⅱ 売上原価			
1．期首商品棚卸高	(3,124,200)		
2．当期商品仕入高	(27,187,030)		
合計	(30,311,230)		
3．期末商品棚卸高	(3,519,200)		
	(26,792,030)		
4．(棚卸減耗損)	(49,800)		
5．(商品評価損)	(125,400)	(26,967,230)	④
売上総利益		(18,839,470)	
Ⅲ 販売費及び一般管理費			
1．給料	(10,279,060)		
2．発送費	(739,080)		
3．広告料	(526,710)		
4．(貸倒引当金繰入)	(109,400) ④		
5．(減価償却費)	(432,000)		
6．(のれん償却)	(7,000)		
7．(退職給付費用)	(528,310)		
8．支払家賃	(1,080,000)		
9．保険料	(350,000)		
10．通信費	(93,170)		
11．消耗品費	(29,730)		
12．租税公課	(62,580)		
13．(雑費)	(16,430)	(14,253,470)	
営業利益		(4,586,000)	
Ⅳ 営業外収益			
1．(受取手数料)	(37,000)		
2．(有価証券利息)	(54,000)	(91,000)	
Ⅴ 営業外費用			
1．(支払利息)	(86,400)		
2．(有価証券売却損)	(120,000)		
3．(有価証券評価損)	(63,000) ④		
4．(雑損)	(5,900)	(275,300)	
経常利益		(4,401,700)	
Ⅵ 特別利益			
1．(固定資産売却益)	(48,000)	(48,000)	
税引前当期純利益		(4,449,700)	
法人税・住民税及び事業税	(1,386,330)		
法人税等調整額	△(51,420)	(1,334,910)	
当期純利益		(3,114,790)	④

貸借対照表

岐阜商事株式会社 令和○8年3月31日 (単位：円)

資産の部

Ⅰ 流動資産				
1．現金預金		(11,146,190)		
2．受取手形	(1,259,000)			
貸倒引当金	△(25,180)	(1,233,820)		
3．電子記録債権	(2,486,000)			
貸倒引当金	△(49,720)	(2,436,280)		
4．売掛金	(4,635,000)			
貸倒引当金	△(92,700)	(4,542,300)		
5．(有価証券)		(3,311,000)		
6．(商品)		(3,344,000)		
7．(前払費用)		(300,000)		
流動資産合計			(26,313,590)	④

3

【付記事項の仕訳】

①	(借) 仕入	82,000	(貸) 発送費	82,000

【決算整理仕訳】

a.	(借) 仕入	3,124,200	(貸) 繰越商品	3,124,200
	繰越商品	3,519,200	仕入	3,519,200
	棚卸減耗損	49,800	繰越商品	49,800
	商品評価損	125,400	繰越商品	125,400
	仕入	49,800	棚卸減耗損	49,800
	仕入	125,400	商品評価損	125,400
b.	(借) 貸倒引当金繰入	109,400	(貸) 貸倒引当金	109,400
	(借) 繰延税金資産	2,820	(貸) 法人税等調整額	2,820
c.	(借) 有価証券評価損	63,000	(貸) 売買目的有価証券	63,000
	(借) その他有価証券	117,000	(貸) その他有価証券評価差額金	117,000
	(借) その他有価証券評価差額金	35,100	(貸) 繰延税金負債	35,100
d.	(借) 減価償却費	432,000	(貸) 備品減価償却累計額	432,000
	(借) 繰延税金資産	48,600	(貸) 法人税等調整額	48,600
e.	(借) のれん償却	7,000	(貸) のれん	7,000
f.	(借) 前払保険料	300,000	(貸) 保険料	450,000
	長期前払保険料	150,000		
g.	(借) 給料	497,500	(貸) 未払給料	497,500
h.	(借) 退職給付費用	528,310	(貸) 退職給付引当金	528,310
i.	(借) 法人税等	1,386,330	(貸) 仮払法人税等	623,500
			未払法人税等	762,830

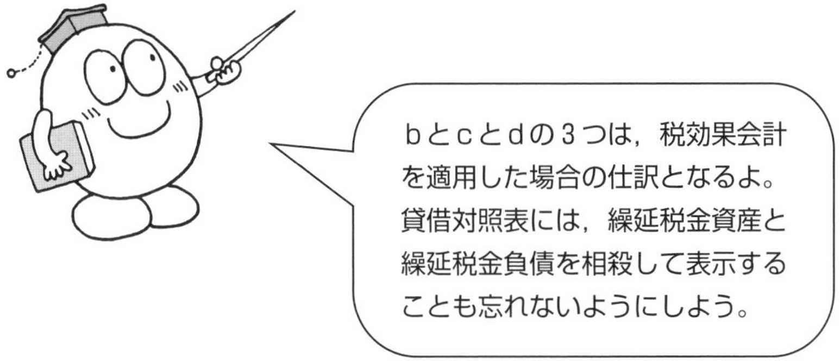

bとcとdの3つは，税効果会計を適用した場合の仕訳となるよ。貸借対照表には，繰延税金資産と繰延税金負債を相殺して表示することも忘れないようにしよう。

Ⅱ 固定資産			
(1) 有形固定資産			
1. 備品	(2,160,000)		
減価償却累計額	△(864,000)	(1,296,000)	
2. 土地		(10,340,000)	
有形固定資産合計		(11,636,000)	
(2) 無形固定資産			
1. (のれん)		(84,000) ④	
無形固定資産合計		(84,000)	
(3) 投資その他の資産			
1. (投資有価証券)		(3,492,000)	
2. (長期前払費用)		(150,000)	
3. (繰延税金資産)		(64,920) ④	
投資その他の資産合計		(3,706,920)	
固定資産合計			(15,426,920)
資産合計			(41,740,510)
負債の部			
Ⅰ 流動負債			
1. 支払手形		(897,410)	
2. 電子記録債務		(1,578,950)	
3. 買掛金		(3,827,640)	
4. (未払費用)		(497,500)	
5. (未払法人税等)		(762,830)	
流動負債合計			(7,564,330)
Ⅱ 固定負債			
1. (長期借入金)		(5,400,000)	
2. (退職給付引当金)		(2,681,000)	
固定負債合計			(8,081,000)
負債合計			(15,645,330) ④
純資産の部			
Ⅰ 株主資本			
(1) 資本金			18,000,000
(2) 資本剰余金			
1. 資本準備金		2,180,000	
資本剰余金合計			2,180,000
(3) 利益剰余金			
1. 利益準備金		1,200,000	
2. その他利益剰余金			
① 別途積立金		(700,000)	
② 繰越利益剰余金		(3,933,280)	
利益剰余金合計			(5,833,280)
株主資本合計			(26,013,280)
Ⅱ 評価・換算差額等			
1. その他有価証券評価差額金		(81,900)	
評価・換算差額等合計			(81,900)
純資産合計			(26,095,180) ④
負債及び純資産合計			(41,740,510)

※ i　損益計算書の棚卸減耗損は，棚卸減耗費でもよい。

ii　損益計算書の貸倒引当金繰入は，貸倒償却でもよい。

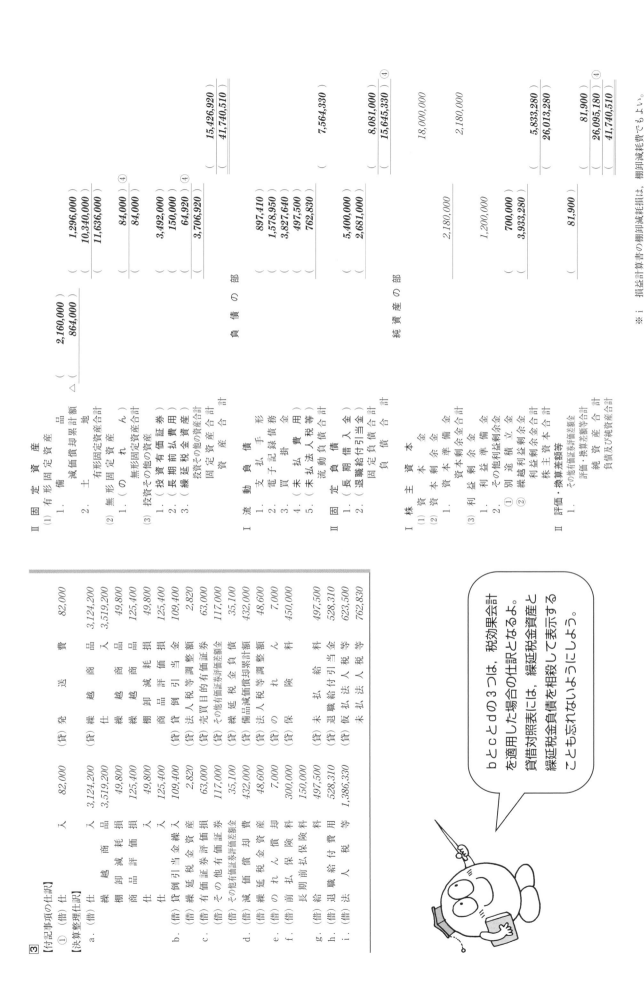

ポイント

【考え方・計算式】

① 商品を仕入れたさいの引取運賃は仕入勘定に含めて処理するため，発送費勘定から仕入勘定に振り替える。

a．

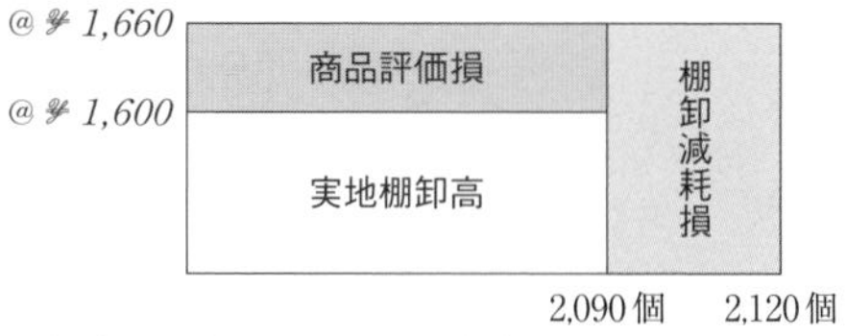

原価@￥1,660×帳簿棚卸数量2,120個＝期末商品棚卸高￥3,519,200

原価@￥1,660×(帳簿棚卸数量2,120個－実地棚卸数量2,090個)＝棚卸減耗損￥49,800

(原価@￥1,660－正味売却価額@￥1,600)×実地棚卸数量2,090個
＝商品評価損￥125,400

期末商品棚卸高￥3,519,200－棚卸減耗損￥49,800－商品評価損￥125,400
＝貸借対照表の「商品」￥3,344,000

b．受取手形￥1,259,000＋電子記録債権￥2,486,000＋売掛金￥4,635,000
＝売上債権￥8,380,000

売上債権￥8,380,000×貸倒実績率２％＝貸倒見積高￥167,600

貸倒見積高￥167,600－貸倒引当金￥58,200＝貸倒引当金繰入額￥109,400

将来減算一時差異（￥109,400－￥100,000)×法定実効税率30％
＝繰延税金資産￥2,820

c．売買目的有価証券：(時価@￥4,730－帳簿価額@￥4,820)×株数700株
＝有価証券評価損△￥63,000

その他有価証券：(時価@￥3,880－帳簿価額@￥3,750)×株数900株
＝その他有価証券評価差額金￥117,000

将来加算一時差異￥117,000×法定実効税率30％＝繰延税金負債￥35,100

d．企業会計上：(取得原価￥2,160,000－残存価額￥0)÷経済的耐用年数５年
＝減価償却費￥432,000

税　法　上：(取得原価￥2,160,000－残存価額￥0)÷法定耐用年数８年
＝減価償却費￥270,000

将来減算一時差異（￥432,000－￥270,000)×法定実効税率30％
＝繰延税金資産￥48,600

f．２年分の保険料￥600,000÷24か月＝１か月あたりの保険料￥25,000

令和○7年10月１日～令和○8年３月31日（６か月)→当期の保険料

１か月あたりの保険料￥25,000×６か月＝当期の保険料￥150,000

令和○8年４月１日～令和○9年３月31日（12か月)→前払保険料

１か月あたりの保険料￥25,000×12か月＝前払保険料￥300,000

令和○9年４月１日～令和○9年９月30日（６か月)→長期前払保険料

１か月あたりの保険料￥25,000×６か月＝長期前払保険料￥150,000

i．法人税等￥1,386,330－仮払法人税等￥623,500＝未払法人税等￥762,830

【金額の変動】

損益計算書

区分	前T/Bの科目	変動前金額	変動額	変動後金額	F/S表示科目
売上原価	仕入	￥27,105,030	＋￥82,000	￥26,967,230	売上原価
			＋￥3,124,200		
			△￥3,519,200		
			＋￥49,800		
			＋￥125,400		
販売費及び一般管理費	給料	￥9,781,560	＋￥497,500	￥10,279,060	給料
	発送費	￥821,080	△￥82,000	￥739,080	発送費
	—	—	＋￥109,400	￥109,400	貸倒引当金繰入
	—	—	＋￥432,000	￥432,000	減価償却費
	—	—	＋￥7,000	￥7,000	のれん償却
	—	—	＋￥528,310	￥528,310	退職給付費用
	保険料	￥800,000	△￥300,000	￥350,000	保険料
			△￥150,000		
営業外費用	—	—	＋￥63,000	￥63,000	有価証券評価損
税等	—	—	＋￥1,386,330	￥1,334,910	法人税・住民税及び事業税
			△￥2,820		
			△￥48,600		

貸借対照表

区分	前T/Bの科目	変動前金額	変動額	変動後金額	F/S表示科目
流動資産	現金	￥4,892,670	—	￥11,146,190	現金預金
	当座預金	￥6,253,520			
	貸倒引当金	￥58,200	＋￥109,400	￥167,600	貸倒引当金
	売買目的有価証券	￥3,374,000	△￥63,000	￥3,311,000	有価証券
	繰越商品	￥3,124,200	△￥3,124,200	￥3,344,000	商品
			＋￥3,519,200		
			△￥49,800		
			△￥125,400		
	仮払法人税等	￥623,500	△￥623,500	—	—
	—	—	＋￥300,000	￥300,000	前払費用
固定資産	備品減価償却累計額	￥432,000	＋￥432,000	￥864,000	減価償却累計額
	のれん	￥91,000	△￥7,000	￥84,000	のれん
	その他有価証券	￥3,375,000	＋￥117,000	￥3,492,000	投資有価証券
	—	—	＋￥150,000	￥150,000	長期前払費用
	繰延税金資産	￥48,600	＋￥2,820	￥64,920	繰延税金資産
			＋￥48,600		
			△￥35,100		
流動負債	—	—	＋￥497,500	￥497,500	未払費用
	—	—	＋￥762,830	￥762,830	未払法人税等
固定負債	退職給付引当金	￥2,152,690	＋￥528,310	￥2,681,000	退職給付引当金
純資産	繰越利益剰余金	￥818,490	＋￥3,114,790	￥3,933,280	繰越利益剰余金
	—	—	＋￥117,000	￥81,900	その他有価証券評価差額金
			△￥35,100		

※繰延税金資産と繰延税金負債は，相殺して純額で表示する。

4 （小計28点）

	借方		貸方		
a	当座預金	***4,935,000***	売買目的有価証券	***4,935,000***	④
	有価証券売却損	***45,000***	有価証券利息	***45,000***	
b	売掛金	***4,100,000***	買掛金	***2,800,000***	④
	繰越商品	***3,700,000***	資本金	***10,000,000***	
	建物	***8,200,000***	資本準備金	***3,000,000***	
	のれん	***800,000***	その他資本剰余金	***1,000,000***	
c	保証債務見返	***4,000,000***	保証債務	***4,000,000***	④
d	退職給付引当金	***9,000,000***	定期預金	***9,000,000***	④
e	自己株式	***19,200,000***	当座預金	***19,280,000***	④
	支払手数料	***80,000***			
f	営業外受取手形	***4,680,000***	その他有価証券	***4,480,000***	④
			投資有価証券売却益	***200,000***	
g	建物減価償却累計額	***7,000,000***	建物	***10,000,000***	④
	未決算	***3,000,000***			

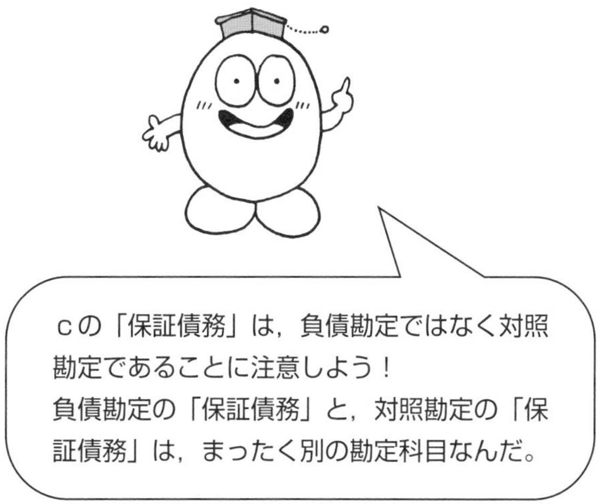
cの「保証債務」は，負債勘定ではなく対照勘定であることに注意しよう！
負債勘定の「保証債務」と，対照勘定の「保証債務」は，まったく別の勘定科目なんだ。

4

a．社債の額面総額 ¥ *9,000,000*×(¥ *98.20*／¥ *100*)＋買入手数料 ¥ *45,000*
＝社債の取得価額 ¥ *8,883,000*
社債の取得価額 ¥ *8,883,000*×(¥ *5,000,000*／¥ *9,000,000*)
＝売却した社債の帳簿価額 ¥ *4,935,000*
売却した社債の額面金額 ¥ *5,000,000*×(¥ *97.80*／¥ *100*)
＝社債の売却価額 ¥ *4,890,000*
社債の売却価額 ¥ *4,890,000*－売却した社債の帳簿価額 ¥ *4,935,000*
＝有価証券売却損△ ¥ *45,000*
社債の売却価額 ¥ *4,890,000*＋端数利息 ¥ *45,000*＝受取額 ¥ *4,935,000*

b．1株あたりの発行金額@ ¥ *20,000*×株数700株＝交付した株式の時価総額 ¥ *14,000,000*
交付した株式の時価総額 ¥ *14,000,000*－(資本金増加額 ¥ *10,000,000*
＋資本準備金増加額 ¥ *3,000,000*)＝その他資本剰余金増加額 ¥ *1,000,000*
売掛金 ¥ *4,100,000*＋商品 ¥ *3,700,000*＋建物 ¥ *8,200,000*
＝被合併会社の資産総額 ¥ *16,000,000*
買掛金 ¥ *2,800,000*＝被合併会社の負債総額 ¥ *2,800,000*
被合併会社の資産総額 ¥ *16,000,000*－被合併会社の負債総額 ¥ *2,800,000*
＝被合併会社の純資産額 ¥ *13,200,000*
交付した株式の時価総額 ¥ *14,000,000*－被合併会社の純資産額 ¥ *13,200,000*
＝のれん ¥ *800,000*

c．債務の保証人となった場合，将来的に債務が発生する可能性があるため，対照勘定を用いて備忘記録をおこなう。

d．退職一時金を支払ったときは，退職給付引当金を取り崩すため，退職給付引当金勘定の借方に記入する。

e．発行済株式総数1,500,000株×２％＝取得した株数30,000株
自己株式1株あたりの取得価額@ ¥ *640*×取得した株数30,000株
＝自己株式の取得価額 ¥ *19,200,000*
自己株式の取得価額 ¥ *19,200,000*＋支払手数料 ¥ *80,000*＝当座預金 ¥ *19,280,000*

f．1株あたりの帳簿価額@ ¥ *11,200*×株数400株
＝その他有価証券の帳簿価額 ¥ *4,480,000*
1株あたりの売却価額@ ¥ *11,700*×株数400株
＝その他有価証券の売却価額 ¥ *4,680,000*
その他有価証券の売却価額 ¥ *4,680,000*－その他有価証券の帳簿価額 ¥ *4,480,000*
＝投資有価証券売却益 ¥ *200,000*

g．(取得原価 ¥ *10,000,000*－残存価額 ¥ *0*)÷耐用年数50年
＝1年間の減価償却費 ¥ *200,000*
1年間の減価償却費 ¥ *200,000*×使用年数35年＝減価償却累計額 ¥ *7,000,000*
取得原価 ¥ *10,000,000*－減価償却累計額 ¥ *7,000,000*＝未決算 ¥ *3,000,000*

模擬試験問題　【第　7　回】　1　級

ポイント

1

(1)a．商品は，当期に販売されたか否かによって当期の売上原価（費用）と繰越商品（資産）に分けられる。また備品は，減価償却という手続によって当期の減価償却費（費用）と未償却残高（資産）に分けられる。これらが費用配分の原則の適用例である。

b．未払費用や未収収益は当期の費用・収益なので，当期の損益計算に含める。一方で，前払費用や前受収益は次期以降の費用・収益なので，当期の損益計算から除かれる。

c．会社設立や新株発行にさいして払込みや給付があった場合のルールである（会社法第445条第2項および第3項）。

(2)

1．goodwill	のれん
2．consolidated financial statements	連結財務諸表（ア）
3．treasure shares	自己株式（イ）
4．inventories	棚卸資産
5．separate financial statements	個別財務諸表
6．long-term debt	長期借入金

2

(1)(取得原価 ¥ *200,000,000*－残存価額 ¥ *0*)

×(当期採掘量7,000トン／推定埋蔵量800,000トン)＝償却額 ¥ *1,750,000*

取得原価 ¥ *200,000,000*－償却額 ¥ *1,750,000*＝表示額 ¥ *198,250,000*

(2)令和○6年3月31日（連結決算日）における連結仕訳を示すと次のようになる。

①子会社の資産および負債の評価替えの仕訳（単位：千円）

(借)	土地	*3,000*	(貸) 評価差額	*3,000*

②投資と資本の相殺消去仕訳（単位：千円）

(借)	資本金	*65,000*	(貸) 子会社株式	*50,000*
	利益剰余金当期首残高	*2,000*	非支配株主持分	*21,000*
	評価差額	*3,000*		
	のれん	*1,000*		

③のれんの償却（単位：千円）

(借)	のれん償却	*50*	(貸) のれん	*50*

④子会社の当期純利益の配分（単位：千円）

(借)	非支配株主に帰属する当期純利益	*900*	(貸) 非支配株主持分	*900*

⑤配当金の修正（単位：千円）

(借)	受取配当金	*1,050*	(貸) 剰余金の配当	*1,050*
(借)	非支配株主持分	*450*	(貸) 剰余金の配当	*450*

1　(小計14点)

(1)

ア	イ	ウ	エ	オ
5	2	1	10	4
②	②	②	②	②

(2)

ア	イ
2	3
②	②

2　(小計22点)

(1)　¥ ***198,250,000***　③

(2)

ア	***7,900***	千円	②	イ	***70,000***	千円	②
ウ	***950***	千円	②	エ	***21,450***	千円	②

(3)

①

ア	**230.0**	%	①	イ	**150.0**	%	①
ウ	**45.0**	%	①	エ	**8.0**	%	①
オ	**3.0**	%	①	カ	**2.0**	回	①
キ	**20.0**	%	①				

②

ク	***1,300***	千円	②

③　**4**　②

※(3)①のア～キの解答は，整数でも正答とする。

①土地の時価48,000千円－土地の帳簿価額45,000千円＝評価差額3,000千円
②（資本金65,000千円＋利益剰余金2,000千円＋評価差額3,000千円）
×非支配株主の株式保有割合30%＝非支配株主持分21,000千円
のれんの金額は仕訳の貸借差額から1,000千円となる。
③のれん1,000千円÷償却期間20年＝のれん償却50千円
④Ｓ社の当期純利益3,000千円×非支配株主の株式保有割合30%
＝非支配株主に帰属する当期純利益900千円
⑤Ｓ社の配当金1,500千円×Ｐ社の株式保有割合70%＝受取配当金修正額1,050千円
Ｓ社の配当金1,500千円×非支配株主の株式保有割合30%
＝非支配株主持分修正額450千円

連結損益計算書

Ｐ社　令和○5年4月1日から令和○6年3月31日まで　（単位：千円）

借方	金額	貸方	金額
売上原価	556,010	売上高	757,670
給料	193,410		
支払利息	300		
のれん償却	（ **50** ）		
当期純利益	（ **7,900** ）		
	（ **757,670** ）		（ **757,670** ）
非支配株主に帰属する当期純利益	（ **900** ）	当期純利益	（ **7,900** ）
親会社株主に帰属する当期純利益	（ **7,000** ）		
	（ **7,900** ）		（ **7,900** ）

連結株主資本等変動計算書

Ｐ社　令和○5年4月1日から令和○6年3月31日まで　（単位：千円）

	資本金	利益剰余金	非支配株主持分
当期首残高	200,000	（ **70,000** ）	（ **21,000** ）
当期変動額　剰余金の配当		（ **△4,500** ）	
親会社株主に帰属する当期純利益		（ **7,000** ）	
株主資本以外の項目の当期変動額（純額）			（ **450** ）
当期末残高	（ **200,000** ）	（ **72,500** ）	（ **21,450** ）

連結貸借対照表

Ｐ社　令和○6年3月31日　（単位：千円）

借方	金額	貸方	金額
諸資産	393,100	諸負債	237,100
土地	（ **137,000** ）	資本金	（ **200,000** ）
のれん	（ **950** ）	利益剰余金	（ **72,500** ）
		非支配株主持分	（ **21,450** ）
	（ **531,050** ）		（ **531,050** ）

Ｐ社受取配当金1,050千円－⑤受取配当金修正額1,050千円
＝受取配当金の連結P/L表示額0千円（表示なし）
当期純利益は連結P/Lの貸借差額から7,900千円となる。
当期純利益7,900千円－④非支配株主に帰属する当期純利益900千円
＝親会社株主に帰属する当期純利益7,000千円

※または，
Ｐ社当期純利益6,000千円＋Ｓ社当期純利益3,000千円
－③のれん償却50千円－④非支配株主に帰属する当期純利益900千円
－⑤受取配当金修正額1,050千円
＝親会社株主に帰属する当期純利益7,000千円と計算することもできる。

Ｐ社の利益剰余金当期首残高70,000千円
＋親会社株主に帰属する当期純利益7,000千円－Ｐ社の剰余金の配当4,500千円
＝利益剰余金当期末残高72,500千円

※または，
Ｐ社の利益剰余金当期末残高71,500千円＋Ｓ社の利益剰余金当期末残高3,500千円
－Ｓ社の利益剰余金当期首残高2,000千円
－③のれん償却50千円－④非支配株主に帰属する当期純利益900千円
－⑤受取配当金修正額1,050千円＋⑤Ｓ社の配当金1,500千円
＝利益剰余金当期末残高72,500千円と計算することもできる。

④非支配株主持分900千円－⑤非支配株主持分修正額450千円
＝非支配株主持分当期変動額450千円
②非支配株主持分当期首残高21,000千円＋非支配株主持分当期変動額450千円
＝非支配株主持分当期末残高21,450千円
②のれん1,000千円－③のれん償却50千円
＝のれんの連結B/S表示額（未償却残高）950千円

（参考）タイムテーブルを用いた計算（単位：千円）

令和○5年3月31日	70%				令和○6年3月31日	70%
資本金	65,000	P社	2,100	△1,050	資本金	65,000
利益剰余金	2,000	非支配株主	900	△450	利益剰余金	3,500
評価差額	3,000				評価差額	3,000
合計	70,000				合計	71,500
非支配株主持分	21,000 (30%)				非支配株主持分	21,450 (30%)
子会社株式	50,000					
のれん	1,000		△50		のれん	950

（非支配株主持分21,000千円＋子会社株式50,000千円）－Ｓ社資本合計70,000千円
＝のれん1,000千円
Ｐ社の利益剰余金当期末残高71,500千円
＋Ｓ社当期純利益3,000千円×Ｐ社の株式保有割合70%
－のれん償却50千円－受取配当金修正額1,050千円
＝利益剰余金当期末残高72,500千円

ポイント

(3)

①ア．現金預金*760*千円＋受取手形*580*千円＋売掛金*990*千円＋有価証券*670*千円
＋商品*820*千円＋短期貸付金*400*千円＋前払費用*380*千円＝流動資産*4,600*千円
支払手形*410*千円＋買掛金*730*千円＋短期借入金*700*千円
＋未払法人税等*160*千円＝流動負債*2,000*千円
(流動資産*4,600*千円÷流動負債*2,000*千円)×100＝流動比率230.0%

イ．流動資産*4,600*千円－(商品*820*千円＋短期貸付金*400*千円
＋前払費用*380*千円)＝当座資産*3,000*千円
(当座資産*3,000*千円÷流動負債*2,000*千円)×100＝当座比率150.0%

ウ．資本金*10,000*千円＋資本剰余金*2,200*千円＋利益剰余金*1,300*千円
＝自己資本*13,500*千円
(自己資本*13,500*千円÷総資本*30,000*千円)×100＝自己資本比率45.0%

エ．(当期純利益*800*千円÷総資本*10,000*千円)×100＝総資本利益率8.0%

オ．(当期純利益*900*千円÷売上高*30,000*千円)×100＝売上高純利益率3.0%

カ．売上高*20,000*千円÷総資本*10,000*千円＝総資本回転率2.0回

キ．{(当期売上高*30,000*千円－前期売上高*25,000*千円)÷前期売上高*25,000*千円}
×100＝売上高成長率（増収率）20.0%

②ク．資料ⅱより，Y社の商品回転率は16.0回であることがわかる。
売上原価*24,000*千円÷{(期首商品棚卸高*1,700*千円＋期末商品棚卸高？千円)
÷2}＝商品回転率16.0回なので，
(売上原価*24,000*千円÷商品回転率16.0回)×2－期首商品棚卸高*1,700*千円
＝期末商品棚卸高*1,300*千円
棚卸減耗損や商品評価損がなければ，貸借対照表には商品の期末商品棚卸高が表示されるため，クの金額は*1,300*千円となる。

③

		X　社		Y　社
安全性分析	流動比率	230.0%	＞	206.0%
	当座比率	150.0%	＞	140.0%
	自己資本比率	55.0%	＞	45.0%
収益性分析	総資本利益率	8.0%	＞	3.0%
	売上高純利益率	4.0%	＞	3.0%
	総資本回転率	2.0回	＞	1.0回
	商品回転率	20.0回	＞	16.0回
成長性分析	売上高成長率（増収率）	25.0%	＞	20.0%

以上の表から，安全性・収益性・成長性のいずれもX社の方が高いことがわかる。よって，4が正解となる。

3 （小計36点）

損益計算書

徳島産業株式会社　令和○5年4月1日から令和○6年3月31日まで　(単位：円)

Ⅰ　売上高		(**42,042,090**)	
Ⅱ　売上原価			
1．期首商品棚卸高	(**4,028,400**)		
2．当期商品仕入高	(**28,517,940**)		
合計	(**32,546,340**)		
3．期末商品棚卸高	(**4,550,000**)		
	(**27,996,340**)		
4．(棚卸減耗損)	(**70,000**)		
5．(商品評価損)	(**256,000**)	(**28,322,340**)	④
売上総利益		(**13,719,750**)	
Ⅲ　販売費及び一般管理費			
1．給料	(**7,983,840**)		
2．(貸倒引当金繰入)	(**53,900**)		
3．(減価償却費)	(**156,400**) ④		
4．(特許権償却)	(**62,500**)		
5．(退職給付費用)	(**463,820**)		
6．支払家賃	(**1,080,000**)		
7．保険料	(**362,000**)		
8．租税公課	(**76,300**)		
9．(雑費)	(**5,010**)	(**10,243,770**)	
営業利益		(**3,475,980**)	
Ⅳ　営業外収益			
1．(受取地代)	(**280,000**)		
2．(受取配当金)	(**50,000**)		
3．(有価証券評価益)	(**108,000**) ④		
4．(雑益)	(**28,350**)	(**466,350**)	
Ⅴ　営業外費用			
1．(支払利息)	(**32,400**)		
2．(支払手数料)	(**48,000**)	(**80,400**)	
経常利益		(**3,861,930**)	
Ⅵ　特別損失			
1．(固定資産除却損)	(**110,000**)	(**110,000**)	
税引前当期純利益		(**3,751,930**)	
法人税・住民税及び事業税		(**1,125,580**)	
当期純利益		(**2,626,350**)	④

貸借対照表

徳島産業株式会社　令和○6年3月31日　(単位：円)

資産の部

Ⅰ　流動資産				
1．現金預金		(**11,213,560**)		
2．電子記録債権	(**3,856,000**)			
貸倒引当金	△(**38,560**)	(**3,817,440**)		
3．売掛金	(**5,824,000**)			
貸倒引当金	△(**58,240**)	(**5,765,760**)		
4．(有価証券)		(**3,234,000**)		
5．(商品)		(**4,224,000**)		
6．(前払費用)		(**56,000**)		
流動資産合計			(**28,310,760**)	④

3

【付記事項の仕訳】

①	(借)	(長期)リース債務	70,000	(貸) (短期)リース債務	70,000
②		仕訳なし			

【決算整理仕訳】

a.	(借)	仕入	4,028,400	(貸) 繰越商品	4,028,400
		繰越商品	4,550,000	仕入	4,550,000
		棚卸減耗損	70,000	繰越商品	70,000
		商品評価損	256,000	繰越商品	256,000
		仕入	70,000	棚卸減耗損	70,000
		仕入	256,000	商品評価損	256,000
b.	(借)	貸倒引当金繰入	53,900	(貸) 貸倒引当金	53,900
c.	(借)	売買目的有価証券	108,000	(貸) 有価証券評価益	108,000
d.	(借)	減価償却費	156,400	(貸) 備品減価償却累計額	86,400
				リース資産減価償却累計額	70,000
e.	(借)	特許権償却	62,500	(貸) 特許権	62,500
f.	(借)	前払保険料	56,000	(貸) 保険料	56,000
g.	(借)	受取地代	140,000	(貸) 前受地代	140,000
h.	(借)	退職給付費用	463,820	(貸) 退職給付引当金	463,820
i.	(借)	法人税等	1,125,580	(貸) 仮払法人税等	498,300
				未払法人税等	627,280

【考え方・計算式】

① 決算整理事項dの見積現金購入価額￥360,000がリース資産の元帳勘定残高￥420,000と一致していないことから，利子込み法（利息相当額を控除しない方法）で処理していることを判断する。なお，当期のリース料の支払いは期中の仕訳であり，元帳勘定残高はそれを反映した金額となっているため，リース料の支払いの仕訳は不要である。

リース債務の元帳勘定残高￥210,000のうち，決算日の翌日から1年以内に支払期限が到来する部分は流動負債として表示する必要がある。よって，次期のリース債務減少額は流動負債として表示しなければならない。

リース債務総額（リース資産総額と同じ）￥420,000÷リース期間（耐用年数と同じ）6年
=次期のリース債務減少額（流動負債）￥70,000

リース債務の元帳勘定残高￥210,000−流動負債として表示する部分￥70,000
=固定負債として表示する部分￥140,000

② 自己株式の取得に関する付随費用は，損益計算書の営業外費用の区分に表示する（特に仕訳をおこなう必要はない）。

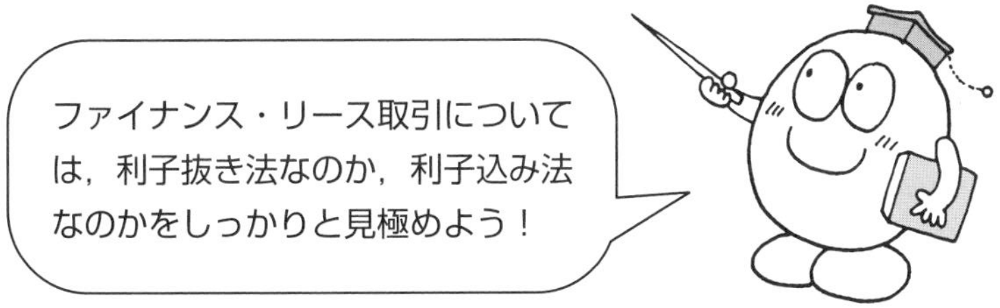
ファイナンス・リース取引については，利子抜き法なのか，利子込み法なのかをしっかりと見極めよう！

Ⅱ 固定資産				
(1) 有形固定資産				
1. 備品	(600,000)			
減価償却累計額	△(470,400)	(129,600)		
2. 土地		(8,400,000)		
3. リース資産	(420,000)			
減価償却累計額	△(210,000)	(210,000)		
有形固定資産合計		(8,739,600)		④
(2) 無形固定資産				
1.（特許権）		(312,500)		
無形固定資産合計		(312,500)		
(3) 投資その他の資産				
1.（関係会社株式）		(2,030,000)		
投資その他の資産合計		(2,030,000)		
固定資産合計			(11,082,100)	
資産合計			(39,392,860)	
負債の部				
Ⅰ 流動負債				
1. 電子記録債務		(2,252,800)		
2. 買掛金		(4,773,400)		
3.（短期借入金）		(900,000)		
4.（リース債務）		(70,000)		④
5.（前受収益）		(140,000)		
6.（未払法人税等）		(627,280)		
流動負債合計			(8,763,480)	
Ⅱ 固定負債				
1.（長期借入金）		(1,800,000)		
2.（リース債務）		(140,000)		
3.（退職給付引当金）		(2,401,640)		
固定負債合計			(4,341,640)	④
負債合計			(13,105,120)	
純資産の部				
Ⅰ 株主資本				
(1) 資本金			20,000,000	
(2) 資本剰余金				
1. 資本準備金		3,000,000		
資本剰余金合計			3,000,000	
(3) 利益剰余金				
1. 利益準備金		500,000		
2. その他利益剰余金				
① 新築積立金		(1,000,000)		
② 繰越利益剰余金		(3,017,740)		
利益剰余金合計			(4,517,740)	
(4) 自己株式			△(1,230,000)	
株主資本合計			(26,287,740)	④
純資産合計			(26,287,740)	
負債及び純資産合計			(39,392,860)	

※ i 損益計算書の棚卸減耗損は，棚卸減耗費でもよい。
ii 損益計算書の貸倒引当金繰入は，貸倒償却でもよい。

ポイント

a.

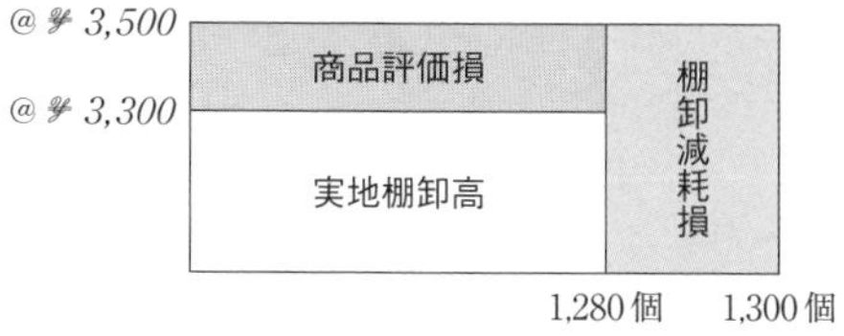

原価@¥ 3,500×帳簿棚卸数量1,300個＝期末商品棚卸高¥ 4,550,000
原価@¥ 3,500×(帳簿棚卸数量1,300個－実地棚卸数量1,280個)＝棚卸減耗損¥ 70,000
(原価@¥ 3,500－正味売却価額@¥ 3,300)×実地棚卸数量1,280個
＝商品評価損¥ 256,000
期末商品棚卸高¥ 4,550,000－棚卸減耗損¥ 70,000－商品評価損¥ 256,000
＝貸借対照表の「商品」¥ 4,224,000

b. 電子記録債権¥ 3,856,000＋売掛金¥ 5,824,000＝売上債権¥ 9,680,000
売上債権¥ 9,680,000×貸倒実績率1％＝貸倒見積高¥ 96,800
貸倒見積高¥ 96,800－貸倒引当金¥ 42,900＝貸倒引当金繰入額¥ 53,900

c. (時価@¥ 5,390－帳簿価額@¥ 5,210)×株数600株＝有価証券評価益¥ 108,000

d. 備　　品：(取得原価¥ 600,000－減価償却累計額¥ 384,000)×償却率40％
＝備品の減価償却費¥ 86,400
リース資産：(取得原価¥ 420,000－残存価額¥ 0)÷耐用年数6年
＝リース資産の減価償却費¥ 70,000
※本問では利子込み法（利息相当額を控除しない方法）で処理しているため，見積現金購入価額を耐用年数で割った金額を減価償却費としないように注意すること。
備品の減価償却費¥ 86,400＋リース資産の減価償却費¥ 70,000
＝減価償却費¥ 156,400

f. 1年分の保険料¥ 336,000÷12か月＝1か月あたりの保険料¥ 28,000
令和○5年6月1日～令和○6年3月31日（10か月)→当期の保険料
1か月あたりの保険料¥ 28,000×10か月＝当期の保険料¥ 280,000
令和○6年4月1日～令和○6年5月31日（2か月)→前払保険料
1か月あたりの保険料¥ 28,000×2か月＝前払保険料¥ 56,000

i. 法人税等¥ 1,125,580－仮払法人税等¥ 498,300＝未払法人税等¥ 627,280

【金額の変動】

損益計算書

区分	前T/Bの科目	変動前金額	変動額	変動後金額	F/S表示科目
売上原価	仕入	¥ 28,517,940	＋ ¥ 4,028,400 △ ¥ 4,550,000 ＋ ¥ 70,000 ＋ ¥ 256,000	¥ 28,322,340	売上原価
販売費及び一般管理費	—	—	＋ ¥ 53,900	¥ 53,900	貸倒引当金繰入
	—	—	＋ ¥ 156,400	¥ 156,400	減価償却費
	—	—	＋ ¥ 62,500	¥ 62,500	特許権償却
	—	—	＋ ¥ 463,820	¥ 463,820	退職給付費用
	保険料	¥ 418,000	△ ¥ 56,000	¥ 362,000	保険料
営業外収益	受取地代	¥ 420,000	△ ¥ 140,000	¥ 280,000	受取地代
	—	—	＋ ¥ 108,000	¥ 108,000	有価証券評価益
税等	—	—	＋ ¥ 1,125,580	¥ 1,125,580	法人税・住民税及び事業税

貸借対照表

区分	前T/Bの科目	変動前金額	変動額	変動後金額	F/S表示科目
流動資産	現金 当座預金	¥ 4,453,100 ¥ 6,760,460	—	¥ 11,213,560	現金預金
	貸倒引当金	¥ 42,900	＋ ¥ 53,900	¥ 96,800	貸倒引当金
	売買目的有価証券	¥ 3,126,000	＋ ¥ 108,000	¥ 3,234,000	有価証券
	繰越商品	¥ 4,028,400	△ ¥ 4,028,400 ＋ ¥ 4,550,000 △ ¥ 70,000 △ ¥ 256,000	¥ 4,224,000	商品
	仮払法人税等	¥ 498,300	△ ¥ 498,300	—	—
	—	—	＋ ¥ 56,000	¥ 56,000	前払費用
固定資産	備品減価償却累計額	¥ 384,000	＋ ¥ 86,400	¥ 470,400	減価償却累計額
	リース資産減価償却累計額	¥ 140,000	＋ ¥ 70,000	¥ 210,000	減価償却累計額
	特許権	¥ 375,000	△ ¥ 62,500	¥ 312,500	特許権
流動負債	—	—	＋ ¥ 70,000	¥ 70,000	リース債務
	—	—	＋ ¥ 140,000	¥ 140,000	前受収益
	—	—	＋ ¥ 627,280	¥ 627,280	未払法人税等
固定負債	リース債務	¥ 210,000	△ ¥ 70,000	¥ 140,000	リース債務
	退職給付引当金	¥ 1,937,820	＋ ¥ 463,820	¥ 2,401,640	退職給付引当金
純資産	繰越利益剰余金	¥ 391,390	＋ ¥ 2,626,350	¥ 3,017,740	繰越利益剰余金

4 (小計28点)

	借方		貸方		
a	建物	*1,400,000*	当座預金	*2,200,000*	④
	修繕費	*800,000*			
b	新株予約権	*1,600,000*	資本金	*27,600,000*	④
	当座預金	*26,000,000*			
c	役務原価	*623,100*	当座預金	*623,100*	④
d	子会社株式評価損	*24,840,000*	子会社株式	*24,840,000*	④
e	不渡手形	*503,000*	当座預金	*503,000*	④
	保証債務	*10,000*	保証債務取崩益	*10,000*	
f	現金	*90,000*	為替差損益	*90,000*	④
g	構築物	*18,000,000*	建設仮勘定	*7,000,000*	④
			当座預金	*11,000,000*	
	新築積立金	*18,000,000*	繰越利益剰余金	*18,000,000*	

4

a．工事費用￥2,200,000－資本的支出￥1,400,000＝収益的支出￥800,000

b．払込金額@￥80,000×権利行使分20個＝発行時の払込金額￥1,600,000
　権利行使価格@￥130,000×株数200株＝権利行使時の払込金額￥26,000,000
　発行時の払込金額￥1,600,000＋権利行使時の払込金額￥26,000,000
　＝払込金額￥27,600,000
　特に指示がないため，払込金額の全額を資本金勘定で処理する（原則処理）。

c．サービスの提供と同時に支払った費用は，仕掛品勘定を経由せず，直接，役務原価勘定に振り替える。

d．資産総額￥71,240,000－負債総額￥49,790,000＝純資産額￥21,450,000
　純資産額￥21,450,000÷発行済株式総数1,500株＝1株あたりの実質価額@￥14,300
　（実質価額@￥14,300－帳簿価額@￥35,000）×持株数1,200株
　＝子会社株式評価損△￥24,840,000

e．手形額面金額￥500,000＋期日以後の利息￥3,000＝不渡手形￥503,000
　手形額面金額￥500,000×2％＝保証債務￥10,000
　支払人に代わって代金を支払ったときは，手形の二次的責任が消滅するため，保証債務を取り崩す処理をおこなう。

f．外貨＄30,000×決算時の為替相場￥125＝換算額￥3,750,000
　換算額￥3,750,000－帳簿価額￥3,660,000＝為替差益￥90,000

g．総工事費用￥18,000,000－支払済￥7,000,000＝当座預金￥11,000,000
　新築積立金を取り崩したときは，繰越利益剰余金勘定に振り替える。

gのように広告塔を取得したときは，
構築物勘定で処理するんだよ！

模擬試験問題　【第　8　回】　1　級

ポイント

1

(1) a．金融商品取引法が適用される会社（証券取引所に株式が上場されている会社など）では，一定の期間内に有価証券報告書を内閣総理大臣に提出しなければならない（金融商品取引法第24条）。

b．金銭債権の区分のうち，経営破綻の状態には至っていないが，債務の弁済に重大な問題が生じているかまたは生じる可能性の高い債務者に対する債権を貸倒懸念債権という（金融商品に関する会計基準第27項(2)）。貸倒懸念債権は，財務内容評価法またはキャッシュ・フロー見積法により貸倒見積高を計算する（金融商品に関する会計基準第28項(2)）。

c．新株予約権は，将来，権利行使され払込資本となる可能性がある一方，失効して払込資本とはならない可能性もある。このように，発行者側の新株予約権は，権利行使の有無が確定するまでの間，その性格が確定しない。新株予約権は，返済義務のある負債ではなく，負債の部に表示することは適当ではないため，純資産の部に記載する。

(2)

1．operating-cycle rule	営業循環基準（イ）
2．fixed liabilities	固定負債
3．fixed assets	固定資産（ア）
4．current assets	流動資産
5．one-year rule	1年基準
6．current liabilities	流動負債

2

(1)現金預金￥2,010,000＋売掛金￥4,280,000＋商品￥2,430,000＋備品￥3,620,000
＝資産合計￥12,340,000

買掛金￥2,740,000＋長期借入金￥3,000,000＝負債合計￥5,740,000

資産合計￥12,340,000－負債合計￥5,740,000＝純資産額￥6,600,000

純資産額￥6,600,000÷発行済株式総数600株＝1株あたりの実質価額@￥11,000

帳簿価額￥5,250,000÷持株数500株＝1株あたりの帳簿価額@￥10,500

1株あたりの帳簿価額@￥10,500よりも1株あたりの実質価額@￥11,000の方が大きいので，財政状態に問題があるとはいえず，評価替えをおこなう必要はない。

(2)令和○3年3月31日（連結決算日）における連結仕訳を示すと次のようになる。

①子会社の資産および負債の評価替えの仕訳（単位：千円）

(借)	土　　地	2,000	(貸)	評価差額	2,000

②投資と資本の相殺消去仕訳（単位：千円）

(借)	資　本　金	50,000	(貸)	子会社株式	37,000
	利益剰余金当期首残高	8,000		非支配株主持分	24,000
	評価差額	2,000			
	の　れ　ん	1,000			

③のれんの償却（単位：千円）

(借)	のれん償却	100	(貸)	の　れ　ん	100

④子会社の当期純利益の配分（単位：千円）

(借)	非支配株主に帰属する当期純利益	2,000	(貸)	非支配株主持分	2,000

1 （小計14点）

(1)

ア	イ	ウ	エ	オ
3	10	8	1	4
②	②	②	②	②

(2)

ア	イ
3	1
②	②

2 （小計22点）

(1)

1株あたりの実質価額　￥　11,000　②	評価替えをする　（　　　） 評価替えをしない　（　○　）　②

(2)

ア	400　千円　②	イ	2,000　千円　②
ウ	44,100　千円　②	エ	24,800　千円　②

(3)

①

1,710　千円　②

②

ア	45.0　%　①	イ	4　①
ウ	8,700　千円　①	エ	1　①
オ	231.0　%　①	カ	7　①
キ	2.5　回　①	ク	5　①

※(3)②のアおよびオの解答は，整数でも正答とする。

⑤配当金の修正（単位：千円）

（借）受取配当金	1,800	（貸）剰余金の配当	1,800
（借）非支配株主持分	1,200	（貸）剰余金の配当	1,200

①土地の時価37,000千円－土地の帳簿価額35,000千円＝評価差額2,000千円

②（資本金50,000千円＋利益剰余金8,000千円＋評価差額2,000千円）

×非支配株主の株式保有割合40％＝非支配株主持分24,000千円

のれんの金額は仕訳の貸借差額から1,000千円となる。

③のれん1,000千円÷償却期間10年＝のれん償却100千円

④S社の当期純利益5,000千円×非支配株主の株式保有割合40％

＝非支配株主に帰属する当期純利益2,000千円

⑤S社の配当金3,000千円×P社の株式保有割合60％＝受取配当金修正額1,800千円

S社の配当金3,000千円×非支配株主の株式保有割合40％

＝非支配株主持分修正額1,200千円

連結損益計算書

P社　令和○2年4月1日から令和○3年3月31日まで　（単位：千円）

売上原価	267,260	売上高	394,740
給料	117,500	受取配当金	(**400**)
支払利息	180		
のれん償却	(**100**)		
当期純利益	(**10,100**)		
	(**395,140**)		(**395,140**)
非支配株主に帰属する当期純利益	(**2,000**)	当期純利益	(**10,100**)
親会社株主に帰属する当期純利益	(**8,100**)		
	(**10,100**)		(**10,100**)

連結株主資本等変動計算書

P社　令和○2年4月1日から令和○3年3月31日まで　（単位：千円）

	資本金	利益剰余金	非支配株主持分
当期首残高	120,000	(**40,000**)	(**24,000**)
当期変動額　剰余金の配当		(**△4,000**)	
親会社株主に帰属する当期純利益		(**8,100**)	
株主資本以外の項目の当期変動額（純額）			(**800**)
当期末残高	(**120,000**)	(**44,100**)	(**24,800**)

連結貸借対照表

P社　令和○3年3月31日　（単位：千円）

諸資産	260,000	諸負債	179,000
土地	(**107,000**)	資本金	(**120,000**)
のれん	(**900**)	利益剰余金	(**44,100**)
		非支配株主持分	(**24,800**)
	(**367,900**)		(**367,900**)

P社受取配当金2,200千円－⑤受取配当金修正額1,800千円

＝受取配当金の連結P/L表示額400千円

当期純利益は連結P/Lの貸借差額から10,100千円となる。

当期純利益10,100千円－④非支配株主に帰属する当期純利益2,000千円

＝親会社株主に帰属する当期純利益8,100千円

※または，

P社当期純利益7,000千円＋S社当期純利益5,000千円

－③のれん償却100千円－④非支配株主に帰属する当期純利益2,000千円

－⑤受取配当金修正額1,800千円

＝親会社株主に帰属する当期純利益8,100千円と計算することもできる。

P社の利益剰余金当期首残高40,000千円

＋親会社株主に帰属する当期純利益8,100千円－P社の剰余金の配当4,000千円

＝利益剰余金当期末残高44,100千円

※または，

P社の利益剰余金当期末残高43,000千円＋S社の利益剰余金当期末残高10,000千円

－S社の利益剰余金当期首残高8,000千円

－③のれん償却100千円－④非支配株主に帰属する当期純利益2,000千円

－⑤受取配当金修正額1,800千円＋⑤S社の配当金3,000千円

＝利益剰余金当期末残高44,100千円と計算することもできる。

④非支配株主持分2,000千円－⑤非支配株主持分修正額1,200千円

＝非支配株主持分当期変動額800千円

②非支配株主持分当期首残高24,000千円＋非支配株主持分当期変動額800千円

＝非支配株主持分当期末残高24,800千円

②のれん1,000千円－③のれん償却100千円

＝のれんの連結B/S表示額（未償却残高）900千円

（参考）タイムテーブルを用いた計算（単位：千円）

令和○2年3月31日（60%）					令和○3年3月31日（60%）	
資本金	50,000				資本金	50,000
利益剰余金	8,000	P社	3,000	△1,800	利益剰余金	10,000
評価差額	2,000	非支配株主	2,000	△1,200	評価差額	2,000
合計	60,000				合計	62,000
非支配株主持分（40%）	24,000				非支配株主持分（40%）	24,800
子会社株式	37,000					
のれん	1,000		△100		のれん	900

（非支配株主持分24,000千円＋子会社株式37,000千円）－S社資本合計60,000千円

＝のれん1,000千円

P社の利益剰余金当期末残高43,000千円

＋S社当期純利益5,000千円×P社の株式保有割合60％

－のれん償却100千円－受取配当金修正額1,800千円

＝利益剰余金当期末残高44,100千円

ポイント

(3)

①資料iiiより，第13期にのれんが発生していることを読み取る。

南東商店の年平均利益額435千円÷同種企業の平均利益率5％

＝収益還元価値（取得対価）8,700千円

資産総額9,300千円－負債総額2,400千円＝純資産時価評価額6,900千円

収益還元価値（取得対価）8,700千円－純資産時価評価額6,900千円

＝のれんの金額1,800千円

「のれんは毎期均等額90千円を償却している」とあるので，

のれんの金額1,800千円－償却額90千円＝のれんの計上額1,710千円

②ア．第13期の繰越利益剰余金の金額は，株主資本等変動計算書から求める。

当期首残高1,414千円－剰余金の配当495千円－別途積立金の積立40千円

＋当期純利益1,866千円＝当期末残高（第13期の繰越利益剰余金）2,745千円

資本金15,000千円＋資本準備金600千円＋利益準備金365千円

＋別途積立金190千円＋繰越利益剰余金2,745千円＝自己資本18,900千円

（自己資本18,900千円÷総資本42,000千円）×100＝自己資本比率45.0%

イ．自己資本比率は，企業の安全性を判断する財務指標である。

ウ．①で求めた収益還元価値（取得対価）8,700千円が解答となる。

エ．のれんは貸借対照表において，無形固定資産の区分に表示する。

オ．現金預金658千円＋受取手形3,400千円＋売掛金3,592千円＋有価証券1,170千円

＋商品11,430千円＋前払費用540千円＝流動資産20,790千円

支払手形4,815千円＋買掛金3,870千円＋未払法人税等315千円

＝流動負債9,000千円

（流動資産20,790千円÷流動負債9,000千円）×100＝流動比率231.0%

カ．流動比率は，企業の短期の支払能力を判断する財務指標である。

キ．受取手形3,400千円＋売掛金3,592千円＝受取勘定6,992千円

売上高17,480千円÷受取勘定6,992千円＝受取勘定（売上債権）回転率2.5回

ク．第12期の受取勘定（売上債権）回転率は2.2回であるのに対し，第13期の受取勘定（売上債権）回転率はキより2.5回と高くなっているので，第13期の方が売上債権の回収期間が短いことを示している。

（参考）比較貸借対照表および株主資本等変動計算書を完成させると，次のようになる。

比較貸借対照表　（単位：千円）

資産	第12期	第13期	負債・純資産	第12期	第13期
現金預金	1,180	658	支払手形	3,030	4,815
受取手形	1,780	3,400	買掛金	2,715	3,870
売掛金	2,980	3,592	未払法人税等	255	315
有価証券	―――	1,170	長期借入金	―――	8,700
商品	6,280	11,430	退職給付引当金	4,716	5,400
前払費用	560	540	資本金	15,000	15,000
備品	3,150	4,200	資本準備金	600	600
土地	4,200	7,800	利益準備金	320	365
特許権	2,160	1,890	別途積立金	150	190
のれん	―――	1,710	繰越利益剰余金	1,414	2,745
投資有価証券	5,910	5,610			
	28,200	42,000		28,200	42,000

3 （小計36点）

損益計算書

大分物産株式会社　令和○2年4月1日から令和○3年3月31日まで　（単位：円）

Ⅰ 売上高			（ 44,760,670 ）
Ⅱ 売上原価			
1．期首商品棚卸高	（ 4,003,500 ）		
2．当期商品仕入高	（ 21,973,400 ）		
合計	（ 25,976,900 ）		
3．期末商品棚卸高	（ 4,187,700 ）		
	（ 21,789,200 ）		
4．（棚卸減耗損）	（ 42,300 ）④		
5．（商品評価損）	（ 58,800 ）		（ 21,890,300 ）
売上総利益			（ 22,870,370 ）
Ⅲ 販売費及び一般管理費			
1．給料	（ 10,969,180 ）		
2．発送費	（ 861,560 ）		
3．広告料	（ 625,500 ）		
4．（貸倒引当金繰入）	（ 44,800 ）④		
5．（減価償却費）	（ 562,500 ）		
6．（特許権償却）	（ 71,000 ）		
7．（退職給付費用）	（ 527,340 ）		
8．支払家賃	（ 960,000 ）		
9．通信費	（ 378,000 ）		
10．消耗品費	（ 30,670 ）		
11．保険料	（ 172,000 ）		
12．租税公課	（ 41,800 ）		
13．（雑費）	（ 35,520 ）		（ 15,279,870 ）
営業利益			（ 7,590,500 ）
Ⅳ 営業外収益			
1．（受取配当金）	（ 35,000 ）		
2．（有価証券利息）	（ 45,000 ）		
3．（有価証券評価益）	（ 180,000 ）		
4．（為替差益）	（ 43,000 ）		（ 303,000 ）④
Ⅴ 営業外費用			
1．（支払利息）	（ 22,500 ）		
2．（電子記録債権売却損）	（ 4,000 ）		（ 26,500 ）
経常利益			（ 7,867,000 ）
Ⅵ 特別利益			
1．（投資有価証券売却益）	（ 70,000 ）		（ 70,000 ）
Ⅶ 特別損失			
1．（固定資産売却損）	（ 120,000 ）		
2．（関係会社株式評価損）	（ 4,560,000 ）		（ 4,680,000 ）
税引前当期純利益			（ 3,257,000 ）
法人税・住民税及び事業税			（ 977,100 ）
当期純利益			（ 2,279,900 ）④

貸借対照表

大分物産株式会社　令和○3年3月31日　（単位：円）

資産の部

Ⅰ 流動資産			
1．現金預金		（ 8,394,090 ）	
2．電子記録債権	（ 3,792,000 ）		
貸倒引当金	△（ 37,920 ）	（ 3,754,080 ）	
3．売掛金	（ 6,938,000 ）		
貸倒引当金	△（ 69,380 ）	（ 6,868,620 ）	
4．（有価証券）		（ 3,280,000 ）④	
5．（商品）		（ 4,086,600 ）	
6．（前払費用）		（ 240,000 ）	
流動資産合計			（ 26,623,390 ）

（第13期）　株主資本等変動計算書

鹿児島商事株式会社　　令和○2年4月1日から令和○3年3月31日まで　　（単位：千円）

	資本金	資本剰余金		利益剰余金				純資産合計
		資本準備金	資本剰余金合計	利益準備金	その他利益剰余金		利益剰余金合計	
					別途積立金	繰越利益剰余金		
当期首残高	15,000	600	600	320	150	1,414	1,884	17,484
当期変動額								
剰余金の配当				45		△495	△450	△450
別途積立金の積立					40	△40	――	――
当期純利益						1,866	1,866	1,866
当期変動額合計	――	――	――	45	40	1,331	1,416	1,416
当期末残高	15,000	600	600	365	190	2,745	3,300	18,900

3

【付記事項の仕訳】

	借方	金額	貸方	金額
①	（借）現金	20,000	（貸）有価証券利息	20,000

【決算整理仕訳】

	借方	金額	貸方	金額
a.	（借）仕入	4,003,500	（貸）繰越商品	4,003,500
	繰越商品	4,187,700	仕入	4,187,700
	棚卸減耗損	42,300	繰越商品	42,300
	商品評価損	58,800	繰越商品	58,800
	仕入	42,300	棚卸減耗損	42,300
	仕入	58,800	商品評価損	58,800
b.	（借）売掛金	70,000	（貸）為替差損益	70,000
	（借）為替差損益	27,000	（貸）買掛金	27,000
c.	（借）貸倒引当金繰入	44,800	（貸）貸倒引当金	44,800
d.	（借）売買目的有価証券	180,000	（貸）有価証券評価益	180,000
	（借）満期保有目的債券	5,000	（貸）有価証券利息	5,000
	（借）子会社株式評価損	4,560,000	（貸）子会社株式	4,560,000
e.	（借）減価償却費	562,500	（貸）機械装置減価償却累計額	562,500
f.	（借）特許権償却	71,000	（貸）特許権	71,000
g.	（借）前払保険料	240,000	（貸）保険料	340,000
	長期前払保険料	100,000		
h.	（借）支払利息	7,500	（貸）未払利息	7,500
i.	（借）退職給付費用	527,340	（貸）退職給付引当金	527,340
j.	（借）法人税等	977,100	（貸）仮払法人税等	402,580
			未払法人税等	574,520

Ⅱ 固定資産			
(1) 有形固定資産			
1. 機械装置	（ 3,000,000 ）		
減価償却累計額	△（ 1,312,500 ）	（ 1,687,500 ）④	
2. 土地		（ 11,730,000 ）	
有形固定資産合計		（ 13,417,500 ）	
(2) 無形固定資産			
1.（特許権）		（ 355,000 ）	
無形固定資産合計		（ 355,000 ）	
(3) 投資その他の資産			
1.（投資有価証券）		（ 1,990,000 ）	
2.（関係会社株式）		（ 2,400,000 ）	
3.（長期前払費用）		（ 100,000 ）	
投資その他の資産合計		（ 4,490,000 ）	
固定資産合計			（ 18,262,500 ）
資産合計			（ 44,885,890 ）④
負債の部			
Ⅰ 流動負債			
1. 電子記録債務		（ 2,550,900 ）	
2. 買掛金		（ 4,753,330 ）	
3.（未払費用）		（ 7,500 ）	
4.（未払法人税等）		（ 574,520 ）④	
流動負債合計			（ 7,886,250 ）
Ⅱ 固定負債			
1.（長期借入金）		（ 2,500,000 ）	
2.（退職給付引当金）		（ 2,659,340 ）	
固定負債合計			（ 5,159,340 ）
負債合計			（ 13,045,590 ）
純資産の部			
Ⅰ 株主資本			
(1) 資本金			23,000,000
(2) 資本剰余金			
1. 資本準備金		3,800,000	
資本剰余金合計			3,800,000
(3) 利益剰余金			
1. 利益準備金		1,200,000	
2. その他利益剰余金			
① 別途積立金		（ 500,000 ）	
② 繰越利益剰余金		（ 2,640,300 ）	
利益剰余金合計			（ 4,340,300 ）
株主資本合計			（ 31,140,300 ）④
Ⅱ 新株予約権			（ 700,000 ）
純資産合計			（ 31,840,300 ）
負債及び純資産合計			（ 44,885,890 ）

※ i　損益計算書の棚卸減耗損は，棚卸減耗費でもよい。
　ii　損益計算書の貸倒引当金繰入は，貸倒償却でもよい。

ポイント

【考え方・計算式】

① 期限の到来した公社債利札については，すぐに換金できるので現金勘定で処理する。

a.

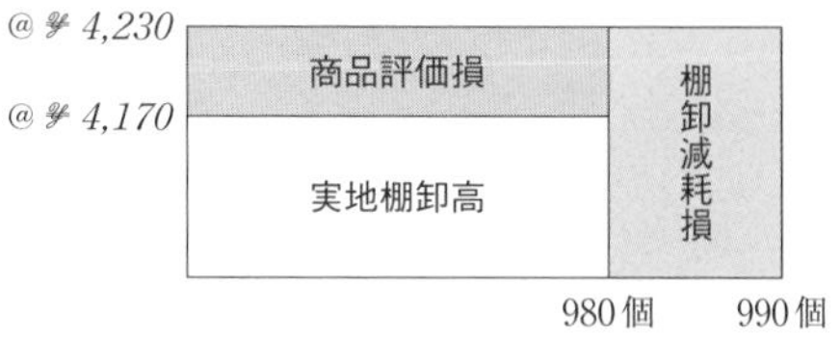

原価@￥4,230×帳簿棚卸数量990個＝期末商品棚卸高￥4,187,700
原価@￥4,230×(帳簿棚卸数量990個－実地棚卸数量980個)＝棚卸減耗損￥42,300
(原価@￥4,230－正味売却価額@￥4,170)×実地棚卸数量980個
＝商品評価損￥58,800
期末商品棚卸高￥4,187,700－棚卸減耗損￥42,300－商品評価損￥58,800
＝貸借対照表の「商品」￥4,086,600

b. 売掛金：外貨＄7,000×販売時の為替相場￥123＝売掛金￥861,000
外貨＄7,000×決算時の為替相場￥133＝換算額￥931,000
換算額￥931,000－売掛金￥861,000＝為替差益￥70,000
買掛金：外貨＄3,000×仕入時の為替相場￥124＝買掛金￥372,000
外貨＄3,000×決算時の為替相場￥133＝換算額￥399,000
買掛金￥372,000－換算額￥399,000＝為替差損△￥27,000
為替差損益：為替差益￥70,000＋為替差損△￥27,000＝為替差益￥43,000

c. 電子記録債権￥3,792,000＋売掛金(￥6,868,000＋￥70,000)＝売上債権￥10,730,000
売上債権￥10,730,000×貸倒実績率1％＝貸倒見積高￥107,300
貸倒見積高￥107,300－貸倒引当金￥62,500＝貸倒引当金繰入額￥44,800

d. 売買目的有価証券：各銘柄について，それぞれ時価評価額を求める。
福岡通信株式会社　時価@￥2,800×株数700株＝時価評価額￥1,960,000
長崎食品株式会社　時価@￥3,300×株数400株＝時価評価額￥1,320,000
福岡通信株式会社￥1,960,000＋長崎食品株式会社￥1,320,000
＝時価評価額￥3,280,000
時価評価額￥3,280,000－帳簿価額￥3,100,000＝有価証券評価益￥180,000
満期保有目的債券：評価後￥1,990,000－評価前￥1,985,000＝有価証券利息￥5,000
子会社株式：(時価@￥2,000×株数1,200株)－帳簿価額￥6,960,000
＝子会社株式評価損△￥4,560,000

e. (取得原価￥3,000,000－減価償却累計額￥750,000)×償却率25%
＝減価償却費￥562,500

g. 2年分の保険料￥480,000÷24か月＝1か月あたりの保険料￥20,000
令和○2年9月1日～令和○3年3月31日（7か月)→当期の保険料
1か月あたりの保険料￥20,000×7か月＝当期の保険料￥140,000
令和○3年4月1日～令和○4年3月31日（12か月)→前払保険料
1か月あたりの保険料￥20,000×12か月＝前払保険料￥240,000
令和○4年4月1日～令和○4年8月31日（5か月)→長期前払保険料
1か月あたりの保険料￥20,000×5か月＝長期前払保険料￥100,000

j. 法人税等￥977,100－仮払法人税等￥402,580＝未払法人税等￥574,520

【金額の変動】

損益計算書

区分	前T/Bの科目	変動前金額	変動額	変動後金額	F/S表示科目
売上原価	仕入	￥21,973,400	＋ ￥4,003,500	￥21,890,300	売上原価
			△ ￥4,187,700		
			＋ ￥42,300		
			＋ ￥58,800		
販売費及び一般管理費	—	—	＋ ￥44,800	￥44,800	貸倒引当金繰入
	—	—	＋ ￥562,500	￥562,500	減価償却費
	—	—	＋ ￥71,000	￥71,000	特許権償却
	—	—	＋ ￥527,340	￥527,340	退職給付費用
	保険料	￥512,000	△ ￥240,000	￥172,000	保険料
			△ ￥100,000		
営業外収益	有価証券利息	￥20,000	＋ ￥20,000	￥45,000	有価証券利息
			＋ ￥5,000		
	—	—	＋ ￥180,000	￥180,000	有価証券評価益
	—	—	＋ ￥70,000	￥43,000	為替差益
			△ ￥27,000		
営業外費用	支払利息	￥15,000	＋ ￥7,500	￥22,500	支払利息
特別損失	—	—	＋ ￥4,560,000	￥4,560,000	関係会社株式評価損
税等	—	—	＋ ￥977,100	￥977,100	法人税・住民税及び事業税

貸借対照表

区分	前T/Bの科目	変動前金額	変動額	変動後金額	F/S表示科目
流動資産	現金	￥3,490,180	＋ ￥20,000	￥8,394,090	現金預金
	当座預金	￥4,883,910	—		
	売掛金	￥6,868,000	＋ ￥70,000	￥6,938,000	売掛金
	貸倒引当金	￥62,500	＋ ￥44,800	￥107,300	貸倒引当金
	売買目的有価証券	￥3,100,000	＋ ￥180,000	￥3,280,000	有価証券
	繰越商品	￥4,003,500	△ ￥4,003,500	￥4,086,600	商品
			＋ ￥4,187,700		
			△ ￥42,300		
			△ ￥58,800		
	仮払法人税等	￥402,580	△ ￥402,580	—	—
	—	—	＋ ￥240,000	￥240,000	前払費用
固定資産	機械装置減価償却累計額	￥750,000	＋ ￥562,500	￥1,312,500	減価償却累計額
	特許権	￥426,000	△ ￥71,000	￥355,000	特許権
	満期保有目的債券	￥1,985,000	＋ ￥5,000	￥1,990,000	投資有価証券
	子会社株式	￥6,960,000	△ ￥4,560,000	￥2,400,000	関係会社株式
	—	—	＋ ￥100,000	￥100,000	長期前払費用
流動負債	買掛金	￥4,726,330	＋ ￥27,000	￥4,753,330	買掛金
	—	—	＋ ￥7,500	￥7,500	未払費用
	—	—	＋ ￥574,520	￥574,520	未払法人税等
固定負債	退職給付引当金	￥2,132,000	＋ ￥527,340	￥2,659,340	退職給付引当金
純資産	繰越利益剰余金	￥360,400	＋ ￥2,279,900	￥2,640,300	繰越利益剰余金

4

(小計28点)

	借方		貸方		
a	リース資産	***584,000***	リース債務	***584,000***	④
b	車両運搬具 車両運搬具減価償却累計額	***1,500,000*** ***768,000***	車両運搬具 未払金 固定資産売却益	***1,200,000*** ***1,050,000*** ***18,000***	④
c	その他資本剰余金 繰越利益剰余金	***3,190,000*** ***6,050,000***	資本準備金 利益準備金 未払配当金	***290,000*** ***550,000*** ***8,400,000***	④
d	当座預金 有価証券売却損	***3,410,000*** ***110,000***	売買目的有価証券	***3,520,000***	④
e	法人税等調整額	***7,800***	繰延税金資産	***7,800***	④
f	当座預金 役務原価	***230,000*** ***165,400***	役務収益 仕掛品	***230,000*** ***165,400***	④
g	新株予約権	***528,000***	新株予約権戻入益	***528,000***	④

eのように，
前期に発生した一時差異が
当期に解消されたときは，
前期におこなった仕訳の
逆仕訳をおこなうんだ！

4

a．「利子込み法」と指示があるため，リース資産およびリース債務の計上額は，リース料総額とする。

年間リース料 ￥ *146,000* ×リース期間４年＝リース料総額 ￥ *584,000*

b．旧車両の取得原価 ￥ *1,200,000* ×償却率40％＝第15期の減価償却費 ￥ *480,000*

(旧車両の取得原価 ￥ *1,200,000* −減価償却累計額 ￥ *480,000*)×償却率40％

＝第16期の減価償却費 ￥ *288,000*

第15期の減価償却費 ￥ *480,000* ＋第16期の減価償却費 ￥ *288,000*

＝減価償却累計額 ￥ *768,000*

売却価額 ￥ *450,000* −(旧車両の取得原価 ￥ *1,200,000* −減価償却累計額 ￥ *768,000*)

＝固定資産売却益 ￥ *18,000*

新車両の取得原価 ￥ *1,500,000* −旧車両の売却価額 ￥ *450,000* ＝未払金 ￥ *1,050,000*

c．その他資本剰余金による配当額 ￥ *2,900,000* ＋繰越利益剰余金による配当額 ￥ *5,500,000*

＝配当金 ￥ *8,400,000*

資本準備金計上額 ￥ *290,000* ＋その他資本剰余金による配当額 ￥ *2,900,000*

＝その他資本剰余金減少額 ￥ *3,190,000*

利益準備金計上額 ￥ *550,000* ＋繰越利益剰余金による配当額 ￥ *5,500,000*

＝繰越利益剰余金減少額 ￥ *6,050,000*

d．１株あたりの取得価額@ ￥ *3,600* ×株数600株

＝当期中に追加購入した株式の帳簿価額 ￥ *2,160,000*

帳簿価額合計（￥ *2,320,000* ＋ ￥ *2,160,000*）÷株数合計（800株＋600株）

＝平均単価@ ￥ *3,200*

平均単価@ ￥ *3,200* ×売却した株数1,100株＝売却した株式の帳簿価額 ￥ *3,520,000*

売却単価@ ￥ *3,100* ×売却した株数1,100株＝売却した株式の売却価額 ￥ *3,410,000*

売却価額 ￥ *3,410,000* −帳簿価額 ￥ *3,520,000* ＝有価証券売却損△ ￥ *110,000*

e．繰入限度超過額 ￥ *26,000* ×法定実効税率30％＝繰延税金資産 ￥ *7,800*

前期の決算では，以下のような仕訳がおこなわれている。

(借)	貸倒引当金繰入	*76,000*	(貸) 貸倒引当金	*76,000*
(借)	繰延税金資産	*7,800*	(貸) 法人税等調整額	*7,800*

当期に一時差異が解消されたため，２行目の税効果会計に関する仕訳の逆仕訳をおこなう。

f．サービスの提供の対価は役務収益勘定（営業収益）で処理し，これに対応する費用は役務原価勘定（営業費用）で処理する。問題文に，役務費用は仕掛品勘定に集計されていると指示があるので，仕掛品勘定から役務原価勘定に振り替える。

g．払込金額@ ￥ *88,000* ×失効分６個＝新株予約権戻入益 ￥ *528,000*

模擬試験問題　【第　9　回】　1　級

ポイント

1

(1) a．原価回収基準とは，履行義務を充足するさいに発生する費用のうち，回収することが見込まれる費用の金額で収益を認識する方法をいう（収益認識に関する会計基準第15項）。

b．資産の分類方法は，まず営業循環基準を適用して，企業の営業活動の循環過程で発生したものを流動資産とする。それ以外のものについて，次に1年基準を適用して，決算日の翌日から1年以内に回収期限が到来するものや，費用化するものを流動資産とし，それ以外を固定資産とする。

c．子会社が剰余金の配当をおこなえば子会社の資本が減少するため，子会社の資本の配分額である非支配株主持分も少なくなる。

(2)

1．fixed liabilities	固定負債
2．gross profit	売上総利益
3．current liabilities	流動負債（イ）
4．fixed assets	固定資産
5．operating profit	営業利益（ア）
6．current assets	流動資産

2

(1)資料の仕訳は以下のようになる。

ア．仕訳なし（時間外預け入れ）

	借方科目	金額	貸方科目	金額
イ．	（借）当座預金	387,000	（貸）買掛金	387,000
ウ．	（借）通信費	54,000	（貸）当座預金	54,000

エ．仕訳なし（未取付小切手）

決算日における当座預金出納帳の残高 ￥4,228,000

＋(イ) ￥387,000－(ウ) ￥54,000＝当座預金出納帳の次月繰越高 ￥4,561,000

当座勘定残高証明書の金額 ￥4,424,000

＋(ア) ￥550,000－(エ) ￥413,000＝当座預金出納帳の次月繰越高 ￥4,561,000

(2)令和○7年3月31日（連結決算日）における連結仕訳を示すと次のようになる。

①子会社の資産および負債の評価替えの仕訳（単位：千円）

	借方科目	金額	貸方科目	金額
（借）	土地	3,000	（貸）評価差額	3,000

②投資と資本の相殺消去仕訳（単位：千円）

	借方科目	金額	貸方科目	金額
（借）	資本金	30,000	（貸）子会社株式	36,000
	利益剰余金当期首残高	11,000	非支配株主持分	8,800
	評価差額	3,000		
	のれん	800		

③のれんの償却（単位：千円）

	借方科目	金額	貸方科目	金額
（借）	のれん償却	40	（貸）のれん	40

④子会社の当期純利益の配分（単位：千円）

	借方科目	金額	貸方科目	金額
（借）	非支配株主に帰属する当期純利益	800	（貸）非支配株主持分	800

⑤配当金の修正（単位：千円）

	借方科目	金額	貸方科目	金額
（借）	受取配当金	1,600	（貸）剰余金の配当	1,600
（借）	非支配株主持分	400	（貸）剰余金の配当	400

1　（小計14点）

(1)

ア	イ	ウ	エ	オ
2	9	7	4	8
②	②	②	②	②

(2)

ア	イ
5	3
②	②

2　（小計22点）

(1)

銀行勘定調整表

令和○年3月31日

		当座預金出納帳	銀行残高証明書	
	3月31日現在残高	￥ 4,228,000	￥ 4,424,000	
（加算）	〔 ア 〕	(　　)	(550,000)	
	〔 イ 〕	(387,000)	(　　)	①
	計	(4,615,000)	(4,974,000)	
（減算）	〔 ウ 〕	(54,000)	(　　)	
	〔 エ 〕	(　　)	(413,000)	①
	調整後残高	(4,561,000)	(4,561,000)	

当座預金出納帳 次月繰越高	￥ 4,561,000	②

(2)

ア	11,360	千円	②	イ	400	千円	②
ウ	760	千円	②	エ	59,560	千円	②

(3)

①

a	7,062	千円	②	b	2,480	千円	②

②

ア	195.0	%	①	イ	2	①
ウ	57.5	%	①	エ	2	①
オ	6.0	%	①	カ	2	①

※(3)②のアおよびオの解答は，整数でも正答とする。

①土地の時価20,000千円－土地の帳簿価額17,000千円＝評価差額3,000千円
②(資本金30,000千円＋利益剰余金11,000千円＋評価差額3,000千円)
×非支配株主の株式保有割合20%＝非支配株主持分8,800千円
のれんの金額は仕訳の貸借差額から800千円となる。
③のれん800千円÷償却期間20年＝のれん償却40千円
④S社の当期純利益4,000千円×非支配株主の株式保有割合20%
＝非支配株主に帰属する当期純利益800千円
⑤S社の配当金2,000千円×P社の株式保有割合80%＝受取配当金修正額1,600千円
S社の配当金2,000千円×非支配株主の株式保有割合20%
＝非支配株主持分修正額400千円

連結損益計算書

P社　令和○6年4月1日から令和○7年3月31日まで　(単位：千円)

売上原価	(179,810)	売上高	(306,200)
給料	(115,220)	受取配当金	(500)
支払利息	(270)		
のれん償却	(40)		
当期純利益	(11,360)		
	(306,700)		(306,700)
非支配株主に帰属する当期純利益	(800)	当期純利益	(11,360)
親会社株主に帰属する当期純利益	(10,560)		
	(11,360)		(11,360)

連結株主資本等変動計算書

P社　令和○6年4月1日から令和○7年3月31日まで　(単位：千円)

	資本金	利益剰余金	非支配株主持分
当期首残高	(180,000)	(55,000)	(8,800)
当期変動額　剰余金の配当		(△6,000)	
親会社株主に帰属する当期純利益		(10,560)	
株主資本以外の項目の当期変動額(純額)			(400)
当期末残高	(180,000)	(59,560)	(9,200)

連結貸借対照表

P社　令和○7年3月31日　(単位：千円)

諸資産	(338,400)	諸負債	(183,400)
土地	(93,000)	資本金	(180,000)
のれん	(760)	利益剰余金	(59,560)
		非支配株主持分	(9,200)
	(432,160)		(432,160)

P社受取配当金2,100千円－⑤受取配当金修正額1,600千円
＝受取配当金の連結P/L表示額500千円
当期純利益は連結P/Lの貸借差額から11,360千円となる。
当期純利益11,360千円－④非支配株主に帰属する当期純利益800千円
＝親会社株主に帰属する当期純利益10,560千円

※または,
P社当期純利益9,000千円＋S社当期純利益4,000千円
－③のれん償却40千円－④非支配株主に帰属する当期純利益800千円
－⑤受取配当金修正額1,600千円
＝親会社株主に帰属する当期純利益10,560千円と計算することもできる。

P社の利益剰余金当期首残高55,000千円
＋親会社株主に帰属する当期純利益10,560千円－P社の剰余金の配当6,000千円
＝利益剰余金当期末残高59,560千円

※または,
P社の利益剰余金当期末残高58,000千円＋S社の利益剰余金当期末残高13,000千円
－S社の利益剰余金当期首残高11,000千円
－③のれん償却40千円－④非支配株主に帰属する当期純利益800千円
－⑤受取配当金修正額1,600千円＋⑤S社の配当金2,000千円
＝利益剰余金当期末残高59,560千円と計算することもできる。

④非支配株主持分800千円－⑤非支配株主持分修正額400千円
＝非支配株主持分当期変動額400千円
②非支配株主持分当期首残高8,800千円＋非支配株主持分当期変動額400千円
＝非支配株主持分当期末残高9,200千円
②のれん800千円－③のれん償却40千円
＝のれんの連結B/S表示額(未償却残高) 760千円

(参考) タイムテーブルを用いた計算 (単位：千円)

令和○6年3月31日　80%

資本金	30,000
利益剰余金	11,000
評価差額	3,000
合計	44,000
非支配株主持分	8,800
子会社株式	36,000
のれん	800

合計の20% → 非支配株主持分

P社	3,200	△1,600
非支配株主	800	△400

のれん　△40

令和○7年3月31日　80%

資本金	30,000
利益剰余金	13,000
評価差額	3,000
合計	46,000
非支配株主持分	9,200
のれん	760

合計の20% → 非支配株主持分

(非支配株主持分8,800千円＋子会社株式36,000千円)－S社資本合計44,000千円
＝のれん800千円
P社の利益剰余金当期末残高58,000千円
＋S社当期純利益4,000千円×P社の株式保有割合80%
－のれん償却40千円－受取配当金修正額1,600千円
＝利益剰余金当期末残高59,560千円

ポイント

(3)

①a．まず，株主資本等変動計算書から比較貸借対照表の純資産の額を求める。

第20期の資本金は，当期末残高5,000千円

第20期の資本準備金は，当期首残高720千円＋当期変動額合計1,000千円

＝当期末残高1,720千円

第20期の繰越利益剰余金は，当期末残高1,640千円

これらの金額を比較貸借対照表に記入し，第20期の貸方合計を求めると16,000千円となるので，貸借差額から第20期の電子記録債権2,170千円を求める。

現金預金1,540千円＋電子記録債権2,170千円＋売掛金3,352千円

＝当座資産合計7,062千円

b．利益準備金390千円＋別途積立金450千円＋繰越利益剰余金1,640千円

＝利益剰余金合計2,480千円

②ア．当座資産合計7,062千円＋商品1,034千円＋前払費用250千円＝流動資産8,346千円

電子記録債務1,461千円＋買掛金2,344千円＋未払法人税等475千円

＝流動負債4,280千円

(流動資産8,346千円÷流動負債4,280千円)×100＝流動比率195.0%

イ．流動比率は，企業の短期の支払能力を判断する財務指標である。

ウ．資本金5,000千円＋資本準備金1,720千円＋利益剰余金合計2,480千円

＝自己資本9,200千円

※問題文の指示にあるとおり，新株予約権は自己資本に含めないことに注意する。

(自己資本9,200千円÷総資本16,000千円)×100＝自己資本比率57.5%

エ．自己資本比率は，企業の安全性を判断する財務指標である。

オ．まず，第20期の当期純利益を求める。株主資本等変動計算書において，繰越利益剰余金の当期変動額合計は700千円であるが，この内訳は以下のようになる。

剰余金の配当△600千円＋別途積立金の積立△200千円＋当期純利益？千円

＝当期変動額合計700千円

当期変動額合計700千円－剰余金の配当△600千円－別途積立金の積立△200千円

＝当期純利益1,500千円

(当期純利益1,500千円÷売上高25,000千円)×100＝売上高純利益率6.0%

カ．第19期の売上高純利益率は7.0%であるのに対し，第20期の売上高純利益率はオより6.0%であるから，売上高純利益率は下降している。

(参考) 比較貸借対照表および株主資本等変動計算書を完成させると，次のようになる。

比較貸借対照表　　(単位：千円)

資産	第19期	第20期	負債・純資産	第19期	第20期
現金預金	1,314	1,540	電子記録債務	1,078	1,461
電子記録債権	1,582	2,170	買掛金	1,730	2,344
売掛金	2,112	3,352	未払法人税等	322	475
商品	1,145	1,034	長期借入金	1,500	1,500
前払費用	420	250	退職給付引当金	320	620
備品	600	1,250	資本金	4,000	5,000
土地	1,700	3,400	資本準備金	720	1,720
特許権	455	390	利益準備金	390	390
関係会社株式	1,200	1,200	別途積立金	250	450
長期貸付金	700	1,400	繰越利益剰余金	940	1,640
長期前払費用	22	14	新株予約権	――	400
	11,250	16,000		11,250	16,000

3 (小計36点)

損益計算書

宮城商事株式会社　令和○6年4月1日から令和○7年3月31日まで　(単位：円)

Ⅰ 売上高		(42,233,000)
Ⅱ 売上原価		
1．期首商品棚卸高	(3,529,600)	
2．当期商品仕入高	(22,328,940)	
合計	(25,858,540)	
3．期末商品棚卸高	(3,482,000)	
	(22,376,540)	
4．(棚卸減耗損)	(25,800)	
5．(商品評価損)	(120,000)	(22,522,340)
売上総利益		(19,710,660) ④
Ⅲ 販売費及び一般管理費		
1．給料	(9,128,470)	
2．発送費	(319,020)	
3．広告料	(636,200)	
4．(貸倒引当金繰入)	(57,460)	
5．(減価償却費)	(237,200) ④	
6．(退職給付費用)	(640,780)	
7．支払家賃	(984,000)	
8．保険料	(360,000)	
9．租税公課	(49,370)	
10．(雑費)	(8,390)	(12,420,890)
営業利益		(7,289,770)
Ⅳ 営業外収益		
1．(有価証券利息)	(36,000)	
2．(有価証券評価益)	(152,000)	
3．(雑益)	(4,800)	(192,800)
Ⅴ 営業外費用		
1．(支払利息)	(36,000)	
2．(手形売却損)	(6,000)	
3．(有価証券売却損)	(58,000)	
4．(棚卸減耗損)	(103,200) ④	(203,200)
経常利益		(7,279,370)
Ⅵ 特別利益		
1．(新株予約権戻入益)	(300,000)	(300,000)
Ⅶ 特別損失		
1．(固定資産売却損)	(90,000)	
2．(関係会社株式評価損)	(3,839,000)	(3,929,000)
税引前当期純利益		(3,650,370)
法人税・住民税及び事業税		(1,095,110)
当期純利益		(2,555,260) ④

貸借対照表

宮城商事株式会社　令和○7年3月31日　(単位：円)

資産の部

Ⅰ 流動資産			
1．現金預金		(10,368,130)	
2．受取手形	(1,155,000)		
貸倒引当金	△(11,550)	(1,143,450)	
3．電子記録債権	(2,634,000)		
貸倒引当金	△(26,340)	(2,607,660)	
4．売掛金	(3,797,000)		
貸倒引当金	△(37,970)	(3,759,030) ④	
5．(有価証券)		(4,333,000)	
6．(商品)		(3,233,000)	
7．(前払費用)		(82,000)	
流動資産合計			(25,526,270)

（第20期）　株主資本等変動計算書

中央商事株式会社　　令和○6年4月1日から令和○7年3月31日まで　　（単位：千円）

	資本金	資本剰余金		利益剰余金				新株予約権	純資産合計
		資本準備金	資本剰余金合計	利益準備金	その他利益剰余金		利益剰余金合計		
					別途積立金	繰越利益剰余金			
当期首残高	4,000	720	720	390	250	940	1,580	――	6,300
当期変動額									
新株の発行	1,000	1,000	1,000						2,000
剰余金の配当						△600	△600		△600
別途積立金の積立					200	△200	――		――
当期純利益						1,500	1,500		1,500
株主資本以外(純額)								400	400
当期変動額合計	1,000	1,000	1,000	――	200	700	900	400	3,300
当期末残高	5,000	1,720	1,720	390	450	1,640	2,480	400	9,600

3

【付記事項の仕訳】

①	（借）貸倒引当金	110,000	（貸）売掛金	110,000

【決算整理仕訳】

a.	（借）仕入	3,529,600	（貸）繰越商品	3,529,600
	繰越商品	3,482,000	仕入	3,482,000
	棚卸減耗損	129,000	繰越商品	129,000
	商品評価損	120,000	繰越商品	120,000
	仕入	25,800	棚卸減耗損	25,800
	仕入	120,000	商品評価損	120,000
b.	（借）貸倒引当金繰入	57,460	（貸）貸倒引当金	57,460
c.	（借）売買目的有価証券	152,000	（貸）有価証券評価益	152,000
	（借）子会社株式評価損	3,839,000	（貸）子会社株式	3,839,000
d.	（借）減価償却費	237,200	（貸）建物減価償却累計額	147,600
			備品減価償却累計額	89,600
e.	（借）前払家賃	82,000	（貸）支払家賃	82,000
f.	（借）給料	292,000	（貸）未払給料	292,000
g.	（借）広告料	38,900	（貸）未払広告料	38,900
h.	（借）退職給付費用	640,780	（貸）退職給付引当金	640,780
i.	（借）法人税等	1,095,110	（貸）仮払法人税等	442,000
			未払法人税等	653,110

【考え方・計算式】

① 貸し倒れた売掛金の金額よりも貸倒引当金勘定の残高の方が大きいため，全額を貸倒引当金で処理する。

Ⅱ　固定資産				
(1) 有形固定資産				
1．建物	(8,200,000)			
減価償却累計額	△(2,214,000)	(5,986,000)		
2．備品	(700,000)			
減価償却累計額	△(341,600)	(358,400)		
有形固定資産合計		(6,344,400)		
(2) 投資その他の資産				
1．(関係会社株式)		(2,288,000)		④
投資その他の資産合計		(2,288,000)		
固定資産合計			(8,632,400)	
資産合計			(34,158,670)	
負債の部				
Ⅰ　流動負債				
1．支払手形		(849,730)		
2．電子記録債務		(1,789,090)		
3．買掛金		(2,802,460)		
4．(未払費用)		(330,900)		④
5．(未払法人税等)		(653,110)		
流動負債合計			(6,425,290)	
Ⅱ　固定負債				
1．(長期借入金)		(2,000,000)		
2．(退職給付引当金)		(2,136,120)		④
固定負債合計			(4,136,120)	
負債合計			(10,561,410)	
純資産の部				
Ⅰ　株主資本				
(1) 資本金			17,000,000	
(2) 資本剰余金				
1．資本準備金		2,600,000		
資本剰余金合計			2,600,000	
(3) 利益剰余金				
1．利益準備金		1,080,000		
2．その他利益剰余金				
① 別途積立金		(500,000)		
② 繰越利益剰余金		(3,017,260)		
利益剰余金合計			(4,597,260)	
(4) 自己株式			△(600,000)	
株主資本合計			(23,597,260)	④
純資産合計			(23,597,260)	
負債及び純資産合計			(34,158,670)	

※ⅰ　損益計算書の棚卸減耗損は，棚卸減耗費でもよい。

ⅱ　損益計算書の貸倒引当金繰入は，貸倒償却でもよい。

ポイント

a.

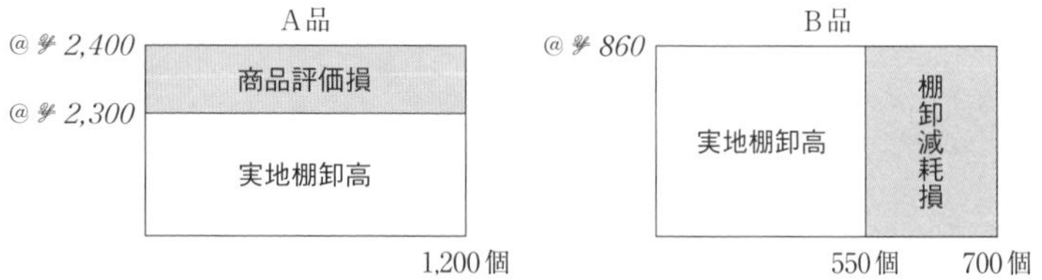

B品のように，原価よりも正味売却価額の方が上回っている場合には，原価のままで評価する（評価益を計上しない）ことに注意する。

A品（原価@¥2,400×帳簿棚卸数量1,200個）

+B品（原価@¥860×帳簿棚卸数量700個）＝期末商品棚卸高¥3,482,000

B品 原価@¥860×（帳簿棚卸数量700個－実地棚卸数量550個）

＝棚卸減耗損¥129,000

帳簿棚卸数量700個と実地棚卸数量550個の差である150個のうち，売上原価の内訳項目とするもの（原価性のあるもの）は30個なので，

棚卸減耗損¥129,000×（30個／150個）＝棚卸減耗損（原価性あり）¥25,800

棚卸減耗損¥129,000－棚卸減耗損（原価性あり）¥25,800

＝棚卸減耗損（原価性なし）¥103,200

A品（原価@¥2,400－正味売却価額@¥2,300）×実地棚卸数量1,200個

＝商品評価損¥120,000

期末商品棚卸高¥3,482,000－棚卸減耗損¥129,000－商品評価損¥120,000

＝貸借対照表の「商品」¥3,233,000

b. 受取手形¥1,155,000＋電子記録債権¥2,634,000＋売掛金（¥3,907,000－¥110,000）

＝売上債権¥7,586,000

売上債権¥7,586,000×貸倒実績率1％＝貸倒見積高¥75,860

貸倒見積高¥75,860－貸倒引当金（¥128,400－¥110,000）

＝貸倒引当金繰入額¥57,460

c. 売買目的有価証券：各銘柄について，それぞれ評価損益を求める。

岩手産業株式会社　（時価@¥3,230－帳簿価額@¥3,110）×株数600株

＝有価証券評価益¥72,000

青森物産株式会社　（時価@¥4,790－帳簿価額@¥4,630）×株数500株

＝有価証券評価益¥80,000

有価証券評価益¥72,000＋有価証券評価益¥80,000＝有価証券評価益¥152,000

子会社株式：（時価@¥2,080－帳簿価額@¥5,570）×株数1,100株

＝子会社株式評価損△¥3,839,000

d. 建物：（取得原価¥8,200,000－残存価額¥8,200,000×10％）÷耐用年数50年

＝建物の減価償却費¥147,600

備品：（取得原価¥700,000－減価償却累計額¥252,000）×償却率20％

＝備品の減価償却費¥89,600

建物の減価償却費¥147,600＋備品の減価償却費¥89,600＝減価償却費¥237,200

e. 6か月分の支払家賃¥492,000÷6か月＝1か月あたりの支払家賃¥82,000

令和○6年11月1日～令和○7年3月31日（5か月）→当期の支払家賃

1か月あたりの支払家賃¥82,000×5か月＝当期の支払家賃¥410,000

令和○7年4月1日～令和○7年4月30日（1か月）→前払家賃

1か月あたりの支払家賃¥82,000×1か月＝前払家賃¥82,000

i. 法人税等¥1,095,110－仮払法人税等¥442,000＝未払法人税等¥653,110

【金額の変動】

損益計算書

区分	前T/Bの科目	変動前金額	変動額	変動後金額	F/S表示科目
売上原価	仕入	¥22,328,940	＋¥3,529,600	¥22,522,340	売上原価
			△¥3,482,000		
			＋¥25,800		
			＋¥120,000		
販売費及び一般管理費	給料	¥8,836,470	＋¥292,000	¥9,128,470	給料
	広告料	¥597,300	＋¥38,900	¥636,200	広告料
	—	—	＋¥57,460	¥57,460	貸倒引当金繰入
	—	—	＋¥147,600	¥237,200	減価償却費
			＋¥89,600		
	—	—	＋¥640,780	¥640,780	退職給付費用
	支払家賃	¥1,066,000	△¥82,000	¥984,000	支払家賃
営業外収益	—	—	＋¥72,000	¥152,000	有価証券評価益
			＋¥80,000		
営業外費用	—	—	＋¥129,000	¥103,200	棚卸減耗損
			△¥25,800		
特別損失	—	—	＋¥3,839,000	¥3,839,000	関係会社株式評価損
税等	—	—	＋¥1,095,110	¥1,095,110	法人税・住民税及び事業税

貸借対照表

区分	前T/Bの科目	変動前金額	変動額	変動後金額	F/S表示科目
流動資産	現金	¥4,051,760	—	¥10,368,130	現金預金
	当座預金	¥6,316,370			
	売掛金	¥3,907,000	△¥110,000	¥3,797,000	売掛金
	貸倒引当金	¥128,400	△¥110,000	¥75,860	貸倒引当金
			＋¥57,460		
	売買目的有価証券	¥4,181,000	＋¥72,000	¥4,333,000	有価証券
			＋¥80,000		
	繰越商品	¥3,529,600	△¥3,529,600	¥3,233,000	商品
			＋¥3,482,000		
			△¥129,000		
			△¥120,000		
	仮払法人税等	¥442,000	△¥442,000	—	—
	—	—	＋¥82,000	¥82,000	前払費用
固定資産	建物減価償却累計額	¥2,066,400	＋¥147,600	¥2,214,000	減価償却累計額
	備品減価償却累計額	¥252,000	＋¥89,600	¥341,600	減価償却累計額
	子会社株式	¥6,127,000	△¥3,839,000	¥2,288,000	関係会社株式
流動負債	—	—	＋¥292,000	¥330,900	未払費用
			＋¥38,900		
	—	—	＋¥653,110	¥653,110	未払法人税等
固定負債	退職給付引当金	¥1,495,340	＋¥640,780	¥2,136,120	退職給付引当金
純資産	繰越利益剰余金	¥462,000	＋¥2,555,260	¥3,017,260	繰越利益剰余金

4 (小計28点)

	借方		貸方		
a	当座預金	5,310,000	自己株式	5,490,000	④
	その他資本剰余金	180,000			
b	未収金	2,500,000	未決算	2,400,000	④
			保険差益	100,000	
c	仕入	4,480,000	買掛金	4,480,000	④
d	当座預金	331,500	受取手形	340,000	④
	手形売却損	8,500			
	保証債務費用	6,800	保証債務	6,800	
e	契約資産	29,400,000	工事収益	29,400,000	④
f	ソフトウェア	5,300,000	ソフトウェア仮勘定	2,100,000	④
			営業外支払手形	3,200,000	
g	売掛金	5,200,000	買掛金	2,600,000	④
	繰越商品	3,400,000	長期借入金	1,000,000	
	のれん	200,000	当座預金	5,200,000	

4

a．自己株式1株あたりの帳簿価額@¥6,100×処分した株数900株
=処分した自己株式の帳簿価額¥5,490,000
自己株式1株あたりの処分価額@¥5,900×処分した株数900株
=自己株式の処分価額¥5,310,000
自己株式の処分価額¥5,310,000－処分した自己株式の帳簿価額¥5,490,000
=自己株式処分差損△¥180,000

b．(取得原価¥6,000,000－残存価額¥6,000,000×10%)÷耐用年数30年
=1年間の減価償却費¥180,000
1年間の減価償却費¥180,000×使用年数20年=減価償却累計額¥3,600,000
取得原価¥6,000,000－減価償却累計額¥3,600,000=未決算¥2,400,000
保険金¥2,500,000－未決算¥2,400,000=保険差益¥100,000

c．外貨$35,000×為替予約相場¥128=買掛金¥4,480,000

d．受取手形¥340,000－割引料¥8,500=手取金¥331,500
手形額面金額¥340,000×2%=保証債務¥6,800
手形の割引をおこなったときは，二次的責任である保証債務を時価で評価した金額を計上する。

e．工事の進行途中で計上した工事収益は，契約上，まだ対価の支払義務が発生していないため，債権（工事未収金）として計上することはできない。そのため，工事収益を計上したときは契約資産勘定を用いて処理する。

f．契約代金¥5,300,000－支払済¥2,100,000=営業外支払手形¥3,200,000

g．南東商会の平均利益額¥312,000÷同種企業の平均利益率6%
=収益還元価値（取得対価）¥5,200,000
収益還元価値（取得対価）¥5,200,000－南東商会の純資産時価評価額¥5,000,000
=のれんの金額¥200,000
貸借対照表上の「商品」は，仕訳では繰越商品勘定で処理することに注意する。

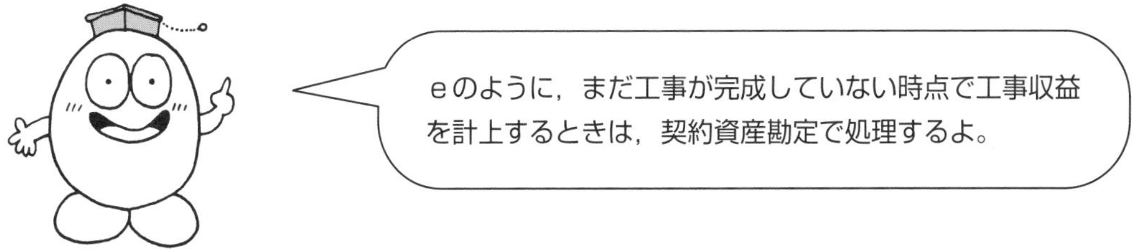
eのように，まだ工事が完成していない時点で工事収益を計上するときは，契約資産勘定で処理するよ。

模擬試験問題　【第　10　回】　1　級

ポイント

1

(1) a．企業経営上，当然に発生する経常的減価に対して，天災その他の突発的事故や事変などによる減価を偶発的減価という。偶発的減価はその発生を予測することができないため，減価償却の対象とはならない。

b．企業会計は，その処理の原則および手続を毎期継続して適用し，みだりにこれを変更してはならない（企業会計原則の一般原則５）。

c．株主資本等変動計算書は，貸借対照表の純資産の部の１会計期間における変動額のうち，主として，株主に帰属する部分である株主資本の各項目の変動事由を報告するために作成する（株主資本等変動計算書に関する会計基準第１項）。

(2)

1. accrual basis	発生主義（ア）
2. cash basis	現金主義
3. provision	引当金（イ）
4. goodwill	のれん
5. merger	（吸収）合併
6. depreciation	減価償却

2

(1) ア．前期の期末商品棚卸高の原価率は，期首商品棚卸高の原価と売価を用いて算定する。

{期首商品棚卸高（原価）￥572,000÷期首商品棚卸高（売価）￥880,000}×100

＝前期の期末商品棚卸高の原価率65.0%

イ．{原価（￥572,000＋￥7,310,000）÷売価（￥880,000＋￥10,380,000）}×100

＝原価率70.0%

期末商品棚卸高（売価）￥910,000×原価率70.0%

＝当期の期末商品棚卸高（原価）￥637,000

(2) 令和○5年3月31日（連結決算日）における連結仕訳を示すと次のようになる。

①子会社の資産および負債の評価替えの仕訳（単位：千円）

（借）	土　地	*1,000*	（貸）評価差額	*1,000*

②投資と資本の相殺消去仕訳（単位：千円）

（借）	資本金	*50,000*	（貸）子会社株式	*48,000*
	利益剰余金当期首残高	*16,000*	非支配株主持分	*20,100*
	評価差額	*1,000*		
	のれん	*1,100*		

③のれんの償却（単位：千円）

（借）	のれん償却	*55*	（貸）のれん	*55*

④子会社の当期純利益の配分（単位：千円）

（借）	非支配株主に帰属する当期純利益	*900*	（貸）非支配株主持分	*900*

⑤配当金の修正（単位：千円）

（借）	受取配当金	*1,050*	（貸）剰余金の配当	*1,050*
（借）	非支配株主持分	*450*	（貸）剰余金の配当	*450*

1　（小計14点）

(1)

ア	イ	ウ	エ	オ
7 ②	6 ②	9 ②	5 ②	4 ②

(2)

ア	イ
1 ②	3 ②

2　（小計22点）

(1)

ア	65.0 %　①	イ	￥ *637,000*　②

(2)

ア	*55* 千円　②	イ	*9,495* 千円　②
ウ	*139,000* 千円　②	エ	*20,550* 千円　②

(3)

①

a	￥ *41,240,000*　①	b	30.0 %　①
c	2.7 %　①		

②

a	￥ *24,560,000*　①	b	28.0 %　①
c	7.0 %　①		

③

ア	6.0 %　①	イ	14.0 %　①
ウ	2　①		
エ	7.0 回　①	オ	12.0 回　①

※(1)のア，(3)①のｂ，②のｂとｃ，③のア・イ・エ・オの解答は，整数でも正答とする。

①土地の時価47,000千円－土地の帳簿価額46,000千円＝評価差額1,000千円
②（資本金50,000千円＋利益剰余金16,000千円＋評価差額1,000千円）
×非支配株主の株式保有割合30％＝非支配株主持分20,100千円
のれんの金額は仕訳の貸借差額から1,100千円となる。
③のれん1,100千円÷償却期間20年＝のれん償却55千円
④Ｓ社の当期純利益3,000千円×非支配株主の株式保有割合30％
＝非支配株主に帰属する当期純利益900千円
⑤Ｓ社の配当金1,500千円×Ｐ社の株式保有割合70％＝受取配当金修正額1,050千円
Ｓ社の配当金1,500千円×非支配株主の株式保有割合30％
＝非支配株主持分修正額450千円

連結損益計算書

Ｐ社　令和○4年4月1日から令和○5年3月31日まで　（単位：千円）

売上原価	（ **892,000** ）	売上高	（ **1,057,530** ）
給料	（ **155,180** ）	受取配当金	（ **400** ）
支払利息	（ **300** ）		
のれん償却	（ **55** ）		
当期純利益	（ 10,395 ）		
	（ **1,057,930** ）		（ **1,057,930** ）
非支配株主に帰属する当期純利益	（ **900** ）	当期純利益	（ **10,395** ）
親会社株主に帰属する当期純利益	（ 9,495 ）		
	（ **10,395** ）		（ **10,395** ）

連結株主資本等変動計算書

Ｐ社　令和○4年4月1日から令和○5年3月31日まで　（単位：千円）

	資本金	利益剰余金	非支配株主持分
当期首残高	（ **200,000** ）	（ **63,000** ）	（ **20,100** ）
当期変動額　剰余金の配当		（ **△5,000** ）	
親会社株主に帰属する当期純利益		（ **9,495** ）	
株主資本以外の項目の当期変動額（純額）			（ **450** ）
当期末残高	（ **200,000** ）	（ **67,495** ）	（ **20,550** ）

連結貸借対照表

Ｐ社　令和○5年3月31日　（単位：千円）

諸資産	（ **269,200** ）	諸負債	（ **121,200** ）
土地	（ **139,000** ）	資本金	（ **200,000** ）
のれん	（ **1,045** ）	利益剰余金	（ **67,495** ）
		非支配株主持分	（ **20,550** ）
	（ **409,245** ）		（ **409,245** ）

Ｐ社受取配当金1,450千円－⑤受取配当金修正額1,050千円
＝受取配当金の連結P/L表示額400千円
当期純利益は連結P/Lの貸借差額から10,395千円となる。
当期純利益10,395千円－④非支配株主に帰属する当期純利益900千円
＝親会社株主に帰属する当期純利益9,495千円

※または，
Ｐ社当期純利益8,500千円＋Ｓ社当期純利益3,000千円
－③のれん償却55千円－④非支配株主に帰属する当期純利益900千円
－⑤受取配当金修正額1,050千円
＝親会社株主に帰属する当期純利益9,495千円と計算することもできる。

Ｐ社の利益剰余金当期首残高63,000千円
＋親会社株主に帰属する当期純利益9,495千円－Ｐ社の剰余金の配当5,000千円
＝利益剰余金当期末残高67,495千円

※または，
Ｐ社の利益剰余金当期末残高66,500千円＋Ｓ社の利益剰余金当期末残高17,500千円
－Ｓ社の利益剰余金当期首残高16,000千円
－③のれん償却55千円－④非支配株主に帰属する当期純利益900千円
－⑤受取配当金修正額1,050千円＋⑤Ｓ社の配当金1,500千円
＝利益剰余金当期末残高67,495千円と計算することもできる。

④非支配株主持分900千円－⑤非支配株主持分修正額450千円
＝非支配株主持分当期変動額450千円
②非支配株主持分当期首残高20,100千円＋非支配株主持分当期変動額450千円
＝非支配株主持分当期末残高20,550千円
②のれん1,100千円－③のれん償却55千円
＝のれんの連結B/S表示額（未償却残高）1,045千円

（参考）タイムテーブルを用いた計算（単位：千円）

令和○4年3月31日（70%）		変動			令和○5年3月31日（70%）	
資本金	50,000	Ｐ社	2,100	△1,050	資本金	50,000
利益剰余金	16,000	非支配株主	900	△450	利益剰余金	17,500
評価差額	1,000				評価差額	1,000
合計	67,000				合計	68,500
非支配株主持分（30%）	20,100				非支配株主持分（30%）	20,550
子会社株式	48,000					
のれん	1,100		△55		のれん	1,045

（非支配株主持分20,100千円＋子会社株式48,000千円）－Ｓ社資本合計67,000千円
＝のれん1,100千円
Ｐ社の利益剰余金当期末残高66,500千円
＋Ｓ社当期純利益3,000千円×Ｐ社の株式保有割合70％
－のれん償却55千円－受取配当金修正額1,050千円
＝利益剰余金当期末残高67,495千円

ポイント

(3)

①a．損益計算書から，金額を逆算していく。

税引前当期純利益￥？－法人税・住民税及び事業税￥1,044,000
　＝当期純利益￥1,566,000であるから，税引前当期純利益￥2,610,000

経常利益￥？－特別損失￥3,770,000
　＝税引前当期純利益￥2,610,000であるから，経常利益￥6,380,000

営業利益￥？＋営業外収益￥270,000－営業外費用￥850,000
　＝経常利益￥6,380,000であるから，営業利益￥6,960,000

売上総利益￥？－販売費及び一般管理費￥10,440,000
　＝営業利益￥6,960,000であるから，売上総利益￥17,400,000

売上高￥58,000,000－売上原価￥？
　＝売上総利益￥17,400,000であるから，売上原価￥40,600,000

期首商品棚卸高￥5,480,000＋当期商品仕入高￥？－期末商品棚卸高￥6,120,000
　＝売上原価￥40,600,000であるから，当期商品仕入高￥41,240,000

b．(売上総利益￥17,400,000÷売上高￥58,000,000)×100＝売上高総利益率30.0%

c．(当期純利益￥1,566,000÷売上高￥58,000,000)×100＝売上高純利益率2.7%

②a．期首商品棚卸高￥2,000,000＋当期商品仕入高￥？
　＝合計￥26,560,000であるから，当期商品仕入高￥24,560,000

b．売上高￥？－売上原価￥24,480,000
　＝売上総利益￥9,520,000であるから，売上高￥34,000,000

(売上総利益￥9,520,000÷売上高￥34,000,000)×100＝売上高総利益率28.0%

c．営業利益￥3,740,000＋営業外収益￥1,230,000－営業外費用￥380,000
　＝経常利益￥4,590,000

経常利益￥4,590,000－特別損失￥340,000＝税引前当期純利益￥4,250,000

税引前当期純利益￥4,250,000－法人税・住民税及び事業税￥1,870,000
　＝当期純利益￥2,380,000

(当期純利益￥2,380,000÷売上高￥34,000,000)×100＝売上高純利益率7.0%

(参考) 東西商事株式会社と南北商事株式会社の損益計算書をそれぞれ完成させると，次のようになる。

損　益　計　算　書

東西商事株式会社　令和○4年4月1日から令和○5年3月31日まで　(単位：円)

Ⅰ 売上高		58,000,000
Ⅱ 売上原価		
1．期首商品棚卸高	5,480,000	
2．当期商品仕入高	41,240,000	
合計	46,720,000	
3．期末商品棚卸高	6,120,000	40,600,000
売上総利益		17,400,000
Ⅲ 販売費及び一般管理費		10,440,000
営業利益		6,960,000
Ⅳ 営業外収益		270,000
Ⅴ 営業外費用		850,000
経常利益		6,380,000
Ⅵ 特別損失		3,770,000
税引前当期純利益		2,610,000
法人税・住民税及び事業税		1,044,000
当期純利益		1,566,000

損　益　計　算　書

南北商事株式会社　令和○4年4月1日から令和○5年3月31日まで　(単位：円)

Ⅰ 売上高		34,000,000
Ⅱ 売上原価		
1．期首商品棚卸高	2,000,000	
2．当期商品仕入高	24,560,000	
合計	26,560,000	
3．期末商品棚卸高	2,080,000	24,480,000
売上総利益		9,520,000
Ⅲ 販売費及び一般管理費		5,780,000
営業利益		3,740,000
Ⅳ 営業外収益		1,230,000
Ⅴ 営業外費用		380,000
経常利益		4,590,000
Ⅵ 特別損失		340,000
税引前当期純利益		4,250,000
法人税・住民税及び事業税		1,870,000
当期純利益		2,380,000

3 (小計36点)

損　益　計　算　書

京都物産株式会社　令和○4年4月1日から令和○5年3月31日まで　(単位：円)

Ⅰ 売上高		(48,811,270)	
Ⅱ 売上原価			
1．期首商品棚卸高	(2,560,000)		
2．当期商品仕入高	(30,850,150)		
合計	(33,410,150)		
3．期末商品棚卸高	(2,340,000)		
	(31,070,150)		
4．(棚卸減耗損)	(93,600)		
5．(商品評価損)	(38,400)	(31,202,150)	④
売上総利益		(17,609,120)	
Ⅲ 販売費及び一般管理費			
1．給料	(10,399,210)		
2．発送費	(498,030)		
3．広告料	(621,520)		
4．(貸倒引当金繰入)	(106,200) ④		
5．(減価償却費)	(240,000)		
6．(ソフトウェア償却)	(74,000)		
7．(退職給付費用)	(661,100)		
8．支払家賃	(960,000)		
9．保険料	(600,000)		
10．通信費	(364,680)		
11．消耗品費	(39,020)		
12．租税公課	(28,290)		
13．(雑費)	(9,170)	(14,601,220)	
営業利益		(3,007,900)	
Ⅳ 営業外収益			
1．(受取地代)	(792,000) ④		
2．(仕入割引)	(15,000)		
3．(雑益)	(11,000)	(818,000)	
Ⅴ 営業外費用			
1．(支払利息)	(27,000)		
2．(手形売却損)	(45,500)		
3．(有価証券評価損)	(56,000)	(128,500)	
経常利益		(3,697,400)	
Ⅵ 特別損失			
1．(固定資産除却損)	(160,000)	(160,000)	
税引前当期純利益		(3,537,400)	
法人税・住民税及び事業税	(1,077,480)		
法人税等調整額	△(16,260)	(1,061,220)	
当期純利益		(2,476,180)	④

貸　借　対　照　表

京都物産株式会社　令和○5年3月31日　(単位：円)

資　産　の　部

Ⅰ 流動資産				
1．現金預金		(8,570,660)		
2．受取手形	(2,855,000)			
貸倒引当金	△(57,100)	(2,797,900)		
3．売掛金	(6,115,000)			
貸倒引当金	△(122,300)	(5,992,700)		④
4．(有価証券)		(3,008,000)		
5．(商品)		(2,208,000)		
6．(前払費用)		(360,000)		
流動資産合計			(22,937,260)	

③ア．期末の資産総額 ￥46,400,000 − 期末の負債総額 ￥20,300,000
＝純資産額（自己資本）￥26,100,000

（当期純利益 ￥1,566,000 ÷ 自己資本 ￥26,100,000）× 100 ＝ 自己資本利益率6.0%

イ．期末の資産総額 ￥27,200,000 − 期末の負債総額 ￥10,200,000
＝純資産額（自己資本）￥17,000,000

（当期純利益 ￥2,380,000 ÷ 自己資本 ￥17,000,000）× 100 ＝ 自己資本利益率14.0%

ウ．東西商事株式会社の自己資本利益率はアより6.0%であるのに対し，南北商事株式会社の自己資本利益率はイより14.0%であるから，南北商事株式会社の方が資本を効率的に運用しているといえる。

エ．（期首商品棚卸高 ￥5,480,000 ＋ 期末商品棚卸高 ￥6,120,000）÷ 2
＝商品有高の平均 ￥5,800,000

売上原価 ￥40,600,000 ÷ 商品有高の平均 ￥5,800,000 ＝ 商品回転率7.0回

オ．（期首商品棚卸高 ￥2,000,000 ＋ 期末商品棚卸高 ￥2,080,000）÷ 2
＝商品有高の平均 ￥2,040,000

売上原価 ￥24,480,000 ÷ 商品有高の平均 ￥2,040,000 ＝ 商品回転率12.0回

3

【付記事項の仕訳】

①	(借)	長期借入金	1,500,000	(貸) 短期借入金	1,500,000

【決算整理仕訳】

a.	(借)	仕入	2,560,000	(貸) 繰越商品	2,560,000
		繰越商品	2,340,000	仕入	2,340,000
		棚卸減耗損	93,600	繰越商品	93,600
		商品評価損	38,400	繰越商品	38,400
		仕入	93,600	棚卸減耗損	93,600
		仕入	38,400	商品評価損	38,400
b.	(借)	貸倒引当金繰入	106,200	(貸) 貸倒引当金	106,200
	(借)	繰延税金資産	1,860	(貸) 法人税等調整額	1,860
c.	(借)	有価証券評価損	56,000	(貸) 売買目的有価証券	56,000
	(借)	その他有価証券	105,000	(貸) その他有価証券評価差額金	105,000
	(借)	その他有価証券評価差額金	31,500	(貸) 繰延税金負債	31,500
d.	(借)	減価償却費	240,000	(貸) 備品減価償却累計額	240,000
	(借)	繰延税金資産	14,400	(貸) 法人税等調整額	14,400
e.	(借)	ソフトウェア償却	74,000	(貸) ソフトウェア	74,000
f.	(借)	前払保険料	360,000	(貸) 保険料	840,000
		長期前払保険料	480,000		
g.	(借)	受取地代	330,000	(貸) 前受地代	330,000
h.	(借)	退職給付費用	661,100	(貸) 退職給付引当金	661,100
i.	(借)	法人税等	1,077,480	(貸) 仮払法人税等	428,900
				未払法人税等	648,580

Ⅱ 固定資産				
(1) 有形固定資産				
1. 備品	(**1,920,000**)			
減価償却累計額	△(**480,000**)	(**1,440,000**) ④		
2. 土地		(**9,540,000**)		
有形固定資産合計		(**10,980,000**)		
(2) 無形固定資産				
1.（ソフトウェア）		(**222,000**)		
無形固定資産合計		(**222,000**)		
(3) 投資その他の資産				
1.（投資有価証券）		(**2,840,000**)		
2.（長期前払費用）		(**480,000**)		
投資その他の資産合計		(**3,320,000**)		
固定資産合計			(**14,522,000**)	
資産合計			(**37,459,260**)	④
負債の部				
Ⅰ 流動負債				
1. 支払手形		(**1,360,900**)		
2. 買掛金		(**4,948,720**)		
3.（短期借入金）		(**2,100,000**)		
4.（前受収益）		(**330,000**)		
5.（未払法人税等）		(**648,580**)		
流動負債合計			(**9,388,200**)	
Ⅱ 固定負債				
1.（長期借入金）		(**1,500,000**)		
2.（退職給付引当金）		(**2,311,640**)		
3.（繰延税金負債）		(**840**) ④		
固定負債合計			(**3,812,480**)	
負債合計			(**13,200,680**)	
純資産の部				
Ⅰ 株主資本				
(1) 資本金			18,000,000	
(2) 資本剰余金				
1. 資本準備金		1,800,000		
資本剰余金合計			1,800,000	
(3) 利益剰余金				
1. 利益準備金		930,000		
2. その他利益剰余金				
① 別途積立金		(**400,000**)		
② 繰越利益剰余金		(**3,055,080**)		
利益剰余金合計			(**4,385,080**)	
株主資本合計			(**24,185,080**)	
Ⅱ 評価・換算差額等				
1. その他有価証券評価差額金		(**73,500**) ④		
評価・換算差額等合計			(**73,500**)	
純資産合計			(**24,258,580**)	
負債及び純資産合計			(**37,459,260**)	

※ⅰ　損益計算書の棚卸減耗損は，棚卸減耗費でもよい。
ⅱ　損益計算書の貸倒引当金繰入は，貸倒償却でもよい。

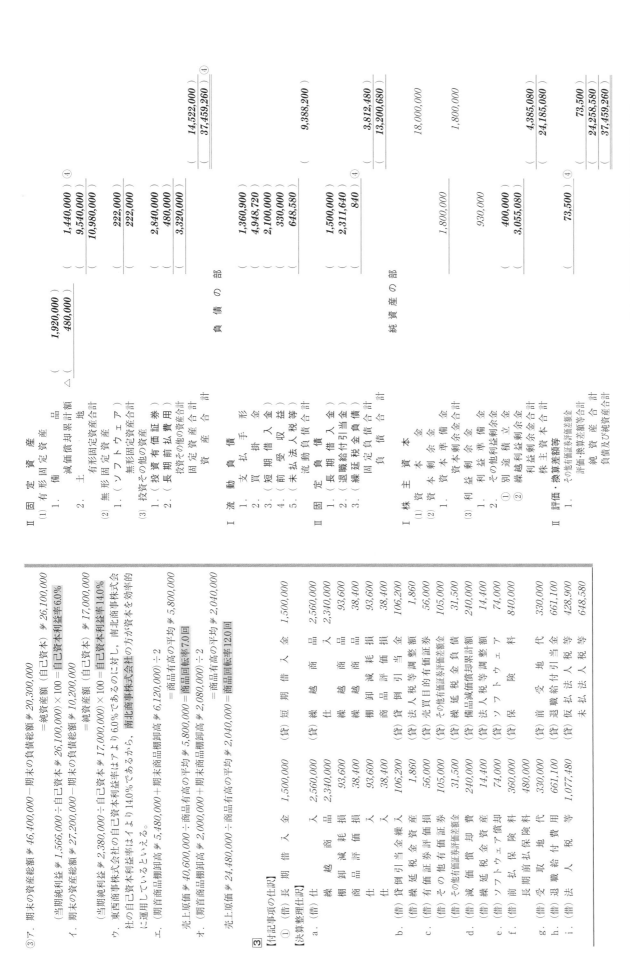

ポイント

【考え方・計算式】

① 長期借入金（固定負債）のうち，決算日の翌日から1年以内に支払期限が到来する ￥1,500,000については，1年基準によって短期借入金（流動負債）に振り替える。

a.

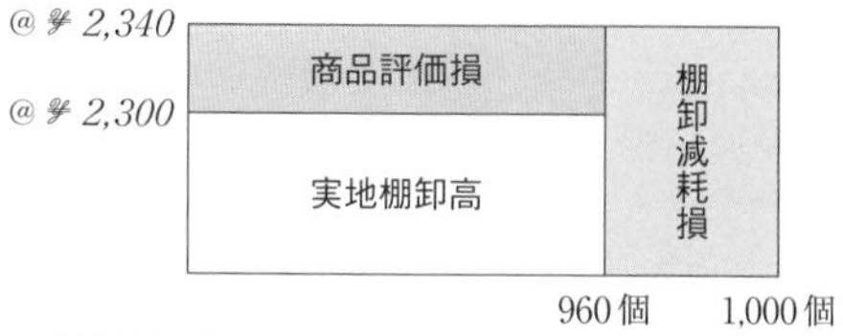

原価@￥2,340×帳簿棚卸数量1,000個＝期末商品棚卸高￥2,340,000

原価@￥2,340×（帳簿棚卸数量1,000個－実地棚卸数量960個）＝棚卸減耗損￥93,600

（原価@￥2,340－正味売却価額@￥2,300）×実地棚卸数量960個

＝商品評価損￥38,400

期末商品棚卸高￥2,340,000－棚卸減耗損￥93,600－商品評価損￥38,400

＝貸借対照表の「商品」￥2,208,000

b. 受取手形￥2,855,000＋売掛金￥6,115,000＝売上債権￥8,970,000

売上債権￥8,970,000×貸倒実績率2％＝貸倒見積高￥179,400

貸倒見積高￥179,400－貸倒引当金￥73,200＝貸倒引当金繰入額￥106,200

将来減算一時差異（￥106,200－￥100,000）×法定実効税率30%

＝繰延税金資産￥1,860

c. 売買目的有価証券：（時価@￥3,760－帳簿価額@￥3,830）×株数800株

＝有価証券評価損△￥56,000

その他有価証券：（時価@￥5,680－帳簿価額@￥5,470）×株数500株

＝その他有価証券評価差額金￥105,000

将来加算一時差異￥105,000×法定実効税率30%＝繰延税金負債￥31,500

d. 企業会計上：（取得原価￥1,920,000－残存価額￥0）÷経済的耐用年数8年

＝減価償却費￥240,000

税　法　上：（取得原価￥1,920,000－残存価額￥0）÷法定耐用年数10年

＝減価償却費￥192,000

将来減算一時差異（￥240,000－￥192,000）×法定実効税率30%

＝繰延税金資産￥14,400

f. 3年分の保険料￥1,080,000÷36か月＝1か月あたりの保険料￥30,000

令和○4年8月1日～令和○5年3月31日（8か月）→当期の保険料

1か月あたりの保険料￥30,000×8か月＝当期の保険料￥240,000

令和○5年4月1日～令和○6年3月31日（12か月）→前払保険料

1か月あたりの保険料￥30,000×12か月＝前払保険料￥360,000

令和○6年4月1日～令和○7年7月31日（16か月）→長期前払保険料

1か月あたりの保険料￥30,000×16か月＝長期前払保険料￥480,000

i. 法人税等￥1,077,480－仮払法人税等￥428,900＝未払法人税等￥648,580

【金額の変動】

損益計算書

区分	前T/Bの科目	変動前金額	変動額		変動後金額	F/S表示科目
売上原価	仕　入	￥30,850,150	＋	￥2,560,000	￥31,202,150	売上原価
			△	￥2,340,000		
			＋	￥93,600		
			＋	￥38,400		
販売費及び一般管理費	—	—	＋	￥106,200	￥106,200	貸倒引当金繰入
	—	—	＋	￥240,000	￥240,000	減価償却費
	—	—	＋	￥74,000	￥74,000	ソフトウェア償却
	—	—	＋	￥661,100	￥661,100	退職給付費用
	保険料	￥1,440,000	△	￥360,000	￥600,000	保険料
			△	￥480,000		
営業外収益	受取地代	￥1,122,000	△	￥330,000	￥792,000	受取地代
営業外費用	—	—	＋	￥56,000	￥56,000	有価証券評価損
税等	—	—	＋	￥1,077,480	￥1,061,220	法人税・住民税及び事業税
			△	￥1,860		
			△	￥14,400		

貸借対照表

区分	前T/Bの科目	変動前金額	変動額		変動後金額	F/S表示科目
流動資産	現金	￥3,253,040	—		￥8,570,660	現金預金
	当座預金	￥5,317,620				
	貸倒引当金	￥73,200	＋	￥106,200	￥179,400	貸倒引当金
	売買目的有価証券	￥3,064,000	△	￥56,000	￥3,008,000	有価証券
	繰越商品	￥2,560,000	△	￥2,560,000	￥2,208,000	商品
			＋	￥2,340,000		
			△	￥93,600		
			△	￥38,400		
	仮払法人税等	￥428,900	△	￥428,900	—	—
	—	—	＋	￥360,000	￥360,000	前払費用
固定資産	備品減価償却累計額	￥240,000	＋	￥240,000	￥480,000	減価償却累計額
	ソフトウェア	￥296,000	△	￥74,000	￥222,000	ソフトウェア
	その他有価証券	￥2,735,000	＋	￥105,000	￥2,840,000	投資有価証券
	—	—	＋	￥480,000	￥480,000	長期前払費用
	繰延税金資産	￥14,400	＋	￥1,860	△￥840	※固定負債の区分に記入
			＋	￥14,400		
			△	￥31,500		
流動負債	短期借入金	￥600,000	＋	￥1,500,000	￥2,100,000	短期借入金
	—	—	＋	￥330,000	￥330,000	前受収益
	—	—	＋	￥648,580	￥648,580	未払法人税等
固定負債	長期借入金	￥3,000,000	△	￥1,500,000	￥1,500,000	長期借入金
	退職給付引当金	￥1,650,540	＋	￥661,100	￥2,311,640	退職給付引当金
	—	—	＋	￥840	￥840	繰延税金負債
純資産	繰越利益剰余金	￥578,900	＋	￥2,476,180	￥3,055,080	繰越利益剰余金
	—	—	＋	￥105,000	￥73,500	その他有価証券評価差額金
			△	￥31,500		

※繰延税金資産と繰延税金負債は，相殺して純額で表示する。

4

a．買掛金￥750,000×割引率1.8％＝仕入割引￥13,500
　買掛金￥750,000－仕入割引￥13,500＝支払額￥736,500

b．資源開発のために特別に支出した費用は，開発費勘定（売上原価または販売費及び一般管理費）で処理する。

c．資本金勘定からいったんその他資本剰余金勘定に振り替え，その他資本剰余金勘定から繰越利益剰余金勘定に振り替えることに注意する。

d．社債の額面総額￥8,000,000×（￥97.72／￥100）＋買入手数料￥46,400
＝社債の取得価額￥7,864,000
　社債の取得価額￥7,864,000×（￥5,000,000／￥8,000,000）
＝売却した社債の帳簿価額￥4,915,000
　売却した社債の額面金額￥5,000,000×（￥98.40／￥100）
＝社債の売却価額￥4,920,000
　社債の売却価額￥4,920,000－売却した社債の帳簿価額￥4,915,000
＝有価証券売却益￥5,000
　社債の売却価額￥4,920,000＋端数利息￥40,000＝受取額￥4,960,000

e．（取得原価￥90,000,000－残存価額￥0）
×（当期採掘量21万トン／推定埋蔵量600万トン）＝償却額￥3,150,000

f．「利子抜き法」と指示があるため，リース資産およびリース債務の計上額は，見積現金購入価額とする。
　リース債務総額￥327,000÷リース期間6年＝当期のリース債務減少額￥54,500
　年間リース料￥55,000－当期のリース債務減少額￥54,500＝支払利息￥500

g．1株あたりの発行金額@￥24,000×株数800株＝交付した株式の時価総額￥19,200,000
　交付した株式の時価総額￥19,200,000－（資本金増加額￥13,000,000
＋資本準備金増加額￥4,000,000）＝その他資本剰余金増加額￥2,200,000
　売掛金￥6,900,000＋商品￥5,800,000＋建物￥9,400,000
＝被合併会社の資産総額￥22,100,000
　買掛金￥3,600,000＝被合併会社の負債総額￥3,600,000
　被合併会社の資産総額￥22,100,000－被合併会社の負債総額￥3,600,000
＝被合併会社の純資産額￥18,500,000
　交付した株式の時価総額￥19,200,000－被合併会社の純資産額￥18,500,000
＝のれん￥700,000

4　（小計28点）

	借方		貸方		
a	買掛金	750,000	当座預金	736,500	④
			仕入割引	13,500	
b	開発費	6,000,000	当座預金	6,000,000	④
c	資本金	5,400,000	その他資本剰余金	5,400,000	④
	その他資本剰余金	5,400,000	繰越利益剰余金	5,400,000	
d	現金	4,960,000	売買目的有価証券	4,915,000	④
			有価証券売却益	5,000	
			有価証券利息	40,000	
e	鉱業権償却	3,150,000	鉱業権	3,150,000	④
f	リース債務	54,500	現金	55,000	④
	支払利息	500			
g	売掛金	6,900,000	買掛金	3,600,000	④
	繰越商品	5,800,000	資本金	13,000,000	
	建物	9,400,000	資本準備金	4,000,000	
	のれん	700,000	その他資本剰余金	2,200,000	

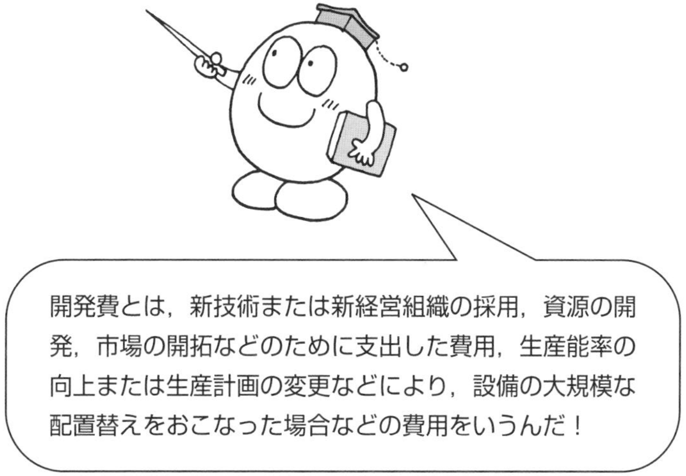
開発費とは，新技術または新経営組織の採用，資源の開発，市場の開拓などのために支出した費用，生産能率の向上または生産計画の変更などにより，設備の大規模な配置替えをおこなった場合などの費用をいうんだ！

仕訳の補充問題

解　説

a．売掛金￥650,000－受取額￥642,200＝売上割引￥7,800
　問題文の条件より，売上割引￥7,800は売上勘定から直接減額する。

b．1株あたりの帳簿価額@￥11,800×株数400株
　　　＝その他有価証券の帳簿価額￥4,720,000
　1株あたりの売却価額@￥10,900×株数400株
　　　＝その他有価証券の売却価額￥4,360,000
　その他有価証券の売却価額￥4,360,000－その他有価証券の帳簿価額￥4,720,000
　　　＝投資有価証券売却損△￥360,000

c．工事費用￥1,900,000－資本的支出￥1,100,000＝収益的支出￥800,000

d．払込金額@￥76,000×失効分3個＝新株予約権戻入益￥228,000

e．1件あたりの金額@￥42,000×申込数140件＝予約金￥5,880,000
　本問では問題文の指示により前受金勘定を用いることになるが，指示がなければ前受金勘定の代わりに契約負債勘定で処理することも考えられる。

f．オペレーティング・リース取引であるため，支払ったリース料￥80,000は全額，支払リース料勘定（販売費及び一般管理費）で処理する。

g．（時価@￥3,620－帳簿価額@￥3,440）×株数900株＝評価差額￥162,000
　将来加算一時差異￥162,000×法定実効税率30％＝繰延税金負債￥48,600

	借方		貸方	
a	現　金	642,200	売　掛　金	650,000
	売　上	7,800		
b	営業外受取手形	4,360,000	その他有価証券	4,720,000
	投資有価証券売却損	360,000		
c	建　物	1,100,000	当　座　預　金	1,900,000
	修　繕　費	800,000		
d	新株予約権	228,000	新株予約権戻入益	228,000
e	当座預金	5,880,000	前　受　金	5,880,000
f	支払リース料	80,000	現　金	80,000
g	その他有価証券	162,000	その他有価証券評価差額金	162,000
	その他有価証券評価差額金	48,600	繰延税金負債	48,600

【別解】

	借方		貸方	
g	その他有価証券	162,000	その他有価証券評価差額金	113,400
			繰延税金負債	48,600

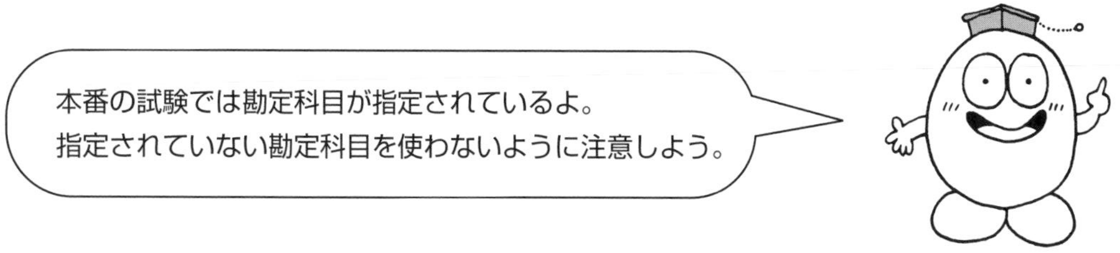
本番の試験では勘定科目が指定されているよ。
指定されていない勘定科目を使わないように注意しよう。

A1XKS